国家社科基金一般项目"《孟子》的跨文化阐释与传播研究"结题成果

四川师范大学科研经费资助

《孟子》的跨文化阐释与传播研究

杨颖育 著

人民出版社

责任编辑：王怡石

图书在版编目（CIP）数据

《孟子》的跨文化阐释与传播研究 / 杨颖育　著 . —北京：人民出版社，
　2019.12
ISBN 978－7－01－021119－0

I.①孟…　Ⅱ.①杨…　　Ⅲ.①儒家 ②《孟子》－研究　Ⅳ.① B222.55

中国版本图书馆 CIP 数据核字（2019）第 159766 号

《孟子》的跨文化阐释与传播研究

MENGZI DE KUAWENHUA CHANSHI YU CHUANBO YANJIU

杨颖育　著

人民出版社 出版发行
（100706　北京市东城区隆福寺街 99 号）

北京汇林印务有限公司印刷　新华书店经销

2019 年 12 月第 1 版　2019 年 12 月北京第 1 次印刷
开本：710 毫米 ×1000 毫米 1/16　印张：20
字数：360 千字

ISBN 978－7－01－021119－0　定价：89.00 元

邮购地址 100706　北京市东城区隆福寺街 99 号
人民东方图书销售中心　电话（010）65250042　65289539

序　言

16世纪下半叶以来，从传教士到汉学家，再到教授学者，有关《孟子》的翻译和跨文化传播和研究从未断绝，成果蔚为大观，时有洞见与新知。

《〈孟子〉的跨文化阐释与传播》一书，是杨颖育教授主持的国家社科基金项目的结题成果，2018年通过了全国社会科学规划办的结题评审，鉴定结论为"良好"。总体来看，我认为这本专著有三大特点，首先，全面中有重点和亮点，本书第一次比较全面系统地对西方世界的《孟子》译本所选取的注本进行梳理与阐释。探究不同时期译者和研究者们各自的语言解读模式、翻译策略的选取和研究的目的，在厘清儒家典籍文化与异文化关系的基础上，探讨异文化与儒家典籍文化之间的互动，通过研究不同时期《孟子》在跨文化语境中的传播与接受，还原译本当下的历史文化语境。作者探讨域外学者的儒学及《孟子》研究，重点聚焦狄百瑞、列文森、倪德卫等，既有从传统的程朱理学的发展、孟子的性善论等角度的研究，也有从中国现代社会变化，传统与近代的变化等史学角度探讨古代思想的发展与面临的挑战。还从伦理、人性和政治等方面对域外世界的《孟子》专题进行研究。力图利用中西伦理思想的有益资源对孟子伦理思想进行剖析；分析其中情感表达以及人性与道德、美德的关系；了解英语世界《孟子》的"君臣"关系与西方的"君主责任制"的关系的异同，分析孟子的"仁爱"治国思想、精英治国理念。其次，跨学科和跨文化研究结合比较突出。采取比较哲学的研究方式探讨孟子的哲学思想和诗学概念，追踪近年来西方世界通过跨学科的视角，从女性主义、生态批评等方面研究孟子思想的论文和成果。综合应用对比语言学、比较哲学、比较文学等学科的研究成果与方法，以实现传统学术的当代突破。孟学的跨文化研究要通过跨学科的合作，才能全面客观地优化研究范式，在《孟子》跨文化传播的传承与发展中，儒家的"仁"得到更大范围推广，发挥其"普世"意义，推动世界走向"命运共同体"。通过建立古今中西对话、学科对话、平等对话，来实现《孟子》跨文化研究的客观可靠性及可持续性。最后，有一定的问题意识。本书归纳跨文化背景下《孟子》的阐释与传播，论述《孟子》跨文化传播研究的现状及问题，进而根据现状与问题提出相应传播途径。如果回归原点，弘扬传统文化，我们遵循的原则应该是研究问题的世界性，通过不断批判性地汲取域外学者的研究成果，推动中国传统学术创新与转型。努力建立一种呼应时代主题的中国视角模式。《孟子》作为中国文化史上的哲学经典和文学瑰宝，研究域外学者对其著作的阐发对于获得儒家学说的当代价值具有重要意义，对于研究我国古代社会思想继承和发展的一般性规律也具有重要意义。体现了作者的问题意识和转化意识，我们需要把儒家经典作为文明思想的一个"活"资源来对待，在中国传统文化域外研究的过程中，应坚持"文献整理"与"文献研究"同步进行，继承和转化结合，才能得出令人满意的成果，以比较研究的中国气象，实现中国文化的伟大复兴。

受到不同的意识形态影响，以及中国文化在世界的影响力等原因，人们对中国文化的重视度也在不断增加。我们正值中国文化伟大复兴的时代，文化传播的重要性不言而喻。孟子一生在中国思想史上的开拓性就是以"性善论"为基础的伦理思想体系。孟子的伦理思想萌芽是中华民族道德思想的根基，不论是"心"论、"性善"、"仁政"还是"良知"，都对中国伦理思想史，特别是宋明理学的发展起到关键作用。文化自信需要我们这样的研究和持续的关注。孟子的跨文化传播是世界各国了解中国社会、历史和文化的重要资源。孟子的跨文化阐释与传播研究是文明对话的产物，是多元化和开放性重构自身文化产物。不跳出"西方中心主义",就无法全面了解中国文化,也就不可能全面理解世界文明和人类经验。总之,中国传统儒家思想要发展,就不能不随着时代的要求做出新的应对,我鼓励学者们不断做出新的尝试和努力。

现在,《〈孟子〉的跨文化阐释与传播》一书将由人民出版社出版,我又得知 2019 年 6 月,杨颖育申报的"《孟子》海外传播文献整理与研究(19XZW010)"获得国家社科基金立项,我希望她能"不忘初心,砥砺前行",秉承跨学科的开阔视野、关怀现实的学术品格,顺利完成有关《孟子》海外传播的科研和教学工作,更上层楼,助力儒家文化的传承和创新走出新时代的传播和发展之路。

曹顺庆

2019 年 10 月

目　录

绪　论

　　战国时期"百家争鸣"是包括儒家思想在内的中国思想史的发端，这已成为东西方学术界的共识。西方世界对先秦诸子的研究蔚然成风，成果蔚为大观，论文与专著层出不穷，但单就《孟子》的研究和传播来看，还有不少开拓的余地。这是因为关于孟子的研究比较集中在一些具体的问题方面，如：孟子的性善论，人性观、心学等，至于孟子作为一个划时代的思想家，他的思想和孔子的思想到底是如何传承和扬弃的，西方世界在阐释和解读孟子的立场是什么？这些带有根本性质的重大问题还有待进一步深入讨论。本书第一部分就从政治、经济、学术自由角度及科学技术进步四个方面概述了《孟子》产生的主要原因。然后厘清《孟子》在西方世界传播与接受研究时，各位译者采用何种注本、参考了哪些注家中国学者的观点、各个注本与《孟子》译本之间的关系。自《孟子》西传以来，翻译和研究者不乏其人。从传教士到汉学家，到当代的西方世界的教授学者，各种译本、《孟子》思想专题研究论文资料丰富。其中不乏洞见与新知。爬梳《孟子》在西方世界（主要是英语世界）的跨文化阐释与传播，首先从历时角度，在细读译本的基础上分析《孟子》的英译本、有关《孟子》跨文化阐释与传播研究的论著和论文，挖掘它们深刻的思想内涵和价值，在特定的历史时期，翻译者和研究者们所呈现出的语言解读模式、翻译策略的选取、观点和研究的目的各有不同，通过研究《孟子》在跨文化语境中的传播轨迹，还原译本当下的历史文化语境。

其次，以社会文化背景为参照，探索孟学及以其为代表的儒家思想在西方世界发展的脉络与特点，揭示它与某一特定时期的社会历史背景、文艺思潮、文化动态及文学系统的关系，还原《孟子》在他文化中流变、发展以及人文精神构建过程中的跨文化传播痕迹。再次，从跨文明、跨学科的角度，综合应用译介学、阐释学、接受理论、传播学、影响研究等学科知识对具体的文本进行详尽的实证分析，对西方世界中中国文化经典被"误读"、被"过滤"、被"改写"或者"创造性"误读过程中所产生的"变异"进行描述，在详尽调查英语世界《孟子》研究的具体情形的基础上，通过描述性对比，探析跨文化语境中《孟子》研究的特色以及源语文化对汉学家们阐释与接受策略的影响，解码跨异质文明、文化对话的种种可能性，建构中西文明的互补性。本书以译介学、文学变异学、对比语言学、传播学、接受理论、翻译学等视角为切入点，重点考察、分析清末以来各个历史时期《孟子》在跨文化传播中的译介和传播，综合应用译介学、阐释学、接受理论、新批评、对比哲学、影响研究等学科知识对具体的文本进行详尽的实证分析，进行跨学科、跨文化的解读与研究。本书将有关《孟子》翻译的国内外著作、期刊、评论等进行比较研究，重在挖掘跨文化传播中的异文化因子。

第一章首先介绍了《孟子》出现的历史社会背景：春秋战国时期，礼崩乐坏，传统的价值观念崩溃，封建地主制逐步形成，于是各个阶层的政治家、思想家都试图从自身阶层角度解读社会，形成了"百家争鸣"的盛况。儒家思想正是在这样的背景下应运而生，孔子是儒家思想的开创者，孟子是孔子思想的继承者和发扬者，元代以后被尊称为"亚圣"。孟子对"仁政"思想进行进一步的阐释，使得儒家思想更加系统完善。孟子的施政纲领也比孔子的详细具体，除此之外，孟子对孔子的思想也有扬弃。正因为如此，儒学才得以一直兴盛。为了让读者对孟子思想有一个比较全面的认识，在充分掌握中国史料的基础上，更进一步把孟子的思想和西方同时代的柏拉图作一简略的对比，尤其是他们的政治理论的各个方面，这样的比较凸显了孟子思想的特色和地位。《孟子》作为四书之一，在中西方世界都有着重大影响。两汉以来，孟子思想的发展随着《孟子》历代注家的研究与阐发，经历了三次发展高峰，孟子思想能成为中国传统儒家思想的集大成者，离不开汉、宋、清三代学者和注家的阐释和传播。现有的注本有东汉赵岐的《孟子章句》、南宋朱熹的《孟子集注》、清戴震的《孟子字义疏证》以及焦循的《孟子正义》等，他们的注本对后世之人理解《孟子》产生了极大的借鉴作用，对于儒家思想在中国社会各个历史时期的发展和繁荣起到了推波助澜的作用。16 世纪下半叶以来，《孟子》被不断地介绍到西方，至今为止，仅《孟子》的英语全译本、节译本多达 20 种，极大地推动了西方汉学界对儒学的研究。但是值得注意的是，对《孟子》英译本底本的研究较少，本书第一次比较全面系统地对英语世界的《孟子》英译本所选取的注本进行了爬梳，发现采用朱熹的《孟子集注》为译本底本的译者最多，共计 7 人，其次是东汉赵岐的《孟子章句》、清戴震的《孟子字义疏证》以及焦循的《孟子正义》。

典籍翻译的历史回顾，通过对目前典籍翻译的历史做一个综述，以提供《孟子》作为典籍翻译的参照系，在典籍翻译综述的基础上，探讨目前汉籍翻译的问题，反思《孟子》翻译自晚清以降的起伏与兴衰，探讨多译本的跨时代、跨语言、跨文化、跨语境的互文过程。在本书的后半部分，关于英语世界孟子思想专题研究，主要包括以下内容：在英语世界《孟子》的伦理思想研究部分，描述儒家典籍《孟子》在异文化中传播的路径：儒家典籍文化对中国文学的发展起了重要作用，国内学术界对儒家典籍文化的探研究主要集中在对《孟子》英译版本的语言层面，仅限于单个译本的某些个别实践问题上的探讨，缺乏对《孟子》跨文化翻译与传播的深入、系统性研究。本书在厘清儒家典籍文化与异文化关系的基础上，探讨异文化与儒家典籍文化之间的互动，通过研究《孟子》在跨文化语境中的传播与接受，还原译本当下的历史文化语境。以社会文化背景为参照，探讨孟学及其为代表的儒家思想在西方世界发展的脉络与特点，揭示它与某一特定时期的社会历史背景、文艺思潮、文化动态和文学的关系，以及《孟子》在异文化中流变、发展及人文精神构建过程中的文化轨迹。从跨文化阐释与传播的角度研究《孟子》的英译本，体现的是客观主义的特点，这也是本书在写作过程中一直遵循的原则。在中国古代，阐释学也有其渊源，孟子在与其弟子讨论如何理解《诗》的意义时，提出"以意逆志"的观点，到现在已经发展为阐释古文学的方法。而在西方，施莱尔马赫、狄尔泰、海德格尔等也分别从不同角度对"阐释"有着深刻的理解。因此，西方学者在翻译《孟子》时，很大程度上也从阐释学的角度进行，努力贴近孟子思想的本意。随着全球化时代的到来，汉语热席卷全球，掀起了汉学研究的思潮，《孟子》的研究也开始成为学者们关注的焦点。以《孟子》为代表的儒家典籍对中国文化以及世界文化的形成和发展有着深远的影响，其影响与辐射正是通过跨文化的翻译与传播进行时空转换，其突出的特点是双向交流和动态平衡并举。既表现为儒家典籍文化对中国文学的思维模式和道统的塑造，还表现在西方世界对儒家典籍的翻译和阐释的发展中。通过对《孟子》等儒家典籍的翻译与研究，以及在此过程中的"抵抗式阅读""创造性误读"等方式对孟学的传承、发展与创新，我们发现，当人类的经典著作进行跨文化研究、阐释和借鉴时，典籍英译就不可避免地发生了，典籍英译一旦发生，就必然指向目的语的文化需求，这既会促进目的语国和源语国对典籍的深刻研究，又会增生切合当下目的语时宜的新阐释，《孟子》的跨文化研究概莫能外。作为儒家经典，《孟子》是中西方文化交流过程中必然和首选的翻译对象之一，其跨文化阐释与传播研究是儒家文化传承和发展的重要部分，也是提升中国文化软实力的有力途径。关于中外文学之间相互关系的探讨是我国比较文学学科发展的重要支撑，主要方法如下：考察跨文化文学史不同发展阶段中孟学研究的运行模式。在跨文化语境的宏观和微观系统内部分别考察以《孟子》为代表的儒家典籍文化对特定文学系统中社会思潮、文学理论的接受以及演变模式。其本质是主体通过对话和交流建立自我，通过理解他者和与他者的价值交换而施加影响。《孟子》跨文化阐释和传播间的共通、共享的价值标准只有经过这种价值认定才能建立起来。《孟子》作为中国古代的文化典籍，其翻译应该是一个不断推进的过程，受译者身份，译者的外语水平，译者的知识背景、意识形态，语言文化发展等不定因素的限制，原文本的价值需要在不同历史阶段的复译中加以体现。如此不断更新，才可以在跨文化传播中发挥其应有的价值。

第二章为文明的回响：域外儒学及《孟子》研究。专门用一整章来阐述域外学者对儒家及《孟子》研究的成果，重点学者有狄百瑞、列文森、倪德卫、卜爱莲和贝淡宁。狄百瑞有关儒家的研究关注"圣人与儒家君子"、程朱理学的发展以及儒家的自由思想。他对儒学在东亚及世界的地位给予了极大的肯定。对《孟子》的研究也有些许涉猎。列文森是著名的"中国研究"专家，因为研究内容广泛，成绩卓著，被誉为"莫扎特"式的学者。他认为儒家兼属中国与世界，是人类古典文明中的华章。认为儒家思想由于君主制的建立而不断发展。二者之间是相互吸引、相互制约的状态。除此之外，《儒教中国及其现代命运》的作者列文森，主要从中国现代社会变化、传统与近代的变化等史学角度探讨古代思想的发展与面临的挑战。他对先秦思想的研究也赫赫有名。倪德卫在其《孟子论动机与道德行为》《孟子献疑》《论〈孟子〉的翻译》等论文中，提出了对孟子及整个儒学的独到见解。2009 年美国哥伦比亚大学出版的卜爱莲（又译华霭仁）《孟子》译本，是目前英语世界最新的译本，在孟子研究领域所取得的成果也举足轻重，她不仅自己翻译了《孟子》，对孟子的思想也有着深刻的见解，还试图把孟子思想从同时代的其他统治阶级思想中剥离出来，并让当今的学者从中学习到有价值的概念。她与安乐哲关于孟子人性论的争论在学界产生了极大的影响，争论的焦点就在于人性的普遍性与特殊性：卜爱莲从普遍性的角度来理解孟子的人性，强调其生物学和遗传学属性。著名哲学家贝淡宁善于结合中西方不同哲学思想来对传统思想作出新解，他对儒学的研究主要在于把"仁"解读为关怀伦理反家长制，把"男女有别"解读为反父权制。分析了孟子的家国观以及人民和政府的关系等，相对来说比较全面。

第三章是关于英语世界孟子思想的专题研究，主要从伦理、人性和政治等方面对英语世界《孟子》专题进行研究。首先对孟子的伦理思想进行梳理和归纳。英语世界的孟子伦理思想一直是学术界关注的重点，也是难点。在前人研究的基础上，力图利用中西伦理思想的有益资源，通过对孟子伦理思想的解剖，不断深化对传统的认识，不断接近《孟子》文本，主要对孟子伦理思想中的性善论、四端说、仁爱说、义利观、自然之德、修身论这五个命题进行探讨和研究，发现其在人类社会中的现实价值，如弘扬仁爱精神、构建和谐人际关系、加强自我修养、培养理想人格等。儒家讲求关联思维，儒家从来不是单一的自我，而是在成人修身的过程中不断遇见其他自我，追求崇高的道德人格。其次是对英语世界《孟子》人性思想研究。这部分也涉及孟子的"性善论"与基督教的"原罪说"、《孟子》中情感的表达以及人性与道德、美德的关系。再次，是对英语世界《孟子》政治思想研究。儒家提倡的远不止我们一般理解的社会伦理，在英语世界《孟子》人性思想研究部分，经过查询和研读有关英语世界《孟子》研究的文献，我们发现大部分研究者认为孟子的性善论是指人生而就有的一种"善"的属性，这种属性在后天的影响下会发生变化。在英语世界《孟子》政治思想研究部分，研究范围比较广的是孟子的"君臣"关系与西方的"君主责任制"的关系，事实上，孟子认为君主不仅有责于天，也有责于民。孟子的治国思想"仁爱"、精英治国理念、"天命说"、对战争的道德评判以及权力与民主观念等，在《孟子》的跨文化阐释和解读中也是研究的焦点。除此之外，孟子与其他百家的政治思想在英语世界的传播也有着不同的解读。最后还对英语世界《孟子》其他思想研究，包括教育思想研究进行了概述。

《孟子》哲学思想和诗学概念具有深刻的内涵。本书在研究方式上采取的是比较哲学的研究方式。更重要的是本书追踪了近年来西方世界通过跨学科的视角，从女性主义、生态批评等方面研究孟子思想的论文和成果。孟子的思想观念与中西的其他思想家与哲学家有着许多不同之处，第四章就集中论述了这一方面，从跨学科角度进行了研究。主要涉及的内容有西方汉学家对"君子"与"心"的不同翻译及理解、女性主义视域下的《孟子》研究、生态观视域下的《孟子》研究。正是因为女性主义的发展，才有了西方学者从女性主义视角对《孟子》的解读，如贝淡宁。这些学者们集中关心的问题有女性地位，女性与君子、政府的关系问题，儒家的"仁"与女权主义关怀伦理等。以上只是对《孟子》的某些概念与西方世界相似概念之间的对比，我们从一个比较广泛的视野着手，着力论述西方世界对《孟子》的研究，让读者辨别出《孟子》的独特之处。《孟子》中处处体现着自然观的萌芽，诸如"仁民爱物""物之不齐物之情也""不可胜用""牛山之木""为渊驱鱼，为丛驱雀""天人合一"，等等。与此同时，我们发现孟子的自然观与西方的自然观相互呼应，文中着重对比了孟子与卢梭，分析了二者的异同。孟子的自然观也引起了西方汉学家的争论，比如说在人性论的文化性与生物性方面，葛瑞汉发表了长文《孟子人性理论的背景》。受其启发，安乐哲又发表了论文《孟子的"人性"概念指的是"人的本质"吗?》，安乐哲认为"nature"一词所包含的本质主义倾向并不适合表达汉语"性"字的"过程"含义，当然其实二者也有不少相同的方面；卜爱莲则认为，所谓"性"是社会生物学意义上的普遍人性，突出《孟子》中的共同人性；在这场争论中，安乐哲的学生江文思坚定地站在老师这边，并提供了进一步详细论证，尤其是在对《孟子》"天"的解读上。提到"性善论"，我们也可以窥见《孟子》中体现的模糊的动物权力观。从以上我们可以看出，在《孟子》跨文化传播的传承与发展中，不断有学者对孟子思想作出新的阐释，各有所长，并且相互切磋，相互争论，但最终都有利于儒学在全世界发挥其应有的作用，儒家的"仁"得到更大范围推广，发挥其"普世"意义，推动世界走向"命运共同体"。

最后一章是历史与未来:《孟子》跨文化阐释与传播。首先对跨文化传播的概念、特点、机制以及路径方式进行了介绍，在此基础之上，论述《孟子》跨文化传播研究的现状及问题，发现《孟子》译本的主要传播对象仅限于汉学家，在普通读者中间的传播状况并不理想；在传播主体、传播内容的文化创新上、传播载体上都存在着不足，这都是亟待解决的问题。但我们不能忽略《孟子》在跨文化传播中具有的重要意义。《孟子》的跨文化传播，通过平等的交流和对话能拓展《孟子》跨文化阐释与传播研究的视野，挖掘孟子思想的当代价值，增强中国的文化软实力，达到多元文化共存和实现文化普世价值的目的。因此，中国当代需要解决传统思想"如何跨"的问题，让《孟子》真真正正地跨越时空，传承创新，不断以鲜活的思想价值予人以启迪，成为人类世界共同的精神财富。

第一章
空谷足音:《孟子》的成书及其历代译本底本

　　《孟子》作为儒家经典著作之一,位列四书之末,但却是其中篇幅最大、部头最重的一本,约有三万五千字。一共有七篇十四卷传世。行文气势磅礴,感情充沛,极富感染力,流传后世,影响深远。

　　《孟子》成书的说法之一是太史公所提到的"退而与万章之徒序诗书,述仲尼之意,作孟子七篇"(《孟子荀卿列传》)。根据诸多文献记载,孟子的著作主要的作者是他自己,但"万章之徒"也参加了讨论和编写,并且在孟子生前就已经完成,可见《孟子》一书确为孟子思想的集大成者。孟子的主要作者应该是孟子本人带领万章之徒,在齐鲁数年的游历和讲学中共同完成的,这也是学术界的共识。本章将借由《〈孟子〉的跨文化阐释与传播》的研究先介绍《孟子》一书的写作背景,然后再分别阐述其各个阶段各家所作的注本,在此基础上钩沉英语世界译者采用的注本。

第一节 《孟子》的成书背景

　　任何文化现象的产生和出现都具有它独特的历史和社会背景,并且受到多方面因素的影响。《孟子》作为中国文化的代表性杰作,其出现的原因如下:

　　首先,政治上的动荡。春秋战国时期是历史上著名的战乱时期,各诸侯国为了争得霸权，战争不断。各国的兼并与斗争促进了一个新的阶层，即"士"阶层的兴起。"士"阶层为诸侯国出谋划策，提出不同的政治主张，不同的流派和思想学说随之兴起。此时，由于没有一个正统思想的压制，"百家争鸣"的学术氛围得以产生，同时也促进了孟子学说的产生。

其次，经济文化的发展。在中国古代，农业的发展是经济发展的基础。春秋战国时期，铁器的使用和牛耕的推广使得社会生产力显著提高，虽然战乱频发，但经济发展迅速。经济和社会的发展促进了私学的兴起。私学的兴起又促进了各家各派政治主张和思想学说的传播和宣传。儒家思想也不例外，孟子在各国游历，宣讲自己的政治主张和思想。

再次，自由的学术氛围。由于政治上的动荡，各个政治力量无暇干预学术活动，因此思想的传播受到的阻碍较小，这就使得各家各派有充足而广阔的发展空间。也就形成了历史上著名的"百家争鸣"局面。广阔的学术自由度使得各个学派之间可以相互交流，思想的交流和百家的争论为孟子思想的产生提供了不可或缺的学术政治环境。

最后，不断发展进步的生产力及科学技术。经济基础决定上层建筑。春秋战国时期，经济和物质文化的发展为科学技术的发展提供了一定的经济和物质基础，生产力的提高又使得人力资源变得更为丰富，为科学技术的进步提供了广泛的人力资源。与此同时，物质上得到满足的人们开始追求精神上的满足，促进了人们的创造力的发展，因此，天文学、光学、力学、医学等方面都大大进步。精神上的追求使得各家各派的思想有了现实和社会需要，《孟子》便在此背景下应运而生。本节将从中国历史文化背景，与孔子的关系，与西方世界思想的历时比较三大方面进行阐释。

一、百家争鸣的影响

春秋战国时期的百家争鸣促进了《孟子》的成书。春秋战国时期正处于一场社会大变革的风暴中。在这场大变革中，旧的奴隶主阶级没落了，新的地主阶级兴起。传统的社会秩序受到猛烈冲击。旧的制度和道德伦理观念也被新的制度和意识形态所取代。各个思想流派如儒家、法家、墨家、阴阳家等，就在这种社会背景下产生了，他们各有自己不同的政治和思想主张，渴望通过思想的宣扬建立新的价值主张，来拯救这个战乱的社会。由此形成了一种学术上的繁荣盛况。百家争鸣为各家各派思想的发展提供了广阔的空间和自由的环境。各家各派通过各种方式来宣扬和传播自家的价值主张，他们各有特点，又相互渗透，为中国的传统思想和文明奠定了基础。

二、孔子与孟子思想的差异

春秋时期，儒家的地位由孔子在百家争鸣中确立。孔子和孟子二人在思想上都讲究"仁者爱人"，但二者的"仁"却大有不同。

第一，性格的不同。孔子谦逊有礼，且能包容他人。孟子愤世嫉俗，蔑视权贵。孔子经历了生活的困苦，因此更能感受到底层人民的艰辛，更能以同情之心来对待他人。他不论对谁都谦逊有礼，他以谦逊的心感染子路，又以宽容的态度面对陈国人的侮辱。孟子生于战乱，他面对诸侯混战，百姓困苦，饿殍遍野的局面，满心愤慨。看到人民受到压迫，孟子十分同情人民的处境，不畏权贵，"富贵不能淫"。孔子是有礼谦逊的，孟子则是悲愤的，具有更为突出的人格特质。

第二，"仁"的不同。孔子在《论语》中提出了"仁"的思想，是"仁"的创始者。孟子的"仁"从孔子的"仁"的基础上发展而来，是"仁"的发展者。在伦理道德层面，孔孟的"仁"都有关爱、同情他人的思想内涵，但孔子把"仁"看作是个人的道德标准，主要是指个人德行上的修养，即"仁者爱人"，孟子将孔子的"仁"运用于社会，提出"恻隐之心，仁之端也"[1]的观念。由此，"仁"从个人的思想道德境界成为社会的准则，成为普遍的

---

[1] 杨伯峻：《孟子译注》，中华书局1960年版，第80页。

社会道德规范。最后，孟子将"仁"作为施政的原则，提出"仁政"思想。

第三，施政纲领的不同。孔子提出"君君，臣臣，父父，子子"（《论语·颜渊》）。他认为各在其位，各司其职，有礼有序就可以治理好国家。孟子则提出了"民贵君轻"的思想。在"乐"方面，孟子认为，"今之乐由古之乐也"（《孟子·梁惠王下》），君应"与民同乐"方能教化他的臣民。"乐民之乐者，民亦乐其乐；忧民之忧者，民亦忧其忧。"（《孟子·梁惠王下》）如果君主为人民的欢乐而欢乐，为人民百姓的担忧而担忧，那么人民群众也会同样为君主的快乐而快乐、为君主的担忧而担忧。孟子主张"谨庠序之教，申之以孝悌之义"（《孟子·梁惠王上》），通过兴建教育和学校教化百姓，孟子还特别注重经济的发展。

三、与同时期西方的思想的对比：柏拉图

《孟子》作为儒家经典著作和四书之一，记录了孟子及其学生的言行，对于研究孟子和儒家思想具有无与伦比的学术价值。它的出现具有独特的政治、经济、文化、学术自由度、科学技术的进步等方面的社会背景和历史原因。为了对孟子有更为全面的认识和了解，我们将孟子放在横向的历史对比中来看。从孟子所处的时代来说，孟子生于公元前 372 年，由于孟子和柏拉图的时代相近，思想中都注重"德行"和人性的"善"，且柏拉图是西方哲学的奠基者之一，故选取柏拉图作为当时西方思想的代表人物与孟子作对比。孟子的思想与柏拉图既有相似之处，又有本身特有的个性。

首先，他们的思想都有深深的时代烙印。春秋战国时期处于奴隶制社会向封建社会过渡，整个社会处于激烈的变革和动荡时期。政治上诸侯争霸，战争频发，不同的政治力量都渴望扩充领土，建立霸权。经济上生产力得以发展，封建生产关系逐渐形成，工商业也有了相当的发展，在不同的国家出现了不同的、有固定价值的金属货币。文化上百家争鸣，各家各派的思想得到了广泛的宣扬和传播。孟子提出了"仁政"的思想，虽然在当时没有被采

纳和重视，却成为后世中国思想的基础。柏拉图生活和成长的时代，正是古希腊奴隶制城邦逐渐衰亡之际，频繁的战争使得人口锐减，统治阶级矛盾加剧，经济基础被摧毁。在这种社会背景下，柏拉图游历四方，企图实现他的贵族政治理想。虽然他的政治理想没有实现，但是他的思想体现在他的《理想国》著作中，也为人类留下了宝贵的财富。

其次，不同的思想政治理论基石赋予柏拉图和孟子不同的政治构想。"天人合一"是孟子政治思想理论基石。孟子主张"天人合一"，围绕"天"和"人"的关系，强调二者的统一。他提出"存其心，养其性，所以事天也"（《孟子·尽心上》）。"善"的理念是柏拉图的政治理论基石，善是一切事物的终极追求，理念世界和事物世界分别是可知可感的，善是宇宙万物的最高目标。

再次，不同的理论基础和思想渊源。在早期的民本思想萌芽和孔子的"仁"的思想基础上，孟子创造性地继承和发展了孔子的"仁"，提出仁政，看到了人民的重要作用。"以民为本"就是其"仁政"思想的核心。除了受孔子思想的熏陶外，现实背景也是其"仁政"思想形成的重要原因，春秋末年，民不聊生，统治阶级荒淫无道而失去民心导致政治动荡。柏拉图的思想也是深受前人思想的影响，特别是苏格拉底的德性理论。柏拉图认为德性包括智慧、勇气、节制和正义。正义是最高的美德。"什么是儒家的正义概念？正如我们所看到的，没有单个的汉字能阐释希腊语'dikaiosyne'的丰富含义，但这并不意味着中国文化或者哲学传统中不存在'正义'的意义。事实上我们可以看到孔子为人类的发展提供了一种理想的规范。以这种规范，不仅个体的人将获得他作为人的生活的完善，而且整个社会和国家也会获得合意的秩序和福祉，它与内在秩序和个体福祉相一致。我们可以将这种人类发展的理想规范称为'为人之道'，将政治福祉的理想规范称为'为政之道'。"①

---

① 成中英：《论"正义"的古典模式与现代模式之整合》，载［美］姜新艳主编：《英语世界中的中国哲学》，中国人民大学出版社 2009 年版，第 53—54 页。

最后，二者政治理想的实现途径不同。在政治理想实现方式上，孟子主张君主专制，有德的君王治理天下，是孟子政治思想的最高境界。人才是国家兴衰的关键。因此，贤君要广纳贤才，聚集天下的贤才为国家的治理献言献策。孟子重视血缘宗法，因此，孟子认为国家治理和施行仁政都是建立在血缘宗法之上的。柏拉图主张贤人政治体制。他认为只有富有智慧和知识的哲学的人才能做国家的统治者。他提出了理想城邦的建立。柏拉图的正义观是其政治理论的核心。城邦通过分工实现经济社会的繁荣和发展，正义是城邦稳定和持续发展的基石。柏拉图认为家庭血缘关系不能帮助维护社会稳定。强调法律对治理城邦的重要性，更接近于现实政治。孟子加入了自己的见解，提出仁、义、礼、智四个基本德目，奠定了中国传统伦理文化的核心价值体系的基础。而通过它与柏拉图的对比，考虑到他们所处的相似的时代背景，这实际上是对其时代的反抗。孟子和柏拉图在各自完整的社会治理秩序思想体系下，不仅在当时对社会和世界具有深刻的影响，对后世仍有实践上和操作上的启示。

第二节 《孟子》历代注本概览

《孟子》是记载孟子及其学生言行的一本书，是儒家思想的代表著作。孟子作为"亚圣"，和孔子一起建立了儒家思想一派，孟子不但继承了孔子衣钵还对孔子的思想有所扬弃，儒家思想在孔孟以后逐渐形成完整的体系，是中华民族丰富的文化遗产，不仅对我国社会政治经济思想发展产生了重要的影响，也远播东亚和世界各国，特别是对东亚各国有着深远的影响。两汉以来，研究《孟子》思想的学者也是此起彼伏，形成了蔚为壮观的孟学研究。我们试图通过注本的研究探讨译者在选择翻译底本时有无关联，如果有，与《孟子》的注本在中国的发展是什么关系？

《孟子》最初的地位并不高，只是作为子集，也就是百家诸子流传于世。

两汉时期，对《孟子》的注疏和研究迎来了第一次高潮，魏晋至唐初陷入低谷，直到宋元不断升格，几起几落。

《孟子》的研究和注疏经历了三个阶段：东汉赵岐的《孟子章句》是最早的《孟子》注本，是为发端的第一个阶段。事实上，《孟子》虽荣列十三经之内，但客观来看，至少在唐宋以前，《孟子》的注本并不多。也就是说，唐宋以前，孟子并不受尊崇与重视。传至宋代，《孟子》的地位才得到了大幅度的提升。由于唐宋间的《孟子》"升格"运动，至唐中期，《孟子》的政治思想和学术地位由"子"升为"经"，地位发生了根本性的转变。孟子入孔庙，封"圣贤"，《孟子》荣列四书之一。宋神宗熙宁四年，入选科举官定教材并成为科举考试科目，成为世人必读之书。孟子自元被尊称为"亚圣"，成为孔子思想的集大成者，《孟子》被奉为儒家经典，迎来了孟学研究的第二个高峰。从此，注疏研究《孟子》的著作增多，其中又以南宋朱熹《孟子集注》研究成就最高。至清代，孟学发展的第三个阶段，先后有清戴震《孟子字义疏证》和焦循的《孟子正义》问世。

历代以来，出现了颇多《孟子》注本，具有代表性的主要有四本：东汉赵岐《孟子章句》、南宋朱熹《孟子集注》、清代戴震（东原）的《孟子字义疏证》、清代焦循的《孟子正义》。这些都成为当今学者研究《孟子》思想的重要参考资料。下文将分别对四个注本进行简要概述：

一、赵岐的《孟子章句》

赵岐（约 108—201 年），字邠卿，京兆长陵（今陕西咸阳）人。少明经，有才艺，善画。赵岐隐忍困厄，以坚强的毅力在复壁中作《孟子章句》，所注精审翔实，多有发明。

《孟子》流传于今，最早的注本便是东汉赵岐的《孟子章句》，他在《孟子题辞》（也就是序言）中说明了作注的原因，解释了作注的体例。"闳远微妙，缊奥难见，宜在条理之科。于是乃述己所闻，证以经传，为之章句，具载本文，章别其指。"① 赵岐的《孟子章句》是现存于世的完整注本，其他注本早有轶亡，所以其被称为传世汉代注本。《孟子章句》不仅对两汉孟学研究多有建树，为后世孟子注疏也提供了宝贵资料，具有重要的学术和史料价值。《孟子章句》对孟子上下凡十四卷的词、句、篇章做了详细的意义疏解，为后世理解和阐释《孟子》奠定了坚实的基础，开辟了经注的源头，为孟子研究和注疏的发端阶段，也是研究孟子学说研究在历史上的第一次高潮，是孟子在汉末兴盛时期的代表作。"赵岐将所谓的内容七篇各分上下，共十四卷，二百六十一章，'述己所闻，证以经传，为之章句，具载本文，章别其指'。所谓章句是汉代经学的一种解释方式，'谓离章辨句，委曲枝派也'，即对经典分章析句而加以诠释。其兴起时间，学者多认为当在汉宣帝时，与博士官分立，经说分家有关。据史料所载，其特点是引据众多资料。"②

《孟子章句》是一部严密完整的阐释性著作。其注释特色主要体现在以下几个方面：

第一，特别注重训诂。在诠释字词上，采用了声训、义训及据境索义三种主要的方法。在义训方面尤为慎重，例如同义相训、定义法和描写形象。在释名物方面，对人名、地名、水名、器物、官名、职名都有详尽的注释；在释典制方面，对车舆、俸禄、赋税、土地等制度注解尤为仔细。

第二，注重疏通文义。赵岐把《孟子》分为 261 章，每一章的末尾都使用言简意赅的文字概括大意。清代注家焦循认为，赵岐首次对《孟子》逐字逐句作注，并首次将《孟子》分章节，是一种创新。在每章中，直接对原文内容进行概括，并补充说明文意，而且大量地引经据典；在析句方面，解词和串讲句意灵活运用。他注重阐发句子之义，这也是其主要目的。采用"微言大义"的方式是其与《孟子》一书的共鸣之处。

第三，注重贯通辞气。赵岐首列《孟子题辞》，标明了全书的要旨，并

---

① （清）焦循：《孟子正义上》，中华书局 1987 年版，第 25 页。
② 李峻岫：《汉唐孟子学述论》，齐鲁书社 2010 年版，第 142 页。

对《孟子》的作者、内容、流传情况进行概述，说明了自己的著述动机；又《篇叙》介绍篇章的结构及次序的安排，为每一篇说明命名意图之所在。

除了以上最主要的几点，赵岐还引用了今文学说（阴阳五行说、天人感应说等）、道家思想解读《孟子》，注重阐发微言大义。正是因为有其鲜明的特点，整部书才显得体例清晰，为后来的读者解读和理解《孟子》提供了极大的帮助，梁启超称之为"实汉经师最可宝之著作"①。赵岐所注的《孟子章句》创造性地对原文分章节，并逐字逐句作注，有了一定的发挥。在一定程度上打破古文经学的阐释限制，拓展了《孟子》的理解空间，因此，具有极高的史料和学术价值。赵岐对孟子思想有来自精神上的认同与共鸣，第一次创造性地阐发了孟子思想，揭示其中的微言大义。尤其继承发挥了《孟子》中的仁政、王道思想，发展了《孟子》中的守道持节思想。赵岐认为仁政思想的根本就是以民为本，不仅要重民、富民，更要教民，为政者要修身养性，要选贤举能；赵岐身处小人当道的环境，始终坚守自己的气节，这与孟子"富贵不能淫，贫贱不能移，威武不能屈"的品格一脉相承，认为士者要以道事君，守己直行。这是赵岐《孟子章句》对孟子思想解读的精髓之所在。

总之，赵岐的《孟子》是流传至今的最早的章句体著作之一，同时也是汉代注重名物训诂的著作之一，为后来世人解读《孟子》奠定了权威的基础，不但大大地鼓舞了当时的人，同时又深深地启发了后继人，具有非比寻常的史料价值和无与伦比的学术价值。"赵岐注本是后世学者注释、研究《孟子》的主要版本依据，为后人的《孟子》研究提供了重要的研究基础，其对于孟学发展以及孟学研究的重要意义不言而喻。"② 作为解读《孟子》的开山之作，《孟子章句》不仅对后来的注家，如朱熹、焦循等产生了深远影响，更为当今中西学者研究《孟子》及儒家思想提供了跨越时空的桥梁。自汉代以降，后世学者不断注疏《孟子》，均建立在赵岐版的基础上。可见，赵岐版《孟子章句》为后世研究奠定了资料基础，具有重要的资料和史学价值，对孟学

① 梁启超：《中国近三百年学术史》，东方出版社 1996 年版，第 220 页。

② 李峻岫：《汉唐孟子学述论》，齐鲁书社 2010 年版，第 158 页。

的发展有开端性的学术意义。

二、朱熹的《孟子集注》

朱熹是杰出的儒学弘扬大师，成就主要集中在《四书章句集注》（即《大学章句》《中庸章句》《论语集注》《孟子集注》）。其是朱熹以阐发研究儒家思想义理的理学代表作。他的思想泽被后世，被奉为官学，《孟子集注》堪称宋代孟子注疏的杰出代表作，是宋代孟子注疏的一座丰碑，孟学研究史上的高峰。

在行文上，《孟子集注》是古籍整理中的集解体，即汇集各家注解，再加以自己的理解形成的一部新注解。集解体是魏晋南北朝时期新发展出的注释体例。用集解体来集注《孟子》也是该书的最大特点之一。朱熹在他的训解中常常把《论语》和《孟子》并提，相互融会和贯通。朱熹集注《论》、《孟》可谓殚精竭虑。据《朱子语类》记载，朱熹曾颇为自负地说道："某《语孟集注》，添一字不得，减一字不得。"①《孟子集注》的章节和体例基本沿用赵岐的《孟子章句》，具体内容包括：考证儒学巨擘孟子身世和生平的《孟子序说》、韩愈的评价、程子和杨时的评价。在思想内容上，《孟子集注》阐发了朱熹的理学思想。朱熹是南宋著名的理学家，他总结了以往的思想，建立了庞大的理学体系，是宋代理学的集大成者。朱熹注重从理学的角度阐释孟子，跳出了两汉、晚唐以来只重训诂而忽略哲理的解读方式，是宋代孟学研究对前代的一种超越。另外，该书的注释包括历史知识、古代制度等，涉猎广泛，内容丰富；采用随文注释的方法，释义通俗明白，用最简洁的语言解释了各章的重点和难点，很大程度上促进了孟子思想的传播和发展。除此之外，朱熹在撰写时，参阅了大量的古典书籍，如经、史、子、集四部，引用范围广泛。也借鉴了汉唐的旧注和宋代理学家对义理的阐发。"就《孟子》

---

① 黎靖德：《朱子语类》卷第十九，中华书局1986年版，第437页。

而言，他的《孟子集注》对我们今人解《孟子》仍具有重要参考价值，是不可多得的一部参考书。"①

《孟子集注》最大的特点是其对理学思想的阐发。朱熹是南宋著名的学者，《孟子集注》正文采用集解体。不但汇集汉唐以来孟子诸说，还融汇新知，以理学的思想阐释经典，成为古籍整理的创新之作。首篇《孟子序说》介绍成书背景，考证孟子生平、韩愈道统对孟子的评价。总体来看，《孟子集注》提升了孟子的影响力，极大地推动了孟子思想在后世的传播，概括起来，主要特点有三：其一，推崇赵注版，然后按照赵岐《孟子章句》的体例划分章节分别作注，内容丰富，包罗万象，沿用赵注较多，随文注疏，通晓流畅，用简洁的语言阐释了孟子思想的精髓与重点。其二，朱熹参阅资料众多，天文地理，历史知识、政治制度，无所不包。其三，引证繁多。所征的书目包括《诗经》、《史记》等经史子集各部；参考各朝学者说解训释，特别是汉唐旧注以及宋代义理阐发，建立起庞大的理学体系。"朱子对孟子的解释，却是紧扣'理'来说明孟子思想。就朱子以'理'作解释孟子思想的基点而言，我们可以发现后出诠释者已赋予了经典意义以多样化。所以朱注与《孟子》已形成一种新的关系，而与孟子之《孟子》有别。"②《孟子集注》尤其注重义理的阐发，是宋代理学集大成之作。

总的说来，"朱子注孟所透显出种种的新见解，实与其对'理'的理解关系密切，因为就我们在以上的讨论，朱子对'理'所持的立场与孟子所理解的德性主体的价值之理有别。其所认可的'理'乃是理性主义倾向下的客观理则。故当朱子解释'理'之为人把握时，便无法以道德心的自发自觉来获得，必须再以一'认知'的'心'才能客观的理为人所'认识'，这可以从其释'舜明于庶物，察于人伦'章，清楚地掌握此一倾向。因为'明'是以认知心来认识外在的客观理则；'察'则指明尽其'理'之详。故与孟子

① 周淑萍：《两宋孟学研究》，人民出版社2007年版，第62页。
② 黄峻杰：《孟子》，三联书店2013年版，第186页。

在自觉的时候,'理'是一体显发的想法相去极大。"①《孟子集注》最大的特点是既尊重古义又勇于创新,是对汉唐训诂的超越,推动了《孟子》的由"子"入"经"。《孟子集注》既借助经典,又引入自己的理学思想;既重视古注,追求本义,又有所创新;既呼应了时代新内容,又尊重经典,发展出一种宋儒独有的诠释方法。这对后世的《孟子》研究及其他相关研究都具有极大的借鉴作用。

三、戴震《孟子字义疏证》

戴震,清代考据学家,思想家。字东原,安徽休宁人。"戴震学高天下,于经学、天文、历算、地理、音韵、名物训诂之学,均有精深研究。治经必追究穷源,反对师法汉儒,主张应宗原经,为'皖派'考据大师,'乾嘉朴学'之代表人物,他知识渊博,著述丰富,被誉为百科全书式的学者。"②《孟子字义疏证》是其代表著作,重视义理,从考证和训诂方面阐发"理""天道""仁义礼智"等哲学范畴的根本意义,故名曰"字义疏证"。并以此对程朱理学进行批判。全书分上、中、下三卷,书末附《戴东原答彭进士书》及《彭绍什与戴东原书》。

《孟子字义疏证》对后世产生了极大的影响,得到了后世文人学者的高度赞扬。刘瑾辉有言:"后人之所以如此高地评价《孟子字义疏证》,除了它的思想性外,其高超的写作艺术,也是后人难以企及的。突出地体现在两个方面:一是解释体例之创新,二是解释方法之创新。"③《孟子字义疏证》的特点主要有:第一,列举了重要的字眼进行新解。上、中、下三卷中,每一卷都有部分要进行疏证的字,这是与以往儒家经典的疏证之作的不同之处。此书的分卷也区别于《孟子》的原文,是用概念范畴划分然后对重要字眼进行

---

① 黄峻杰:《孟子》,三联书店 2013 年版,第 190 页。

② 刘瑾辉:《清代〈孟子〉学研究》,社会科学文献出版社 2007 年版,第 96 页。

③ 刘瑾辉:《清代〈孟子〉学研究》,社会科学文献出版社 2007 年版,第 118 页。

疏证。第二，引用经书对列举的重要字眼进行互相疏通印证。这些新的解释使作者水到渠成地阐发了自己的哲学思想，虽然有人质疑其对原理解释的正确性和严密性，但也引起了更多的关注，这在事实上体现了其不可忽视的文学价值。第三，采用了问答体，又批又证阐发己意。全书使用大量的"问"、"曰"，一问一答中实则是对程朱理学的批驳。这种新颖的方法，不仅解决了问题，还激发了读者的思考兴趣。第四，论证过程极具思辨色彩。为了批驳程朱理学的"存天理，灭人欲"的理念，彻底揭露程朱理学"以理杀人"的本质。戴震指出理学的发展并未真正解释《孟子》所体现的思想。戴震的目的在于揭示理学对传统儒家经典的曲解。"《孟子字义疏证》对于《孟子》一书，是疏证，是解释，但它超越了旧的疏证体例，创造了新的解释体例，这种匠心独运的艺术架构，一方面体现了革新的意识，同时增强了它的逻辑思辨性和现实的战斗力。"①在内容上主要从"性与天道"、"元气实体"的自然观、"义理旨趣"、"血气心知"的人性论、"理欲统一"的道德观等几个方面来阐释《孟子》思想。在"性与天道"上，捍卫儒学原旨，即孔子"性与天道，不可得而闻欤"。他认为："物质性的阴阳二气相互交感而形成有条理的运动。"②批判宋儒"理本论"思想；在自然观上，提出"元气实体"的自然哲学论，认为阴阳五行才是道德实体，并以此作为其义理学的逻辑基点，这就把宋明理学强调的"理"拉回现实；在人性论上，他提出与其自然观相对应的"血气心知"，并以此作为"理欲之辨"的理论基础；在道德观上，提出"理欲统一"，肯定人欲。

戴震在《孟子字义疏证》中敢于否定前贤，敢于挑战权威，破除程朱理学一统天下的局面，这样的创新意识对后世学界影响深远。焦循对戴震的义理注疏也极为认同，认为戴震重新将儒学概念加以阐述，回归了儒家正统。

《孟子字义疏证》写作的目的在于正人心。戴震在《孟子字义疏证》中表达了他对理学的反思和批判，是他义理思想的集中表达。体现了戴震对宋

① 刘瑾辉：《清代〈孟子〉学研究》，社会科学文献出版社 2007 年版，第 123 页。

② 苏正道：《〈孟子字义疏证〉对〈孟子〉的阐释和创新》，《理论界》2014 年第 5 期。

儒理欲观的批判,其承续道统、匡扶人心的社会价值远大于其学术价值。

《孟子字义疏证》是戴震最重要的哲学著述。然而有趣的是,这本著作却饱受争议。其受争议的原因正是在于戴震在书中对理学的反思和批判较多,有一定的局限性,在当时的时代并未受到关注和理解。"在戴震看来,正是由于统治者尊奉程朱理学,离开人们的情欲来寻求所谓的'天理',以处事残忍不加顾惜叫作'天理',逼得天下人无路可走,所以才使人们都转变为欺骗虚伪的人了,这种理论所产生的祸害是说也说不完的,是真正的'道德人心之害'。"①《疏证》对《孟子》的注疏不再是逐字逐句,而是回归儒学的原始义理。对程朱理学思想的批判尤为中肯,刘师培评价它说"解析义理,黜宋崇汉,亦近代奇书也"。②戴震的义理著作开始得到重视。可见《孟子字义疏证》虽然与儒家经典有密切的关系,但是却不是专门的解孟著作。

总的来说,戴震《孟子字义疏证》虽然受到一定的争议,"今人只把《孟子字义疏证》看作是研究戴震哲学思想最首要的资料,而从来不作为研究《孟子》或者先秦儒典的重要参考"③。但它在孟学研究中具有重要意义。戴震对儒学的见解,在一定程度上,有利于破除封建礼教,有利于宣扬一种自由的道德观念。这种新的解释体系既不同于赵岐《孟子章句》的逐句解释,也不同于朱熹《孟子集注》的义理阐释,因此它对清代学术思想的发展奠定仍然具有重要的意义。

四、焦循《孟子正义》

焦循,清代哲学家,精通经学、天算,少颖异,博闻强记,著《孟子正义》三十卷,弱冠好读《孟子》,为其作新疏,删繁补缺,蔚为大观。其特

---

① 许苏民:《戴震与中国文化》,贵州人民出版社 2001 年版,第 152 页。
② 刘师培:《经学教科书》,吉林出版社 2013 年版,第 164 页。
③ 李畅然:《清代〈孟子〉学史大纲》,北京大学出版社 2011 年版,第 265 页。

点是对赵岐注本《孟子章句》进行补充说明，也对赵注中的错误和疏漏进行指正。可谓《孟子》清代研究的集大成者。

焦循的《孟子正义》，是清代孟子研究的一部杰作，不但对赵岐《孟子章句》详加考察，而且还有不少新的洞见和注疏。焦循《孟子正义》的主要内容包括："一、正赵注字句解释和典章史实解释之误，二、补赵注之缺略和遗漏，三、疏通阐发赵注，四、阐释并发挥《孟子》原文的思想义理。"①

《孟子正义》主要对赵岐《孟子章句》做补充和说明，并对赵注的疏漏和错误进行指正。通过这一途径阐发了自己的思想，反对盲目继承赵岐的注本，他主要以注释名物为主，主要特点有：第一，使用归纳法，列举了众多的训诂资料，得出的结论比较可靠；第二，对词语解释的义项更加完备，语义也更加缜密；第三，把语言与文字相结合，依声寻意，这与当时的古音学成就密不可分；第四，大量使用了同文比证，为后来学者研究提供了参照，除此之外，还运用语法分析的方法，针对意见不统一的问题，博采众多学者的观点，并辅以文献作为根据。

焦循对《孟子》思想理解十分准确，这是因为：首先，义理的考据和文章的内容相统一，焦循一面解读重构《孟子》思想，批评明代空虚泛化思想，重塑儒家思想的正统。其次，在赵岐注本《孟子章句》的基础上，既赞赏又批评。最后，注释的本义和引申义相结合。焦循在注中，先对《孟子》的本义进行介绍，接着注释引申义和比喻义。而赵岐的随文注解中，读者很难区分注释是本义还是引申义，或者是比喻义，焦循很好地弥补了这一不足。

焦循对儒家思想的解释也涉及相当广泛的内容，主要可以概括为三个方面：第一，全面而详细地论述了通变与权变，以《易》学的方法来解释义理问题，又用通变解释人性之善与社会历史的发展。第二，道德认知是人道德实践的基础，行为需要以认识为基础。第三，关于性的解释，焦循认为性以

---

① 李畅然：《清代〈孟子〉学史大纲》，北京大学出版社 2011 年版，第 287 页。

"形、气、质"的自然层面为内在，提出"以欲为性"的观点。在以上观点中，关于人性论的解释最为突出，刘瑾辉在其《清代〈孟子〉学研究》中说："焦循的人性论，从立论的基点、论证的方法到逻辑的推演，在中国人性论史上，都应有自己的一席之地。"① 历史上人性善恶之辨，多表现为辨者概念模糊，底气不足，说服力不强。焦循采用独特的人物对比的方式，如关于人善恶之辨，焦循提出"智，人也。不智，禽兽也"②。辨明"性善"，从"四端"到"人欲"论证说理层层推进，气势磅礴，无可置疑。

"以文本字句本身为依据，作平实简要的解说，体现了古文经学笃实的学风。能够将字句训释与义理阐发较好地结合起来，可以说是融合了今古文经之长。故而焦循认为《孟子章句》实为精密而条畅。"③ 焦循充分重视赵岐《孟子章句》，但是对于存在的问题，他也是不留情面地指出来，焦循"不惜驳破以相规正"④，打破了"疏不破注"的常例，"是于唐人'疏不破注'之例，也并未尝墨守"⑤。焦循于赵注既不盲从也不墨守，这种实事求是的学风值得推崇。

焦循的《孟子正义》成就卓著，深得梁启超好评："里堂学问方面极多，其最用力者为《易学三书》。"他的《孟子正义》"实在后此新疏家模范作品，价值是永永不朽的。"⑥ 一方面其成书于清代，距今更近；另一方面，焦循总结前人成就，其《孟子正义》引证丰富。不过，"焦疏之所以为后世所重，非常重要的原因是它汇聚了大量的原始材料和唐宋以降特别是清代的考据性研究成果，便于利用"⑦。但焦循的《孟子正义》也存在一些不足和局限性。正由于其引证丰富，不免会让人感到内容庞杂烦琐。

---

① 刘瑾辉：《清代〈孟子〉学研究》，社会科学文献出版社 2007 年版，第 161 页。
② （清）焦循：《孟子正义》，中华书局 1987 年版，第 586 页。
③ 李峻岫：《汉唐孟子学述论》，齐鲁书社 2010 年版，第 145 页。
④ （清）焦循：《新编诸子集成：孟子正义下》，沈文倬点校，中华书局 1987 年版，第 1051 页。
⑤ 梁启超：《中国近三百年学术史》，朱维铮校注本，复旦大学出版社 2016 年版，第 217 页。
⑥ 梁启超：《中国近三百年学术史》，朱维铮校注本，复旦大学出版社 2016 年版，第 217 页。
⑦ 李畅然：《清代〈孟子〉学史大纲》，北京大学出版社 2011 年版，第 361 页。

第三节　《孟子》英译本底本概述

一、英译本底本分类

至今为止，《孟子》英译全译本、节译本多达 20 种。目前在海外影响较大，再版次数最多的译本则是刘殿爵译《孟子》。目前，最新的英文全译本是卜爱莲（也译作华霭仁）的《孟子》（2009，美国哥伦比亚大学出版社）译本。

不论是国外还是国内的学术界都对《孟子》的译者、译本进行了较为充分的研究。但是要对《孟子》英译本进行更加深入的研究，还要检视英译者对《孟子》注本的了解和选择。遗憾的是，国内关于《孟子》英译本底本的研究不足，仅有刘单平在其博士论文中对此进行过概述，并且只是部分《孟子》注本名字的罗列，未曾进行过系统、详细的分析。出于主观或客观原因，任何译者的翻译都有明确的目的，在儒家经典的翻译上，大部分西方传教士的态度是谨慎和诚恳的。在诚恳的背后，反映出他们翻译的目的不过是对所信奉的天主、自己国家的敬畏和尊重。20 世纪之后，不同学者由于各种其他目的对儒家经典进行翻译。安乐哲和罗思文出于哲学的思考翻译《论语》，辜鸿铭则出于介绍中国文化，因此采用凸显差异的翻译方法翻译。但是，目前还没有向西方系统介绍儒家思想的翻译，儒家思想在西方社会的传播和理解不够全面深入。从中国历史角度来说，儒家思想在不断地发展和丰富。但出于自身利益，不同朝代的统治者对待儒家经典翻译的态度不同，汉代以降《孟子》的注释本有几十种，翻译时具体参照的选择会有不同的效果和影响。中华民族历史源远流长，创造了繁荣兴盛的中华文明。传统典籍作为中华文化的精髓，其翻译对民族文化发展和传播具有重要意义，也是让中国文化走出去的重要内容。

二、主要译本底本分析

本节从国内外众多《孟子》英译本中选取较有代表性的 12 个，并对其译本底本分析如下：

卜爱莲（Irene Bloom）在其译本的序言（Introduction）部分对朱熹的《孟子集注》和赵岐的《孟子章句》都作了简要评价，且在部分脚注中也直接引用二人的看法，虽然未对这些脚注出现的次数做统计，但是从"当赵岐（公元 201 年）编辑注释《孟子》译本的时候舍弃了其中的几个章节使《孟子》经历了一个重大的转变"[1] 说这句话可以推测，卜爱莲解读《孟子》的主要依据是赵岐的《孟子章句》。

柯大卫（David Collie）在序言中提道："页面底部的注释不是任何一个评论员的字面翻译，而是各种评论的实质内容。"[2] 虽然他本人说他没有直接使用他人（前人）的译文或注释，但是他却明言文中的注释是"各种评论的结合"，表明他实际上参考了多个注本。

杜百胜（W.A.C.H. Dobson）在他翻译的译本的参考文献（Texts, Translation, and References）中明确指出："总的来说，我一直都是受焦循的《孟子正义》的读本和注释为指导，更重视汉人赵岐（卒于 201 年）的而不是宋代的朱熹（1130—1200 年）译本。"[3] 杜百胜译本注重内在的完整统一，这一点和焦循《孟子正义》系统地构建理论体系不谋而合。"宋代孙奭的《孟子音义》是以赵岐注本为底本，假托孙奭之名的《孟子注疏》也主要围绕赵岐注进行疏解，朱熹虽然对赵岐注评价不高，但在《孟子集注》中却大量参

---

[1]　Irene Bloom, *Mencius*, edited and with an inrodution by Fhilip J. Ivanhoe. New York: Columbia University Press, 2011, Introduction p.x.

[2]　Collie David, *The Chinese Classical Work Commonly Called the Four Books,* New York: Scholar's Facsimiles & Reprints, 1828, p.8.

[3]　W. A. C. H. Dobson, *Mencius: A Translation of Mencius Arranged and Annotated for the General Reader*, Toronto: University of Toronto Press, 1963, p.208.

考了赵注。"① 由此可以知道，杜百胜主要参考了焦循的《孟子正义》，其次是赵岐的《孟子章句》和朱熹的《孟子集注》，而且更重视赵岐的《孟子章句》。

翟林奈（Lionel Giles），又译赖发洛（本书译为翟林奈），他所著的《孟子》英译本由伦敦 J. Murray 公司于 1942 年出版。该译本由"编者按""目录""前言"和"译本正文"组成，我们并未在书中找到有关译本底本的描述。目前国内学界对翟林奈及其《孟子》英译本研究非常少，对其译本底本的研究更是少之又少。只有刘单平的博士论文中曾提道："有关人/地的信息大部分是从《孟子》中提取，对日期的注解参考希尔德的《中国古代史》。大量参考了《孟子》译文，比如里雅各译本，威廉德文版，以及奥克斯纳姆的《古中华帝国地图集》。"② 可见，他参考了英语世界的汉学家的著作以及其他语种，比如德、法等语言的译本。

大卫·辛顿（David Hinton）的《孟子》译本语言优美、简洁。采用现代英语，适合当代读者大众。其编排仿造了《孟子》定本的顺序，但作者仅对少量文化词语作注，未在文中指出他解读《孟子》时的参考依据是什么。我们查阅其他学者对亨顿及其译本的研究，也未找到相关内容。

刘殿爵（D.C. Lau）所译的《孟子》用当代英语翻译，具有非常好的可读性。虽然未在刘殿爵的译本中直接找到有关解读依据的直接说明，但是借助其他学者的诸多研究，我们不难知道"刘殿爵的译文和朱熹的注解一致"③，"刘殿爵基本上沿袭朱熹的解释"④，但这也不能说明他并未参考其他注本或无个人创见。

理雅各（James Legge）在其译本序言（The Prolegomena）中谈到的第

---

① 李峻岫：《汉唐孟子学述论》，齐鲁书社 2010 年版，第 157 页。

② Leonard A. Lyall, *Mencius*, London: Longman, 1932. Preference, V.

③ 刘单平：《〈孟子〉三种英译本比较研究》，山东大学 2011 年博士学位论文，第 75 页。

④ Slingerland, E.（trans.）, *Confucius: Analects with Selections from Traditional Commentaries*, Indianapolis: Hackett, 2003, p.277.

一章的第二节中详细介绍了赵岐的生平及其译著，并对其人其书进行了高度评价，"为了给我们的哲学家一种他应得的待遇，撰写一篇传到后世的评论，这就是赵岐的作品"①。"关于他，我谈论了很多，因为他的名字应该加到一长串的杰出人物身后，他们通过文学和哲学的追求，在痛苦的逆境中找到了慰藉。"② 由此不难看出，理雅各在翻译《孟子》时，以赵岐的《孟子章句》为主要参考依据，并结合了焦循、朱熹的译注。

兰雅（Leonard A. Lyall）并未在译本中直接指出参考了哪个《孟子》底本，但提到"我也充分利用了之前的《孟子》译本，比如理雅各的、卫礼贤（Richard Wilhelm，1873—1930）的德文版，同时也参照顾赛芬的译本，以及欧森南的中华帝国历史地图"③。

万白安（Bryan W. Van Norden）《孟子》译本的标题是"*Mengzi: With Selections from Traditional Commentaries*"，他在译本的序言（Preface）中明确指出："为了提供一些真正与众不同的东西，我制定了翻译《孟子》的方案，将朱熹的全部注释从他的《四书》中摘录出来。（四书集注）"④ 而且还在前言（Introduction）的最后一部分，专门介绍了朱熹对《孟子》的阐释法以及作者本人对朱熹阐释法的再解释⑤。由此可见，美国萨瓦大学教授万白安在翻译《孟子》时的主要参考依据是朱熹的《四书集注》。但是，为了便于当代读者理解，作者对朱熹注释的语言做了一定的修改，从"为了使这个作品更被大众所接受，我将附有朱熹全部注释的《孟子》的学术翻译改变成一种更地道的表达，来让普通读者可以理解。我仍然经常引用朱熹的注释，但我的主要目的是向当代读者

---

① James Legge, *The Works of Mencius*, New York: Dover Publications, Inc., 1970, p.4.

② James Legge, *The Works of Mencius*, New York: Dover Publications, Inc., 1970, p.6.

③ Leonard A. Lyall, *Mencius*, London: Longmans, 1932, p.v.

④ Bryan W. Van Norden, *Mengzi: With Selections from Traditional Commentaries*, Indianapolis: Hackett Publishing. Company, Inc., 2008, p.ix.

⑤ 参见 Bryan W. VanNorden, *Mengzi: With Selections from Traditional Commentaries*, Indianapolis: Hackett Publishing. Company, Inc., 1963, p.xiii。

阐明文本"①。万白安在译文中用脚注的方式提供了朱熹的注释，这一做法为现代读者介绍了中国人在阅读经典时普遍使用的注释方法。更为重要的是，"译文引用朱熹的注释向读者说明了新儒家学说和佛教对理解孟子某些最重要哲学概念的重要意义；同时向后人表明，为何这一译本是对《孟子》正统或标准的解读。最后，万白安的翻译以及其中的注释巧妙地将《孟子》融入社会和历史背景中，同时又增加了此前从未出现过的哲学精义。总之，就我个人来说，万白安的译本是《孟子》西方语言译本中的最权威、最易于理解，同时又最富于哲学意义的作品"②。

唐纳德·瓦格纳（Donald B. Wagner）的译本并非全译本，第五部分是对杨伯峻译本的复制，第六部分是赵岐注《孟子》全文，并未做其他改动。其他部分则是各种其他说明，例如符号说明，注释词汇表等。作者在前言（Introduction）中提到过："《孟子》卷一的文本复制了有标点和注释的版本在 S1—S25 页，该版本由著名学者杨伯峻所著"③，"赵岐（108—201）的当代版本是复制在了 T3—T34 页……该版本没有对赵岐文本的翻译，也没有标点符号"④。

魏鲁男（James R.Ware，也译作"詹姆士·威尔"）的译本按照《孟子》原文的章节顺序呈现，并未对某些中国独有的文化词语（如"气""性"等）或有歧义的语句加注，因此，很难从译本中看出解读《孟子》时的参考依据。目前也无专门研究魏鲁男或其译本的文献，这给研究他的译本底本造成了一定困难。

---

① Bryan W. Van Norden, *Mengzi: With Selections from Traditional Commentaries*, Indianapolis: Hackett Publishing. Company, Inc., 1963, p.x.

② LEE Jung H. Review of Mengzi: With Selections from Traditional Commentaries（tr.）Van Norden, Bryan W., *Dao*（2012）11: pp.409- 410.

③ Donald B, Wanger. *A Mencius Reader: for Beginning and Advanced Students of Classical Chinese*, Copenhagen: Nordic Institute of Asian Studies Press, 2004, p.vii.

④ Donald B, Wanger, *A Mencius Reader: for Beginning and Advanced Students of Classical Chinese*, Copenhagen: Nordic Institute of Asian Studies Press, 2004, p.viii.

杨伯峻先生虽然并未在其译本中直接说明他在翻译《孟子》一书的过程中，参考了哪位前人的注本，但是在楚至大为其写的前言中有提道："儒家学说本身及朱熹的《四书集注》，从总体上来说属于封建社会的意识形态，其基本倾向是应当批判的……但是其分体和枝节部分有许多可供借鉴之处……清人戴震作《孟子字义疏证》……对后世的唯物主义者有启迪作用。"[①] 由此，我们可以推断出杨伯峻在翻译过程中，主要参考了朱熹的《四书集注》和戴震的《孟子字义疏证》，并以戴震的注本为主。

三、底本的"新生"与复译

为便于分析和总结，现将以上的文字分析整理成如下表格，由于底本完成的准确时间有待考证，因此本表格按作者的生卒年时间排序，如下：

译本底本		译者
注本	赵岐（Chao Ch'i） （约 108—201 年） 《孟子章句》	W.A.C.H. Dobson David Collie James Legge Irene Bloom Donald B. Wagner
	朱熹（Chu Hsi） （1130—1200 年） 《孟子集注》	W.A.C.H. Dobson David Collie James Legge D.C. Lau Bryan W. Van Norden Irene Bloom 赵甄陶等

---

① 赵甄陶等译：《大中华文库：孟子》（英汉对照），杨伯峻今译，湖南人民出版社 1999 年版，第 21 页。

续表

译本底本		译者
注本	戴震（**Dai Zheng**） （1724 年—1777 年） 《孟子字义疏证》	David Collie 赵甄陶
	焦循（**Chiao Hsun**） （1763—1820 年） 《孟子正义》	W.A.C.H. Dobson David Collie James Legge 赵甄陶
他人译本	理雅各译本（**1861**） （1814— 1897 年）	Leonard A. Lyall Lionel Giles
	顾赛芬译本（**1910**） （1835—1919 年）	Leonard A. Lyall Lionel Giles
	卫礼贤译本（**1921**） （1873—1930 年）	Leonard A. Lyall Lionel Giles
	杨伯峻译本（**1960**） （1909 年—1992 年）	Donald B. Wagner 赵甄陶
	刘殿爵译本（**1970**） 理雅各译本（**1861**） （1814— 1897 年）	David Hinton
其他古代典籍		Lionel Giles

综上所述，除了刘单平的博士论文对部分《孟子》译本底本情况做过简要概述，本书是第一次对最具代表性的 12 个《孟子》英译本做详细的底本分析。从上面表格中不难看出，这 12 个译本的底本主要有 3 类，即注本、他人译本与其他古代典籍。在这 3 类底本中，主要以注本为底本的人数较多，尤以朱熹《孟子集注》为译本底本的最多，共计 7 人；其次是赵岐的《孟子章句》、焦循的《孟子正义》以及戴震的《孟子字义疏证》，分别有 5 人、

3 人和 1 人；值得一提的是，有 3 位译者（W.A.C.H. Bobson，David Collie，James Legge）同时参考了焦循、朱熹以及赵岐的《孟子》注本，有 1 位译者（Irene Bloom）同时参考了朱熹与赵岐的注本，另有 1 位译者（赵甄陶）参考了杨伯峻的《孟子译注》，此译本是以朱熹的集注和焦循的正义为主要依据，可以说赵甄陶英译本参考了朱熹和焦循的注本。除此以外，还有 2 位译者（Leonard A. Lyall，Lionel Giles）以他人译本为底本。

从译本的时间上来看，赵岐的《孟子章句》成书于东汉，时间距离最远，焦循的《孟子正义》和戴震的《孟子字义疏证》都成书于清代，距今时间更近，但是两者都不是引用和参考最多的。而以朱熹的《孟子集注》（宋代）为译本底本的西方译者最多。试分析原因如下：从《孟子集注》本身的特点来说，在注释体例上朱熹采用了古籍整理体式中的集解体；内容全面丰富，包括了对历史知识、古代制度等详细介绍；释义通俗明白，用最简洁的语言阐释了各章的重点和难点。思想内容方面，《孟子集注》注重义理的阐发，兼重词义的解释。特别是通俗明白的表达和词义的解释有助于西方译者加深对《孟子》的理解。从作者及其影响力来说，宋代是中国思想文化发展的一个高峰。朱熹在学术上造诣最深、影响最大。他总结了以往的思想，尤其是宋代理学思想，建立了庞大的理学体系，成为宋代理学之集大成者，其功绩为后世所称道，其思想被尊奉为官学，朱熹本人则与孔圣人并提，称为"朱子"。可见，朱熹本人以及他的思想对中国古代社会的影响之深远，《孟子集注》是朱熹极具代表性的著作，是"宋学"的代表作之一。正如有学者总结说，朱注与历代注本相比较，首先它"在义理上适应了后期封建社会的需要；在审辞气方面远轶旧注，在训诂考据上亦大体正确；而且朱注很简明"①。相比而言，其他三位作者的知名度及影响力较小。戴震的《孟子字义疏证》更是饱受争议。从这个角度而言，西方译者在选取注本时也会选取影响更大更具代表性的注本。从时代背景来说，宋朝的开放程度很高，进出口

---

① 李畅然：《清代〈孟子〉学史大纲》，北京大学出版社 2011 年版，第 351—361 页。

贸易相当发达。正是由于宋朝高度的开放性，使得文化得以广泛传播，在国外的影响力也就更大，这也使得《孟子集注》在西方世界的接受度更高，传播面更广。关于译本研究，尤其是严肃的学术研究，我并不赞同完全以他人译本为参考依据，所谓"一百个读者眼中，有一百个哈姆雷特"，对于一部兼具哲学和文化价值的《孟子》更是如此，不同的译者，他的理解和阐释都有所不同，若一味地参考他人译本，会使自己的译文与《孟子》原文出现更大的偏差，不利于《孟子》的深入研究和海外文化传播。因此，我比较赞同以前人注本为译本底本，为了避免"一家之言"或"多家之论"，最好的方式是以某人注本为主，但又不拘泥于其注释特点，同时综合参考多家注本，如最具代表性的理雅各译本便以赵岐注本为主要参考依据，同时结合焦循和朱熹的译注。总之，底本选择研究对于深入研究《孟子》意义重大，非常值得更多的关注和探讨，本书的尝试只是一个开始。

经过讨论，我们发现《孟子》有很多版本的注本和译本。从国内的注本来看，"依经立义"是中国传统学术生成的奥秘。从中国文化的传承来看，无数的学者把自己的见解融入对古籍的阐发中，来生成新的理解和意义。例如朱熹的《孟子集注》是阐释儒家思想的经典作品，他对赵岐的《孟子章句》吸收较多，除此之外，他所引书目品种繁多，如《诗经》、《史记》、《庄子》和《尔雅》等。通过这样的方式，文本与文本交互，就产生了诠释的互文性关系，传统文化就可以不断传承和创新。

从国外的多种译本来看，自柯大卫1828年出版最早的《孟子》英译本后，西方无数的学者对《孟子》进行复译。复译，又称重译，是在翻译中常见的现象。这个现象的存在，是因为译者要不断适应和选择文本的交替循环。首先，译者处于不同的国家，他们使用不同的语言，受时代背景和不同的意识形态的影响，对文本的理解也就带有各自不同的特色，译者对意义的阐释也具有不同的语言风格和特点。其次，不同的译本面对不同的读者和受众群体，翻译的策略和接受度也不同。最后，中国文化在国外影响力的增加，中国文化被重视的程度也在加深，接受度在不断提高。根据这些变化和差异，复译就成为一种必然的需要。通过对《孟子》各语种译本的分析，我们发现《孟子》在西方世界的传播既有理雅各的英译《孟子》，也有卫礼贤的德文版《孟子》，还有顾赛芬的法文版《孟子》，多种语言之间的译本各有不同，也深受其语言特点的影响，通过不同语言版本的对比，我们能够发现翻译过程中所产生的问题，从不同的角度加深对原文的理解。多语种译本研究在当下仍然是一种较新的视野，值得更深层的探讨。

在当代，文化传播的重要性不言而喻。在对《孟子》的研究过程中，注本和原文之间、原文和译文、复译和译本以及原文之间存在着多种对话机制。这样的多重对话之间能够构建出意义场，产生出新的意义，获得意义的不断发展。这有助于增强中国文化自信以及传统文化在国外的传播。只有加强中外文化之间的交流，以及古今文化的互动，才能不断产生出传统文化的当代意义。

第二章
文明的回响：域外儒学及《孟子》研究

　　《孟子》西传以来，西方的学者纷纷就《孟子》中的儒家核心思想命题、《孟子》的政治道德伦理思想、儒家思想对中国社会发展产生的影响、与中国政治经济社会发展的互动等进行研究。其中不乏真知灼见，可以作为孟学研究之镜像参考与借鉴。不过，由此引起的争议与讨论也屡见不鲜。"近年来，关于中国哲学'合法性'的问题成了学界的一大热点，人们纷纷为中国是否存在哲学而备感'焦虑'。其实，这种'焦虑'是由一个错误衡量标准所引发的，也就是简单地以西方哲学为标准来衡量中国哲学所导致的结果。实际上，任何民族的思想与哲学都不可能是绝对抽象的，它总是与一个民族的民族属性构成内在的自洽关系，中国哲学就应依据这一自洽关系赋予其'合法性'，而不是依据这一关系以外的某个统一的标准。通过对孟子思想民族属性的探讨，我们就能在上述意义上恢复中国哲学的'合法性'。"①

　　西方研究中国儒家思想的路径包括，经典的注疏与阐释、中国思想体系的发展等，但西方学者最热衷的莫过于对儒家思想与社会政治活动的关系，也就是"外部研究"，因为，他们认为这样的研究最能体现儒家思想对中国社会发展的影响。儒学对西方的回应一定不会动摇其在东亚的根基。日本、韩国、新加坡，以及台湾、香港地区的儒学研究者之间的区域交流，应该引

---

① 张和平、陈光田：《试论孟子思想的民族属性》，载臧克和、[德] 顾彬、舒忠主编：《孟子研究新视野》，华龄出版社 2013 年版，第 305—306 页。

向中国大陆学者真正的思想交流。"自我理解需要内部和外部两个视点"①，西方学者研究中国儒家思想应尤其注重对儒学本身的理解和阐释，从儒学本身出发实现与中国学者的对话。"北美和欧洲的儒学研究者可以在使这些对话持续进行下去方面发挥积极作用。这样的对话会给全世界有关的儒学知识分子带来共同的、批判的自我意识。"②这样才能对中国的哲学和文化有一个全面的认识，"当把中国的哲学和文化置于国际化、语境化的世界文明脉络中时，中国文化就会获得新的定位"③。域外学者研究中国儒家，涉猎广泛，从经典的钩沉、儒家思想体系的兴起与发展历程、各历史时期制度与社会的分析等，统称为"外部"研究。被认为是最有影响力的研究方法，也最能揭示儒家思想对中国社会发展曾经、正在并将要产生的影响。

自 19 世纪以来，英语世界陆续出现了一批研究儒家思想及《孟子》英译及其思想的学者，主要有狄百瑞、安乐哲等人。本章选取了六位具有代表性的西方学者，他们都对儒家思想的研究颇有建树，对儒学特别是《孟子》有独到见解。下文将对这六位学者的儒学及《孟子》研究一一评述。

第一节　从狄百瑞到贝淡宁

一、狄百瑞对儒家及《孟子》思想的阐释

（一）狄百瑞其人

美国人文社会科学院院士、新儒学代表人物杜维明曾说："狄百瑞相信，

---

① ［美］狄百瑞：《儒家的困境》，黄水婴译，北京大学出版社 2009 年版，"总序"第 1 页。
② ［美］杜维明：《道学政——论儒家知识分子》，钱文忠、盛勤译，上海人民出版社 2000 年版，第 164 页。
③ ［美］狄百瑞：《儒家的困境》，黄水婴译，北京大学出版社 2009 年版，"总序"第 1—2 页。

儒学与我们的当下关怀密切相关，表面上看，和李文森（本书译为列文森）对儒家中国命运的论断截然相反。对儒学在当今中国催生出原创性、创造性观点的能力特别敏感。他觉得儒学极其缺乏这方面的能力，就是没有创新的能力和才华……儒学若要成为活生生的传统，就必须具有原创性、创造力，但是，无论是在能言善辩的西化论著，还是在敛心寡言的博雅的经学家身上，他都没有找到这种能力。"①

狄百瑞（William Theodore de Bary，1919—2017）是海外研究中国思想的著名学者。毕业于哥伦比亚大学，1953 年获博士学位。他是当代美国研究远东思想史的权威学者，对宋明理学有精湛的研究和丰硕耀眼的成果。狄百瑞在儒学研究领域颇有声望，曾获得第二届唐奖"汉学奖"。狄百瑞和他人合著《中国传统诸源》(*Sources of Chinese Tradition,* 1960) 等书，除此以外，还有诸多关于亚洲价值、东亚文明、道学与心学的著作，这些学术研究以西方学者眼光重新阐释中国文化，对于中国文化尤其是儒家思想在西方的传播具有重要意义。其《儒家的困境》犹如一粒石子投进湖中，荡起不少涟漪。《明代思想中的自我和社会》收录了当时欧美学者的论文，反映了当时外国学者对明清时代的中国思想的理解和论说。狄百瑞善于从新的角度来看待当时的中国思想。"为了解放和培养自我转化的生命力，中国知识分子需要从本身的传统和西方传统中汲取资源。"②

黄宗羲《明夷待访录》(*Waiting for the Dawn: A Plan for the Prince*)是狄百瑞的代表性著作之一，该书于 1993 年出版，既是黄宗羲《明夷待访录》的英译本，同时也陈述了狄百瑞对黄宗羲政治哲学思想的看法，研究了清代的儒家学者黄宗羲的思想。狄百瑞认为"法之基础"的确立是最为重要的。此外，狄百瑞始终坚持朱熹的"正统"地位，对朱熹也深有研究。

---

① [美] 杜维明：《道学政——论儒家知识分子》，钱文忠、盛勤译，上海人民出版社 2000 年版，第 147—148 页。

② [美] 杜维明：《道学政——论儒家知识分子》，钱文忠、盛勤译，上海人民出版社 2000 年版，第 183 页。

狄百瑞关注儒家思想中的人道主义和自由主义，并冠之以"新"的"人道主义"和"自由主义"，试图以新的视角和眼光来理解宋明理学的价值。狄百瑞认为，中国人对儒家思想的熟悉和依赖导致了中国现代化转型的失败，而黄宗羲的著作中的"法之基础"，代表了人民的利益但并非今天意义上的法律术语，只是统治体系本身。作为西方学者，狄百瑞儒家思想研究的成就主要体现在以下三个方面：首先，他坚守朱熹的"正统"地位，以朱熹为代表的宋明理学作为研究中国儒家思想的理论基础；其次，他开创了从儒家思想人格内部研究朱子学说，尤其剖析了儒家的"自由"传统，批判19世纪以来普遍认为的儒家思想保守的说法；最后，他引领了美国中国学研究的"内部研究"潮流，在深入发掘中国儒家思想的基础上，将研究目光集中到中国的历史和文化背景下的儒家思想形成和传承发展。

（二）狄百瑞对儒家思想的阐释

1.狄百瑞研究儒学的渊源

在西方，研究儒学成就巨大的学者有马克斯·韦伯（Max Weber，1864—1920）、阿诺德·约瑟夫·汤因比（Arnold Joseph Toynbee，1889—1975，英国历史学家）、诺索普（F. S. C. Northrup）等，狄百瑞从方法上、观念上对他们进行了批判性的反思。狄百瑞的博士论文研究的是黄宗羲的《明夷待访录》，不同于以往学者用西方的理论来理解中国儒学的历史材料，狄百瑞另辟蹊径，开创了自己的方法，即从中国自身的政治、文化传统角度出发，提出问题并解答问题。

狄百瑞对儒学的研究也受到中国儒学研究者的启发，例如梁方仲、胡适、冯友兰、钱穆、唐君毅和陈荣捷等。这些研究都属于中国文本的内在理路的研究，比较接近中国儒学的本质特点，使狄百瑞的研究达到一个新的高度，这都是其他西方儒学研究者无法媲美的。

2.狄百瑞关于儒学的主要思想

"儒学，就其本质来说，是一种道德哲学。在儒学的世界里，道德是作为意识形态总体存在的，它包含政治、法律、宗教、哲学、艺术等诸意识形态。儒学之为道德哲学，就是以道德作为认识、解释社会、人生的复杂现象，并且以道德作为整饬社会、重塑人生的工具。"① 这是儒家思想在发展过程中面临的事实，因此研究儒家思想应该成为全世界汉学家及学者努力的方向。正如狄百瑞所说："也许儒家思想的困境也是现代世界面临的困境。"② "站在他们的立场上看，实际的疏忽不在于未能实现工业化或者更充分地利用地球资源，而在于教育系统的失败。教育系统过于投机，以狭隘的职业目标作为教育导向，而且，所谓职业不过就是强势官僚体制内的一官半职。诚然，中国的政治文化不都是愚蠢冷漠、一心谋私利或者短视的。但是，就算按照儒家的传统和标准加以衡量，它也已经不再处理基本的人生问题和新的需求。同时，来自西方的新学回避了许多同样的问题。"③ 狄百瑞的新儒学研究具有其独到的特征：第一，由理解中国本身的政治、经济、文化特征来理解中国传统儒学，并试图从社会、历史背景中找寻中国传统儒学因子。第二，认为中国的思想传统是一个连续不断的发展过程。如中国的"自由传统"从孔子的"知其不可为而为之"，到宋明理学家的"为天地立心，为生民立命，为往圣继绝学，为万世开太平"，再到明清之际黄宗羲的《明夷待访录》，一脉相承，都体现了自由传统。

3. 狄百瑞对儒学的独到见解

狄百瑞将西方哲学与中国的传统哲学进行比较。他选取了中西的"君子"和"先知"两个概念，一个是儒家世界的领袖，一个是犹太—基督教传统中的领袖。儒家就不一样，并不是传统和世俗社会的激进否定者和变革者，狄百瑞注意到，儒家传统中的君子只需依靠自身的美德便可征服和治理天下，他们也可以像先知一样感悟真理，改造社会。"古典儒学在公元前6世纪的

① 李亚彬：《道德哲学之维——孟子荀子人性论比较研究》，人民出版社2007年版，第3页。
② [美] 狄百瑞：《儒家的困境》，黄水婴译，北京大学出版社2009年版，第53页。
③ [美] 狄百瑞：《儒家的困境》，黄水婴译，北京大学出版社2009年版，第111页。

兴起，是轴心时代的一种表征，意义深远地决定了中国文化的伦理—宗教取向。"①君子没有百姓和宗教的支撑，又挣扎于苍生和专制皇权之中，这就是历史上儒家最大的困境。儒家困境之根也在这点上。在该书的前言部分，狄百瑞说明了书名的来历，解释了"困境"的含义，他认为儒学作为一种中国的本土实践道德哲学、一种生活方式和一种仍然在发生着影响的思维方式；困境包括，"覆盖"儒学陷入的各种困境、儒学给自己和他人制造的各种困境。儒学的优劣并非一个静止的点或者是一个清晰的概念，而是中国社会发展历史进程中相生相伴互为镜像的产物。《儒家的困境》集中从多个角度反映了伴随狄百瑞一生的儒学思考与追问。当然，他的这种观点事实上也存在某些偏颇，我们后文再论。找到儒家困境的根源后，他又深入研究了宋明新儒学。值得注意的是，二者的"个体"概念不一样，西方的个体是独立的个人，儒家的个体是德性的人格。除此之外，他还把儒家的礼仪社群与西方公民社会进行比较，把中西方的"共同善"进行对比，从宋明理学中发现人道关怀。

（三）狄百瑞研究中与《孟子》相关的思考

狄百瑞对儒学的研究成果丰硕，尤其是新儒学，也就是明清理学研究，他的巨大贡献在于把新儒学研究深入介绍到美国。但是他的研究并没有直接涉及《孟子》中的具体内容，因此，我们在只把他对儒学的某些与《孟子》相似的观点进行简单的对比时，主要参考的是他《儒家的困境》一书中关于儒家的思考。

1. 君子与先知

在中国的传统儒学中，"不知命，无以为君子也"（《论语·尧曰篇》）。孔夫子的这一观点与古希腊的先知观仅有些许相似，两个观念在道德观上也是具有天壤之别的。孔夫子对"知命"颇具有信心，"五十知天命"就是很

---

① ［美］杜维明：《道学政——论儒家知识分子》，钱文忠、盛勤译，上海人民出版社2000年版，第13页。

好的证明。孟子作为儒家的继承者和发展者，极大程度上受到了孔子的启发，他也坚信"性本善"的观点，因此行善是可以达到的目标。《孟子·梁惠王上》中有"王之不王，不为也，非不能也"，这可以当作孟子伦理观的最核心思想。孟子这种与生俱来的"性本善"观，是与古希腊传统中的"先知"观念有很大不同的。孟子说："规矩，方圆之至也；圣人，人伦之至也。"（《孟子·离娄上》）由此可以看出，孟子认为君子应该效仿圣人，古希腊的"先知"观却认为行事本于神命，这就是狄百瑞认为的"先知"与《孟子》之"君子"最大的差别，也就是说他对"君子"的理解还是有欠妥当之处。

2. 狄百瑞和《孟子》中的君父观点

当我们阅读狄百瑞《儒家的困境》的时候，可以发现他一直在褒奖儒家学说。他认为儒者是心灵高尚、与人为善之人，但是在政治上却处于相对弱势的地位，这些儒者不了解实际的政治概况，策略也无法立马救国见效。狄百瑞认为，中国的吏治之所以绵延上千年，跟"独尊儒术"之政密不可分。"当我们即将'告别'明朝时，我们看到，在17世纪的中国，儒家理想与中国的帝王统治、君子与圣皇之间那种长期矛盾依然存在。这很可能使人产生一种强烈印象，似乎君子与圣皇处于一种僵持的状态中。"①

"儒家好以'父母'为基喻，循此维系五伦。"② 在四书之一《大学》中就有相关的论述，它把国与家的关系讲得非常详细，尤其是国与家的基本类推。"鉴于君子作为统治精英一员发挥出的传统职能，我们不难理解为何《论语》从一开始就反映出君子优先考虑的治理、领导和为公众服务等问题。治理的关键，即维护和平和秩序（齐）的关键，在于让人信赖的领导。而领导的关键则在于展现出使百姓受益的美德（德）。"③ 儒家一直延续着这样的观点，儒学在发展的过程中并未对其做任何的更改，还有关于"无君无父"是儒家观念中"最大恶极"的典型的说法，实际上都是受传统儒家思想的影响。

---

① ［美］狄百瑞：《儒家的困境》，黄水婴译，北京大学出版社2009年版，第56页。

② 余国藩：《先知·君父·缠足——狄百瑞〈儒家的问题〉商榷》，《读书杂志》1993年第10期。

③ ［美］狄百瑞：《儒家的困境》，黄水婴译，北京大学出版社2009年版，第30页。

这种道德伦理性质的说法，在西方世界可能根本无法理解，狄百瑞作为汉学家，可能也无法避免。

3. 狄百瑞与《孟子》之礼

孔孟二人都强调"礼"，在《论语》中孔子有大量论述"礼"的内容，在《孟子》中的论述相对较少，但他们都主张"礼"关乎着国家存亡，都主张用"礼"来维护"君君，臣臣，父父，子子"的社会秩序。

孟子之"礼"对孔子之"礼"的历史传统有所继承，但是他的"礼"学主要源于人性论，实际上是"性善"论的一部分。因此，孟子之"礼"是由仁义礼智之"礼"延伸发展而来的。他的有关"礼"的论述与其"性善论"息息相关，"性本善"又标榜人的自主性、能动性和向善性，所以他的"礼"与情感紧密结合。《孟子·离娄上》中有"男女授受不亲，礼也；嫂溺，援之以手者，权也"。男女授受不亲，是"礼"的表现，但如果嫂溺于水中还讲这些"礼"那就是不通权变，孟子之所以产生这样的观点，是其"性善论"在整个思想中的贯通。也就是说人"性本善"，人类情感在"礼"的实践过程中得到了进一步的发挥，进而又发展为一种终极关怀。

《中国社会科学报》2010年《域外》发表了对狄百瑞的采访，刘一虹（中国社会科学院哲学研究所研究员）在问及狄百瑞对儒学中"礼"的概念理解时，狄百瑞把"礼"与"情感"当作不可分割的统一体。他认为，儒家的"礼"强调人与人彼此情感的自然表达。[①] 从这个方面来看，狄百瑞对儒学中"礼"的观点与孟子不谋而合。孟子以人的道德属性为人性，认为性在心，注重人的心理情感，得出人一心向善的结论。孟子的性善论，主张把规定性做作普遍原则视为人类的本性。"礼仪与那些借助强制力迫使他人遵守的规则被并置在一起。礼仪源于由统治家族或者部族首领主持的传统祭献活动。个人美德和仪式就与支撑传统社会的道德和宗教价值结合在一起。道德和宗教价值作为被一致认可的价值与强制性的统治构成一种反差。"[②]

① 刘一虹：《域外》，《中国社会科学报》2010年9月7日。
② [美] 狄百瑞：《儒家的困境》，黄水婴译，北京大学出版社2009年版，第30页。

尽管狄百瑞儒学研究中对孟子的内容鲜有涉及，但我们需要明白两点：第一，狄百瑞研究儒学及新儒学；第二，孟子是儒学的代表人物。在理解这两点的基础上，我们意识到，在某些方面，狄百瑞的研究不可避免地与孟子的观点产生必然联系，无论是正确的解读，还是有理解上的偏差。正如我们上面所说的那样，在"君子"与"先知"，在关于"君父"的观点上，狄百瑞的理解都与《孟子》中有所差距；在对"礼"的理解上，又恰好与《孟子》相一致。

在狄百瑞看来，儒家学说对现代社会作出了巨大贡献，他把儒学传统经典介绍到哥伦比亚大学，并作为核心课程，他教授的就是《论语》、《孟子》等基本经典。在教育观上，狄百瑞"在《亚洲经典》和《全球教育》中，提出了他对 21 世纪教育状况的诊断：在所有的教育情境中，共同的特点是（1）在面对现代技术的极端竞争压力时，保持任何一种人文主义的学习是一种挑战；（2）大多数教育系统需要重新参与到被大量切断的当地的传统中；（3）除了最初阶段之外，维持这种努力以达到并超越其他的传统，既是一种需要，也是一种困难。随着时间的流逝，全球文学作为世界上每一个受过教育的公民应了解的标准，以便与其他民族进行有意义的对话"①。除此之外，狄百瑞也致力于研究儒学中蕴含的丰富的自由主义传统，儒学不仅在中国的历史长河中，也为东亚的崛起作出了极大贡献，它所倡导的自由的思想和维护人权的价值观启迪了人们的思想，其思想和观念超越历史和时间的限制，具有极大的当代价值。"儒家传统作为一种包容的人文主义，本身就需要研究，这是批判性重估其现代意义的必要前提。"②

---

① Andrew B. Irvine, Confucian Tradition and Global Education by William Theodore de Bary with contributions by Cheung Chan Fai and Kwan Tze-wan. *Teaching Theology and Religion*, 2009, volume12, issue1. p.77.

② ［美］杜维明：《道学政——论儒家知识分子》，钱文忠、盛勤译，上海人民出版社 2000年版，第 182 页。

二、列文森对儒家及《孟子》思想的阐释

（一）列文森其人其书

约瑟夫·列文森（Joseph R. Levenson，1920—1969）是著名的美国汉学家。他曾参加过二战，是费正清在哈佛大学带的博士生，史华兹的同门，也是美国 20 世纪中国学研究领域的领军人物之一。他不幸在一次游泳事故中英年早逝。他的著作虽然少却十分有价值，为后世的学者研究中国近代思想带来深刻的启迪。美国亚洲研究协会还设立了一个以他的名字命名的奖项"列文森中国研究书籍奖"，该奖项足以体现列文森在美国学术界的深刻影响。

《梁启超与中国近代思想》（*Liang Ch'i-ch'ao and the Mind of Modern China*）是列文森在哈佛大学攻读博士时发表的论文，该书于 1986 年出版，是西方最早涉足研究梁启超的著述。列文森还著有《儒教中国及其现代命运》，被誉为英语世界"中国研究的一个时代象征"[1]。此书关注了一个"传统"和"近代"（现代）的问题，阐述了儒教的衰落，同时也奠定了列文森在中国研究方面令人瞩目的学术地位。列文森在中国近代史研究领域可谓独秀一枝。

（二）列文森对儒家思想的阐释

列文森着力揭示儒家文化的内在特征，来说明儒家学说的普适性，传统的儒家思想提倡中庸，中庸的思想内容涵盖了文化政治各个领域，是中国社会平衡的支撑。列文森还提出了著名的"博物馆"的比喻，象征着中国儒家思想作为"保存"的历史，传统已经消亡，而不是"发展"的历史。他从现代与传统的张力中，痛苦地意识到现代化的社会发展历程对传统儒家文化巨

---

① 郑家栋：《列文森与〈儒教中国及其现代命运〉》，《开放时代》2000 年第 5 期。

大的破坏力。有趣的是，作为列文森的同门史华兹，认为把包括儒家思想在内的非物质文化遗产比作"图书馆"更为贴切，儒家思想并不会随着社会的发展而亡，只能作为我们参阅认识历史的史料，以便我们寻求那些具有恒久价值的古老人类智慧。列文森的经典之作《儒教中国及其现代命运》堪称是美国乃至西方"中国研究"领域一个时代的象征。在这本书中，列文森以独特的角度观察中国的儒家文化，并对儒学在近现代中国的发展命运进行了叙述。以下我就主要针对《儒教中国及其现代命运》一书，详细介绍列文森对儒家思想的阐释。他认为，中国近代知识分子的困境在于区分"历史事实"与"价值"。

1. 列文森对儒学研究的成就

（1）在《儒教中国及其现代命运》中的论述

列文森在论述儒学在中国的发展时，用了历史学的观点，这与 19 世纪以来西方史学家和思想家的主流观念基本相同。在列文森看来，佛教传入中国后，最初的几百年间，中国社会动荡不安，佛教似乎对儒教构成了威胁，但是在中国恢复稳定以后，儒教反而巩固了它的正统地位。贯穿列文森《儒教中国及其现代命运》艺术的主要观点就是儒教的衰亡。

（2）儒教内部的基本矛盾

列文森认为除了中国传统社会内部的矛盾外，儒教内部矛盾重重，"内"与"外"、"公"与"私"、"惯例"与"法律"等不一而足，正是这些矛盾对社会的发展具有促进作用。列文森在《儒教中国及其现代命运》一书中对该观点做了具体而详细的阐述。

针对在与齐宣王的辩论中孟子和荀子的"不能"和"不为"这两个概念，列文森提出了自己的理解，并作出了相关的阐述。荀子的"不可以"在《孟子》中相应的观点是"不为"。荀子的"不能"对应和批判了孟子的"不为"。可以做的事却不做，孟子认为是"不为"。这是因为没有"仁"的指导。而"不能"则是另一种情况，列文森指出，当我们该做而不做时，这不是能力的问题而是道德的问题。像"挟泰山以超北海"这样的事就是"不能"，而不是"不为"。

2.列文森对儒学研究的局限

（1）受美国史学家狭隘主义思想的限制

列文森没有深入中国社会内部观察问题。西方文化的输入，固然动摇了传统儒学，但我们不能忽略它的积极作用，儒学在面临危机的情况下，能够唤醒更多的儒学家们在新的时代背景下，建立新的儒学命题，在这方面比较著名的有梁漱溟、钱穆和冯友兰等。

（2）历史目的论的模式史观的限制

列文森把世界历史完全看成是一个西方世界对非西方世界的冲击，这种观念比较封闭，不知不觉地影响着史学家们在研究的过程中削足适履，目的在于让史料去迎合已经预设好的结论。它的最大的缺点就是忽略了人类历史是具有复杂性与多样性的特点的。

由此可见，列文森研究中国儒学成就巨大，但在某些方面也的确存在某些让人无法认同的局限性。但我们不能否认他为中国儒学研究所作的贡献，作为美国中国近代思想史的研究者和开拓者，他是领军型的人物。

（三）列文森对《孟子》的主要发现

由于社会的动荡不安、战火连天，旧社会的中国受到西方文化的冲击而渴望改变，五四运动就此而发生。和许多在五四期间涌现出来的知识分子一样，列文森渴望冲破传统和旧社会的束缚，认为儒家的文化传统跟现代化的心态是毫不相同的。正因如此，儒教在走向衰落，但儒家文化不应被丢弃。列文森肯定儒教传播的意义，这一点可以从他对《孟子》的看法中体现。

列文森看到了《孟子》作为传统文化所具有的意义和价值，它随着时代背景的变化而变化，与新的文化相互交汇产生并富有新的生命力。特别值得注意的是，列文森强调了《孟子》对于井田制的阐发。"方里而井，井九百亩，其中为公田。"（《孟子·滕文公上》）列文森对井田制大加赞扬，认为井田设计精确且《孟子》对井田制有充分而详细的描述。他指出："《孟子》中有关井田制和周礼的精彩描述（《周礼》表面上似乎写在《孟子》之前，实际上是在《孟子》之后演变而成），是目前所见资料中最为系统的。《孟子》之所以用'井'来叙述土地的单位，是因为它的形状设计具有汉字'井'的特征，其中八块是家庭的用地，第九块则为共用。……没有什么能比《孟子》的井田设计更加精确、更加整齐划一和从字面上对此叙述得更加详细。"[①] 然而围绕井田制却引发了一场争论，《孟子》成了论战的对象。"胡汉民（1876—1936）在一篇刊物上发表文章，接受了古代存在井田制的观点，认为孟子是在公元前 4 世纪第一个叙述和推广井田制的人。1920 年初，胡适（1891—1962）在同一杂志上发表文章否认曾有过井田制。"[②] 胡适否认井田制在历史上的存在及其相关的文字记载，是因为他认为"井田制只是儒家所精心设计的田园诗式的理想"[③]，是一种美好的愿望。因此历史上并不存在这种土地制度。针对这种争论，列文森认为"《儒家》的井田制是独一无二的，儒家学者认为《孟子》真实地记载了历史事件的一个特殊过程。但如果《孟子》只是确保井田制的'典范'，那么即使是现代人也可能判断出：古代中国已熟知儒学经验，《孟子》会因此失去其传统的意义"[④]。对井田制的争论反映了反传统主义者和传统主义者在 20 世纪初的时代背景下的抗争，同时也可见列文森对儒学衰微的失落之情。

　　除此之外，列文森认为儒家的"仁"既是一种道德的要求，对于封建统治阶级来说也是一种强制性的制度。"仁"是一种道德约束，正如孟子所说："人之所以异于禽兽者几希；庶民去之，君子存之"（《孟子·离娄下》）。可见人与禽兽的区别就在于是否为善，这是一种道德的重要标准。当达到了道

[①] ［美］列文森：《儒教中国及其现代命运》，郑大华、任菁译，广西师范大学出版社 2009 年版，第 270 页。

[②] ［美］列文森：《儒教中国及其现代命运》，郑大华、任菁译，广西师范大学出版社 2009 年版，第 270 页。

[③] ［美］列文森：《儒教中国及其现代命运》，郑大华、任菁译，广西师范大学出版社 2009 年版，第 270 页。

[④] ［美］列文森：《儒教中国及其现代命运》，郑大华、任菁译，广西师范大学出版社 2009 年版，第 282 页。

德的标准和要求，人就会发自内心地感到愉悦，达到"乐"的状态。"君子有三乐，而王天下不与存焉。"(《孟子·尽心上》)"仰不愧于天，俯不怍于人"，这句话就体现了孟子人格道德的最高标准。列文森在这一点上与孟子不谋而合。

列文森的研究具有他独特的特点，在"哈佛学派"中独树一帜。他的著作不是按照枯燥的编年体来叙述，而是用丰富的想象力和审美能力给他的研究增添色彩。他非常认同儒家的思想和文化，特别是儒家的中庸思想，所有的外来文化最终被具有"中庸"特质的儒家文化所同化，达到新的平衡。中国"中庸"的文化的特质，具有极大的包容性和兼容功能，任何外来文化最终被中国文化同化并和谐地融为一体。儒家思想具有普遍性，应该在全世界传播。除此之外，他还将儒教中的问题意识运用到史学研究中。

今天，我们研究儒学仍然离不开列文森的成就，仍然钟情于列文森，钦佩他的思想洞见，因为只有站在巨人的肩膀上，才能窥见整个儒学研究的历史。

三、倪德卫《孟子》翻译研究

(一) 倪德卫 (David S. Nivison)

出生于 1923 年的倪德卫，是美国著名的上古史系年专家。倪德卫毕业于哈佛大学，曾受教于杨联升和洪业。他在哲学、宗教、和语言等领域都有深入的研究，曾在斯坦福大学同时受聘于这三个系。倪德卫的主要贡献有：哲学方面，他研究中国思想时从分析哲学的角度出发；汉学方面，他在考古天文学的基础上推算出周朝建立时间是 1040 年。倪德卫对中国思想，特别是先秦领域有深入的研究。《章学诚的生平及其思想》(1966 年)、《儒家之道：中国哲学之探讨》(1996 年)、《中国语言、思想和文化：倪德卫和他的评论者》(1996 年) 及《今本竹书纪年》(*The Riddle of the Bamboo Annals*) (2009

年）等著作都是倪德卫的代表作，反映了他对中国哲学、思想和文化的深刻思考。作为一名教授，门下有信广来（Shun Kwong-Loi）、艾文贺（Ivanhoe, Philip J.）等诸多优秀学子，翻译过《孟子》的万白安（Bryan W. Van Norden）也是倪教授的弟子。当时这些年轻学者们活跃于西方哲学界，在学术上作出了不少新的贡献。

倪德卫对儒家的研究是从清儒开始的，他早年聚焦于章学诚。而"倪德卫作为一个学者的贡献是对一个经常被忽略的人物章学诚的哲学兴趣和重要性的强调"[①]。倪德卫对于儒家思想的研究也颇为深刻。他的学生信广来曾这样评价他："在倪德卫对中国思想和文化研究的众多贡献中，影响最为持久的开创性工作是他将传统语言学的研究和对西方哲学的探寻建立沟通的桥梁。他对儒家思想的哲学研究中，可以看出他的研究方法与研究中国思想的儒家方法在精神上产生了共鸣。"[②]

倪德卫最著名的一本书就是《儒家之道：中国哲学之探讨》（The Ways of Confucianism: Investigations in Chinese Philosophy）。选取 2006 年江苏人民出版社的版本作为参考书籍，集中体现了他儒家哲学研究的最高成就。全书共分为三个部分，第一部分是中国哲学之探讨，利用甲骨文和早期资料构建了早期中国哲学中的关键概念——德，包括有"甲骨文及金文中的'德性'"、"'德'的悖论"、"德可以自学吗?"、"中国道德哲学中的金律之辩"。第二部分是古代哲学，聚焦于某些思想家甚至某些段落。第三部分是最近的几个世纪，收录了倪德卫关于宋、明、清、儒学的论文，包括了对王阳明、章学诚和戴震等人的哲学思想的探讨。

（二）倪德卫《孟子》研究

周炽成先生认为："倪德卫是孟学研究专家。在这方面，他以精深和细

---

① 倪德卫：《儒家之道：中国哲学之探讨》，江苏人民出版社 2006 年版，第 13 页。

② Kwong-loi Shun, Nivison and the Philosophical Study of Confucian Thought. In Memory of David S. Nivison（1923–2014）. Early China, 2015（38）：41.

致见长。本书的多章都显示了他的释孟的功力。"① 周先生提到的"本书"即倪德卫最著名的《儒家之道：中国哲学之探讨》，在这本书中有多处章节都涉及孟子，向我们展示了倪德卫关于孟子的探讨。其中包括：第四章第一节"对孟子的回顾"、第七章"孟子的动机和道德行为"、第八章第三节"孟子与公孙丑的对话"、第十章"《孟子·告子上》第三至第五章"的问题、第十一章"《孟子·尽心上》第十七章"中的问题、第十二章"论《孟子》的翻译"、第十七章第三节"孟子、戴震论孟荀、章学诚论孟荀"。总的来说，第四章第一节以及第七章都是倪德卫对孟子道德观的探讨。第八章第三节是倪德卫针对《孟子》中章节的疑难内容给出自己的理解。第十章、第十一章第十二章则是针对《孟子》具体章节内容的翻译和对不同翻译的评价。第十七章第三节是针对两类"自然主义"，从章学诚和戴震的观点来看孟子。下面将根据这种分类对倪德卫关于孟子的观点分别概述：

1. 倪德卫对孟子道德观的探讨

在第四章中，倪德卫提出了"德可以自学吗"的问题，他首先对孟子做了简单的回顾，注意到孟子认为人最开始都有道德动机，是一种先天性的东西，如果以正确的方式培育，就会长成正确的形式，正确的行动会通过"心的满足"加强道德。道德规则的创立者圣人只是"先得我心之所同然"。"儒学的全部旨趣在于使人（社会）道德化——实现合道德的人生、合道德的社会——从而实现人与道德的同一。这也正是人的本质的实现。"② 倪德卫对孟子的观点提出疑问，他提出既然圣人只是先得我心，那他就不需要他们作为老师，可以自己创造规则。因此孟子这样的观点只是警告道德哲学家，通过传统儒家道德规范的权威使无序变得有序。"良能""良知"即认识道德、产生道德情感的功能。"有人作哲学的比对，认为孟子的'良知'，就是西方哲学中，法国人博格森（法国哲学家，诺贝尔文学奖获得者）所称的'直

---

① 倪德卫：《儒家之道：中国哲学之探讨》，江苏人民出版社 2006 年版，第 372 页。
② 李亚彬：《道德哲学之维——孟子荀子人性论比较研究》，人民出版社 2007 年版，第 4 页。

觉'。"①"心"的情感功能是"恻隐"和"不忍"。恻隐是同情、共情，不忍是不能忍受同类受苦受欺。孟子把这样的心理情感转化为道德情感，成为人性善的依据。"人皆有不忍人之心、怵惕恻隐之心。无恻隐之心，非人也，无羞恶之心，非人也。"《孟子·公孙丑上》)"作为'义'的心理基础的'羞恶之心'已经不是纯粹的心理情感了，其中已经渗透了一定的道德意识。这种道德意识是在'仁'之后获得的，或者说是在'仁'的基础上获得的。'仁'是最基本的道德，也是全部道德的基础。人的社会化过程，就是逐渐获得包括道德属性在内的各种社会属性的过程。"②"孟子，作为孔子的追随者，使孔子正义即德性的哲学向前迈出了更重要的一步，因为他将人性作为所有德性永恒而取之不竭的源泉，在这些德性中也包含了特定的德性——'义'。他强调羞恶之心的反思基础是'义'的开始，而这羞恶之心植根于人性并构成了人类自然倾向的一部分。这种理论不仅依据它们单一的起源也依据它们相互的依赖性，以及它们作为人类自身发展与自身修养的最终目标的理想统一，为所有德行的融合提供了一个重要的基础。"③

在第七章里，倪德卫论述了孟子的动机和道德行为。首先，倪德卫将墨家和儒家思想作一个比较分析，提出了"自弃"的问题。"自弃"即指意志无力的问题。孟子认为"意志无力"的可能性同时具有积极的和消极的价值，使我们避免僵硬地依从可能是固执的教条或程序。接着，倪德卫认为孟子是用"推"的概念来使道德成为可能。有"推"就有"类"，倪德卫在本章第三节提出了孟子关于"一本"和"二本"的道德。认为孟子在批评墨家夷之道德体系之基础（"本"）是"二本"，而人作为天生之一物，只有"一本"。"孟子主要从仁的角度发挥了孔子的思想，以性善论为理论基础，建构了一个以'仁'核心，以'四德'、'五伦'为主要内容的道德哲学体系。这也是儒家

① 南怀瑾：《孟子与尽心篇》，东方出版社 2014 年版，第 50 页。
② 李亚彬：《道德哲学之维——孟子荀子人性论比较研究》，人民出版社 2007 年版，第 96 页。
③ 成中英：《论"正义"的古典模式与现代模式之整合》，载［美］姜新艳主编：《英语世界中的中国哲学》，中国人民大学出版社 2009 年版，第 58 页。

历史上第一个比较完备的道德体系。"①

"道家对'德'的标准表达是'内在之道'（dao within）。最常见的是，译者用'virtue'来译'德'，但是马上又提醒人们它是古希腊追求完美意义上的'virtue'。'Power'是另一种译法，它反映了'德'和'有德之人'的成功的行为或成就之间的联系。考虑到解释'道'时美学概念的使用，或可将'德'理解为'virtuosity'（精湛技艺）。当一个表演者对所表演之事（典礼、咏唱，或礼仪）予以正确'解释'时，'virtuosity'就会展现出来。所以德和道由正确的践履联系在一起。以践履者之回应那些使其表演在所处情境得以成功的提示的能力的形式，这一点很好地融入了可以看得出的'power'的言外之意。"②

从第四节开始，倪德卫开始讨论"推"如何成为可能。然后第五节从四个问题以及答案的可能性对孟子进行有限的辩护。这四个问题分别是：（1）道义论，还是结果论？（2）立刻行动的问题。（3）我对我的感情负责吗？（4）后退问题。最后，倪德卫将孟子与庄子、荀子、亚里士多德、康德与詹姆斯的道德观分别作出对比。

2. 倪德卫对《孟子》中章节的疑难内容的理解

在第八章第三节里，倪德卫认为《孟子·告子上》中孟子与公孙丑的对话很难理解。倪德卫在这部分回到了《孟子·告子上》中有疑难的告子的话，认为引这话的孟子是在回答公孙丑关于孟子和告子的"不动心"的概念。对告子来说，我们为"不动心"需要的是义。告子认为我们从"言"中得义，而"义"是外在的。此外，倪德卫还讨论了"言"的问题。

3. 倪德卫对《孟子》具体章节内容的翻译和对不同翻译的评价

倪德卫认为在《孟子·告子上》第三至第五章里，是孟子和告子以及他们的追随者在争论人性与德性的问题。这部分历来是众多注释者和翻译者

---

① 李亚彬：《道德哲学之维——孟子荀子人性论比较研究》，人民出版社 2007 年版，第 7 页。
② 陈汉生：《道家》，载［美］姜新艳主编：《英语世界中的中国哲学》，中国人民大学出版社 2009 年版，第 249 页。

的难题。因此他给出并解释了自己关于这部分的翻译和理解。例如：他认为"生之谓性也，犹白之谓白与"（《孟子·告子上》）中的"白"是指 white，但两个"白"不是一个意思。前一个"白"是形容词，后一个"白"是表属性的名词。倪德卫还在第十一章中列举了中外学者对《孟子·尽心上》第十七章的十种翻译和注解，并将它们具体分成五种不同的理解。给出了两种他认为孟子可能的观点，即：每当我们处于用得上道德考虑情景的时候，我们的道德直觉至少在某种低的程度上存在，不管其道德直觉如何低，或者我们有自然的道德冲动，这些冲动可以看作是一种内在能力的表现。第十二章名为"论《孟子》的翻译"。倪德卫在这一章里列举并评论了九名译者，如理雅各、杜百胜等人。对他们的生平作出简介，并分析了他们的《孟子》译本的不同特点，对目前的《孟子》英译本进行了批评性的论说，也讨论了古典的中文注释和翻译为其他语言的译文。他选取了《孟子》的部分章节从准确性的角度对不同的译本作出了评价。

4. 倪德卫从他人的角度来论孟子

在第十七章第三节里，倪德卫有三个部分提到了孟子，分别是孟子、戴震论孟荀、章学诚论孟荀。首先，倪德卫列举了关于道德的六种理论。他认为目的论的自然主义是专为孟子而设。孟子认为有圣人为我们创设道德，可是圣人也是人，我们也可以成为圣人。但是孟子和荀子都面临一种困境：很难明白为何我们应该认为圣人具有道德开创的特殊权力；即使真的创设了道德，而且他们为其开端所必须，因而具有权威性，还是不能解释他们为何这样做。"道德的价值在于它能够极大地满足人的主观需求。但由于孟子、荀子道德学的前提、出发点以及建构的路径不同，这种至上的价值在孟子仁学和荀子礼学中又有不同的表现。孟子着眼于人生，认为道德最能够满足人的精神（心理）需要，具有绝对价值；荀子着眼于社会，认为道德最能够满足维护社会秩序的需要，具有相对价值。"[1] 接着，倪德卫谈到戴震和章学诚，

---

[1]　李亚彬：《道德哲学之维——孟子荀子人性论比较研究》，人民出版社 2007 年版，第 233 页。

他认为虽然戴震最后、最重要的著作《孟子字义疏证》表面上是对孟子道德哲学的解释和维护，但是大多数学者都认为戴震事实上更接近荀子。而章学诚在任何意义上都不是孟子主义者，只是草率地接受了孟子的人性观，但是他以另一种方式保证了《六经》价值和不可超越性。

由此，我们可以分析倪德卫对孟子研究的特点：首先，通过这样的研究方法，能使读者从不同的角度上更全面地了解到孟子思想的与众不同。例如，通过对孟子和荀子在"性"的理解上的不同，导致他们在对待意志无力上有不同的解决方式，孟子是培养在我们自身中的道德之观。其次，倪德卫在写作的时候"密切关注关键术语，查找它们在最早可用资源的使用情况，在历史和文化背景下加以分析。他在文章的分析中密切关注文本细节，仔细比较传统评论和翻译的解释，并在适当的时候交叉引用同一文本或其他文本的其他部分"①。例如，"在讨论《孟子》的翻译问题时，为了分析文章中关键词的用法，例如《告子》中的'言'，他会参考同一时期或者前人的译本。"②（In analyzing the use of a key term in a passage, such as yan 言 in Gaozi's 告子 sixteen character maxim in 2A：2, he would consult its use in other texts from the same or a preceding period）最后，思想上，"倪德卫在详细阐述文本本身中的思想外，他还试图建立与西方哲学探究的联系"③。例如，在第七章讨论孟子的道德和道德行为时，倪德卫将孟子和西方的亚里士多德、康德和詹姆斯相互联系，比较他们思想上的异同。

总的来说，在这本倪德卫的著作中，他对主要讨论的是孟子的动机和道德行为。《儒家之道：中国哲学之探讨》集中阐明了倪德卫对中国哲学的思考和洞见。他对儒家思想和《孟子》道德观的分析引人深思，对《孟子》在西方的翻

---

① Kwong-loi Shun, *Nivison and the Philosophical Study of Confucian Thought. In Memory of David S. Nivison*（1923 – 2014）. Early China, 2015（38）：44.

② Kwong-loi Shun, *Nivison and the Philosophical Study of Confucian Thought. In Memory of David S. Nivison*（1923 – 2014）. Early China, 2015（38）：44.

③ Kwong-loi Shun, *Nivison and the Philosophical Study of Confucian Thought. In Memory of David S. Nivison*（1923 – 2014）. Early China, 2015（38）：45.

译也具有独到的见解，这对于我们研究《孟子》在西方世界的传播具有重大的意义，同时也为后人探讨儒家思想和中国哲学提供了新的思路和参考。

四、贝淡宁对儒家思想的阐释

（一）贝淡宁其人其书

贝淡宁（Daniel A. Bell），国际知名哲学家、社会学家，生于加拿大，曾任清华大学哲学系教授，现为山东大学政治学与公共管理学院院长。贝淡宁研究的主要方向是比较政治哲学、社群主义和儒家思想，共出版了《社群主义及其批判》（*Communitarianism and Its Critics*）（1993）、《近现代的儒家思想》（*Confucianism for the Modern World*）（2003）、《儒家政治伦理》（*Confucian Political Ethics*）（2007）、《超越自由民主：对东亚语境的政治思考》（*Beyond Liberal Democracy: Political Thinking for an East Asian Context*）（2008）、《中国古代思想，现代中国力量》（*Chinese Ancient Thought, Modern Chinese Power*）（2011）等13部著作，发表了论文百余篇。贝淡宁对中国传统文化思想有着独到的见解，他善于结合中西方不同哲学思想来对传统思想作出新的解释。其中的《社群主义及其批评者》（1993年由牛津大学出版社出版）是贝淡宁的博士论文，采用柏拉图风格的对话体，这本书出版后，贝淡宁便跻身有世界性声誉的政治理论家行列。

"用哲学的语言来说，这种对比表达了这样一个事实：西方思想起源于本体论的问题，而中国哲学则首先是现象学的，因其承认经验世界的存在不必借助于假定的本体论根据。现象学的世界是通过相关性的运作而组织的，而相关性的运作之间是通过类比式分类而不是求助于本质、范畴或者自然类而联系起来的。"①"在中国思想中，相关的对照并不是宇宙论上的'whatness'

---

① 郝大卫（又译作郝大维）：《"分析"在中国的意义》，载［美］姜新艳主编：《英语世界中的中国哲学》，中国人民大学出版社2009年版，第200页。

与本体论上的'thatness'之间的。"[①]郝大卫的这段话指出了中西方哲学的差异性，贝淡宁从中西方不同的哲学思想来解释中国传统文化更能推动文化传播，搭建中西哲学对话的桥梁。

贝淡宁教授是学贯中西、博闻广识、面向世界的大家，作为一个外国人来研究中国的传统，并且力求融入中国文化之中，他的这种精神是其世界胸怀与国际视野的彰显，与此同时，他也成为中西文化交流传播的桥梁与纽带。

（二）贝淡宁的儒学研究

1. 贝淡宁之儒家的"贤能政治"观

贝淡宁在其书中系统阐释了政治尚贤制，在他看来，贤能政治可能是实现全球正义的一个关键价值，贝淡宁接受了孔子"有教无类"的观点，认为每个人都有受教育的平等机会，但是这并不代表每个人都可以担任国家或地方的重要职位，领导的岗位只分配给群体中最有美德和最称职的人。我们可以这样理解：每一个人都有可能成为君子。

贝淡宁教授对儒家思想的研究可称为古为今用，推陈出新，把中国优秀传统文化介绍给了全世界，并且成为可以参考的范本。

2. 贝淡宁之儒家学说与社会主义

贝淡宁教授认为把社会主义传统和儒家传统结合起来的"左派儒学"在中国大陆是最具有发展前途的。在他的论文《儒家学说与社会主义的和解？》中特别强调了"左派儒学"独有的特征，比如说关心弱势群体，关心基本的物质生活和陌生人的团结等方面。还试图探寻儒学的普遍性和走向世界复兴中华民族传统文化，弘扬儒家思想的价值观，能更好地构建和谐的社会氛围。以更加妥善的方式解决冲突和矛盾，对国际社会来说，可以增进西方世界对中国的认同和接受，呼吁和平，消除中国崛起、"中国威胁论"的不利

---

① 郝大卫：《"分析"在中国的意义》，载［美］姜新艳主编：《英语世界中的中国哲学》，中国人民大学出版社 2009 年版，第 207 页。

影响。

政治实践可以反映出一个民族的核心价值观。儒家的价值观在一定程度上符合"和谐社会"的价值理念，中国在任何一个时代，都是怀揣"和为贵"的理念。儒家认为没有满足体面的物质生活所需要的物质资料是值得关注的弱势群体，但是贝淡宁认为弱势不仅是缺少金钱，被剥夺了陪伴家人和朋友的机会也是一种伤害。[①] 在《孟子·梁惠王下》中有"老而无妻曰鳏，老而无夫曰寡，老而无子曰独，幼而无父曰孤"。以孟子为代表的传统儒家，就不止一次提到"怜悯之心""仁爱之心"。对待家人的态度，甚至可以影响到整个社会的关系，而儒家价值观在对家庭和睦方面的指导意义是不容小觑的。传统中国社会认为妇女、儿童和老人都应该是被关照的对象。而这样的关照和社会财富、社会地位无关，仅仅是出于本心的善意。

当今的社会主义中国，儒家之团结体现在社会建设的方方面面，团结是社会主义传统的核心价值。但是，贝淡宁认为儒家实现团结的方式跟社会主义存在很大的不同，儒家实现团结的手段和目的是从自我到社会再到国家层级的。关于儒家"礼仪"对团结的影响，对于大众来说，礼仪是对情感和行为的重要约束，礼仪的约束可以让全民受益。贝淡宁举了这样的例子，在西方的体育运动中，人们会把摔倒的对手扶起来。礼仪在受儒家影响深刻的中国的体育活动中更是处于核心地位。儒学大家荀子认为，人的欲望如果失去控制，就会使人性暴露出"恶"来，因此后天的礼仪教化是尤为重要的。相反，西方追求社会的平等，无论是什么人，都应该是平等的，不应考虑社会地位、经济状况、身份、工作等。这在社会主义中国的当代社会仍然如此。比如说政府的扶贫工作，就是在缩小差距，做到尽可能的经济平等。

（三）贝淡宁之儒学复兴

贝淡宁在《中国新儒家》中集中描述了一个自己亲身经历的当代中国社

---

① 贝淡宁：《儒家学说与社会主义的和解?》，吴万伟译，《开放时代》2010 年第 11 期。

会。书中描述的事情都出乎意料、波及面广，堪称史无前例。全书分为三个部分——政治、社会和教育。社会部分类似于讲故事的形式，概述了卡拉 OK 行业的利弊得失、雇主如何对待保姆以及体育政治等社会事实。教育部分则对自己作为一个外国人如何在北京教政治理论进行了描述。看他这本书，我们更容易靠近贝淡宁，可以知道他善于讲故事，注重细节，从儒家的大背景下看待日常生活的所见所闻。意在说明一个问题：儒学在当代中国仍然散发着光彩，儒学的复兴会改变中国的政治和社会。

儒学复兴的迹象随处可见，例如中学和大学儒家经典课程的大发展，孔子学院在全世界的建立，等等。在这本书中，贝淡宁论述的核心就在于对儒学复兴长期影响的预测性成果，贝淡宁注意到了这一点，这一点事实上也得到了证明。事实上，儒学的复兴也是儒家思想的现代性建构的问题。贝淡宁从文化的视角也就是依据儒家与法家的思想来说明儒学现实以及未来的发展的价值。贝淡宁对于儒家思想现代性建构问题的研究，再次提醒受儒学影响的我们，也应该重新审视儒学的复兴问题。儒家称这是"王道"美德的吸引力，这一词来源于孟子的著名的声明。约瑟夫·奈（"软实力"概念提出者）说，具有吸引力的文化、政治理想和政策是软实力的所有源泉。这样的信念类似于儒家仁政思想。贝淡宁认为，为了扩大软实力，美国需要完全遵循儒家的王道并为争取全球福利而努力。

贝淡宁教授对儒学的研究，并不仅仅集中在上文论述的几个方面。他也从儒家和自由主义的角度审视人文教育，认为人文主义教育的首要目标是对批评性思考的传授，其政治目标就是培养更好的公民，而培养批评性思考能力最好的方法就是学习经典，当然，道德教育也是关键。

贝淡宁教授 2004 年到清华大学授课，至今 13 年，他潜心于儒学，并结合自己的生活经验来论述对儒家的独到看法。他在自己的一篇论文《论作为儒家——为什么儒家一定要老迈、严肃和保守?》中，就以生动的笔调论述了作为一个外国学者对儒学"活生生"的看法。贝淡宁的行文并非是呆板的学术风格，多比较生动形象，就如同与大家针对儒学进行了一场讨论。贝淡宁对中国儒家文化的解读，可谓独树一帜。

（四）贝淡宁对《孟子》的解读

1. 贝淡宁与孟子之"仁"

孟子继承了孔子的"仁"的思想，认为"仁"是一切道德和情感的出发点。孟子认为"人皆有不忍之心"（《孟子·公孙丑上》），就是说当人们目睹他人遭遇不幸时，会产生怜悯、同情和不忍的感受。将这种感受扩大，就是"仁"的概念。所谓"人皆有所不忍，达之于其所忍，仁也"（《孟子·尽心下》），也就是孟子认为"仁"是天生的，人天生皆有同情、怜悯和关心他人的自然倾向。然而"仁"这种天生的倾向是要表现出来的，这种表现不仅要依托语言，同时也要从行动中去落实。对孟子来说，"大人者，言不必信，行不必果，惟义所在"（《孟子·离娄下》）。虽然"仁"是天生的，但是"仁"也是有差别的，所谓"爱有等差"或"爱有等级"就是说对不同的人有不同程度的爱，"仁"要先从父母和亲人开始，才能推己及人。孟子强调孝义职责，这是站在血缘宗亲的角度上，强调对亲人的"仁"。贝淡宁认为，对所有的世人都产生爱是不可能的，我们首先爱自己的亲人、孩子，然后推及他人。这种关怀伦理由近而远是合情合理的，符合人性也符合道德。孟子的"仁"是建立在孔子的"仁"的基础上，其范围和体系更广。

在贝淡宁教授看来，孟子关于政府应该首先关心"鳏寡孤独"的观点，其实也是统治者"仁"的体现，国家有义务为贫困的人提供帮助。每个人都应该有爱人之心，如果把这种爱人之心放在统治者的身上，那就是爱护、关心自己的子民，这就包括生活的保障、礼仪的教化、国家的安定等，如果君主做到了这些，也算是有"仁"。

2. 贝淡宁与孟子"差等爱"

孟子认为"智"是"仁、义、礼、智"中理性的判断和基准，也是当四德相互冲突时，实现道德目标的保证。同时，仁与义、礼、智其他"三德"亦存在逻辑关系，由仁能够推演出义、礼、智。"仁，人之安宅也；义，人之正路也。"（《孟子·离娄上》）孟子认为四德之中，义是正路，智是道德的保障和手段，四德的关系是互为支撑、互相依存的逻辑关系。"夫义，路也；礼，门也。惟君子能由是路，出入是门也。"（《孟子·万章下》）关于孟子的伦理哲学中仁、义、礼、智四德的地位，学界亦有公论，一般来说，仁是伦理道德的深层内涵，是人们最高的道德观念和道德理想；义是正路，是人们的道德认知；礼为形，是人们的道德规范和仪式；智，是做出仁义道德行为的动力和保证，人有四德，就到达了孟子伦理哲学中最高的道德人格——圣人，实现了道德生活的最高境界。可以看出，"仁扩充而有义，仁、义扩充而有礼，仁、义、礼扩充而有智。于是由仁开始，经过这一系列扩充而有'四德'。如果把'四德'比作一个同心圆的话，仁为圆心，义为第一层圆圈，礼为第二层，智为第三层。这样'四德'步步相因，环环相扣，共同构成了内心的道德意识系统"①。"仁、义、礼、智"的关系如下："仁"既是道德的最高要求也是四德之基石，"义"是善，是取舍，"礼"是规范和制约，"智"是判断和评价，是道德得以践行的保证。

孟子说："仁者无不爱也。"（《孟子·尽心上》）"信以为人之亲其兄之子，为若亲其邻之赤子乎？"（《孟子·滕文公上》）孟子认为"爱有等差"，人实行"仁"有远近亲疏，由近而远。从血亲开始，爱父母、兄弟姊妹，推己及人或者"爱有等级"。人首先要爱自己的父母，否则何谈爱"他人"呢？反过来，如果一个人关心他人，却不爱自己的父母，也不可以称为"仁"人。"爱有等差"这种伦理理念并不是对人性的扼杀，从某些方面来说，更是对人性的尊重，具有其存在的合理性。孟子说："老吾老，以及人之老；幼吾幼，以及人之幼。"在孟子看来，一切的仁爱都是亲情之爱的外推，是有顺序的。他认为"仁"者的爱是有等差序列的，父母血亲的爱先于他人的爱，这是贝淡宁教授对孟子"爱有等差"的解读。

---

① 李亚彬：《道德哲学之维——孟子荀子人性论比较研究》，人民出版社 2007 年版，第 104 页。

3. 贝淡宁与孟子的政治观点

贝淡宁精通古代汉语，熟读《论语》、《孟子》、《荀子》等儒家经典著作。因此，他的一些政治观念也深受这些经典的影响，尤其是《孟子》。贝淡宁认为当今的中国一直奉行的也是正义战胜邪恶，中国温和的外交政策就是孟子思想的继承与发展。在使用武力的方面，贝淡宁也有自己独到的见解。早期儒家思想详细区分了天下理想和承诺于特定领地之国的现实。贝淡宁认为，"儒家可以被理解一种关系伦理，该伦理把一种核心价值植入人际关系。等差之爱原则根植于情感纽带，因此，只在人际关系的脉络中运用。将之应用到诸如国这样的实体，是不正确的延伸"①。儒家的"士"就是精英阶层的代表，代表着知识和能力的重要性。这也就是传统孟子思想从"人性善"的角度来说明人道化的政治。这其实也可以联系到前文讨论的"贤能政治"。

贝淡宁对中国儒学的研究还在不断地深入，他对中国文化尤其是儒学的研究，不仅仅使儒家优秀的思想文化走向世界，实现了国际上的交流，在现代全球化的交流中也起着不可忽视的作用，在增进中西文明的互识、互鉴、互信方面起着重要的作用。

第二节 《孟子与阿奎那》

一、李耶理其人其书

李耶理（Lee H. Yearley），美国斯坦福大学宗教系埃文斯·文茨（Evans-Wentz）讲座教授，主要从事比较宗教伦理学的研究。著有《孟子与阿奎那：美德理论与勇敢概念》（*Mencius and Aquinas: Theories and Conceptions of Courage*）、《新人的观念：基督教与人的宗教性》（*The Ideas of Newman:*

---

① ［美］陈倩仪（Chan Sin-yee）：《儒家与民族主义能否相容？》，徐志跃译，《文化纵横》2011 年第 6 期。

Christianity and Human Religiosity）及多篇学术论文。

1975 年，李耶理在美国宗教学会杂志（*Journal of the American Academy of Religion*）第 43 卷第 2 期上发表了《孟子论人性：其宗教思想的形式》一文，作者依赖神话性的表述，讨论了孟子思想以及宗教经验信仰的话题。李耶理 1990 年出版了《孟子与阿奎那》，该书可以说是《孟子论人性：其宗教思想的形式》的延续。"此书贯穿了'宗教比较哲学与美德研究'的视角，目标是为今日世界寻找能够弥合文化鸿沟的整合性理解和美德。"①

那么在众多的西方宗教思想家中，李耶理为什么选取阿奎那与孟子作出比较呢？阿奎那在对宗教神学的研究中，通过理性地分析"君权神授"。"在思想的多产与广泛方面，他少有匹配，他将哲学上的机敏与精神上的敏锐结合于一身，在这方面同样罕见其俦。"②阿奎那是中世纪最重要的哲学家，关于孟子，李耶理认为"孟子是一个非常精细又富有力量的思想家，他提出了人们能创造的最有意义的宗教幻想之一"③。阿奎那与孟子都是特别重要的、影响极大的思想家。孟子代表战国时期的儒家，阿奎那代表中世纪的基督教。李耶理认为"他们每一方都以一种罕见的方式将理论上的敏锐和精神上的敏感结合在一起。每一方都是他们各自传统的源泉……"④李耶理从美德和勇敢两个概念出发，以宗教比较哲学为理论基础，去探索孟子与阿奎那的相似之处和不同点。但是，"李耶理的目标不仅仅是比较，而是寻找一种由规范思想指导的比较本身的理论和过程。正是这种对文本分析和伦理的关注，使他的书具有吸引力"⑤。

---

① 韩振华：《"批判理论"如何穿越孟子伦理学——罗哲海儒家伦理重构》，《国学学刊》2014 年第 3 期。

② 李耶理：《孟子与阿奎那：勇气的理论与概念》，中国社会科学出版社 2011 年版，第 29 页。

③ Lee H. Yearley, Mencius on Human Nature The Forms of His Religious Thought, *Journal of the American Academy of Religion*, 1975. 43（2）: 188.

④ 李耶理：《孟子与阿奎那：勇气的理论与概念》，中国社会科学出版社 2011 年版，第 2 页。

⑤ Heiner Roetz, Mencius and Aquinas: theories of virtue and conceptions of courage, *Bulletin of the School of Oriental and African Studies*, 1993, 56（1）: 175.

　　《孟子与阿奎那：美德理论与勇敢概念》此书共有五章，分别是：宗教比较哲学与美德研究、孟子与阿奎那美德观念的语境、孟子与阿奎那的美德理论、孟子与阿奎那的勇敢概念、结论。在第一章里，李耶理首先介绍关于宗教精神昌盛的比较哲学的重要性，进而提出他对孟子与阿奎那的探索——孟子与阿奎那之间总的相似处和不同点。他将孟子和阿奎那放在伦理学的背景之下，考察关于美德的概念。在第二章里，李耶理从美德观念的语境出发，认为孟子与阿奎那在掌握相关语境方面有着巨大的鸿沟，"孟子的风格从开门见山的直接阐述，到更接近诗歌而不像散文的表达形式都有。文本中的中文字尽管常常明显具有很强的表达力，或者说很美，可是有时其意义也十分隐秘；对某些章节的解释和翻译可能产生明显的分歧"①。而作者认为"阿奎那（用一个学者的话来说）是一个'匆忙的人'，他选择一种不动感情的、简朴的风格，让读者去充实背景和实例。但是，他的分析通常也表现出一种生气勃勃的、灵活的风格"②。李耶理在这一章分别讨论了孟子和阿奎那的美德系列，包括其支柱理念和训诫与生活方式领域的关系。在第三章里，李耶理论述了孟子与阿奎那的美德理论。他提出孟子认为人性的根本倾向是美德的基础，真正的美德是道德推论的结果，强调智的作用。阿奎那则认为天生的倾向只能为美德提供一种支持和出发点。在第四章里，李耶理提出了勇敢的概念，虽然孟子没有把勇敢列为他的四个基本美德之一，但是"他仍然明确地认为勇敢是美好生活中的关键成分"③。第五章是全书的总结章节，李耶理讨论了孟子与阿奎那对美德的认识的真实相似处并比较了他们不同的美德观念。进一步以关于宗教精神昌盛的比较哲学中的基本的、实践的和次要的理论为基础来分析孟子和阿奎那的观念。最后分析了类比的想象和宗教比较哲学的意义。

　　《孟子与阿奎那》这本书在西方世界获得了很高的评价。"李耶理详细描述了两位思想家对美德的理解，特别提到了勇气和美德。他的阐释令人印象

①　李耶理：《孟子与阿奎那：勇气的理论与概念》，中国社会科学出版社 2011 年版，第 29 页。

②　李耶理：《孟子与阿奎那：勇气的理论与概念》，中国社会科学出版社 2011 年版，第 32 页。

③　李耶理：《孟子与阿奎那：勇气的理论与概念》，中国社会科学出版社 2011 年版，第 172 页。

深刻，因为它具有非凡的分析技巧。"①

艾伦·乔治（Allan George）认为"李耶理的书很值得一读，这是由于：首先，他对孟子和阿奎那的比较引起了非专业人士和专家们对'类比想象'这个研究方法的兴趣，这是值得尊重的；其次，这对于弗兰克·雷诺兹和大卫·特拉西所编辑的《走向宗教比较哲学》系列丛书来说，作为 SUNY 系列的一部分，他作出的特殊比较在方法论上有重大贡献。再次，对李耶理未公开的和未被承认的形而上学预设的思考提出了一个有趣的问题，即人们如何去研究比较哲学"②。弗兰克·雷诺兹和大卫·特拉西都是《走向宗教比较哲学》系列丛书的主编。弗兰克·雷诺兹认为李耶理在将孟子与阿奎那作对比研究的时候，对新的宗教比较哲学的发展作出了两个重要的和原创性的贡献。"第一个贡献是将当代伦理哲学家的十分热切的关怀纳入比较研究的轨道内。……李耶理作出的第二个、更具有普遍意义的贡献是，在宗教比较哲学方面提供了这样一种研究成果：它由单个作者撰写，以书的篇幅出现，它将以下三方面富有成效地结合在一起，它们是细致的描述性分析，使用经过清楚地表述、高度精致的比较研究方法，以及对规范性的预设和蕴含的清晰的反思。"③芝加哥大学弗兰克·雷诺兹认为："李耶理的书将经得起检验；它将为其他以比较哲学为导向的宗教哲学家提供一个可遵循的范型。"④而万白安则认为："李耶理读《孟子》，就像我们在实际推理中所说的'温和的理性主义者'一样，他不认为扩充就只是简单的遵循规则，演绎推断和一致性测试，但是他现在也没有把孟子看作直觉性的排他主义者。"⑤《孟子与阿奎那》这本书也有不足之处，努恩（Anh

---

① Heiner Roetz, Mencius and Aquinas: theories of virtue and conceptions of courage, *Bulletin of the School of Oriental and African Studies*, 1993, 56(1): 175.

② Allan, George, Mencius and Aquinas: Theories of Virtue and Conceptions of Courage, *Philosophy East and West*, Vol.44, No.1, 1994.

③ 李耶理：《孟子与阿奎那：勇气的理论与概念》，中国社会科学出版社 2011 年版，第 1 页。

④ 李耶理：《孟子与阿奎那：勇气的理论与概念》，中国社会科学出版社 2011 年版，第 2 页。

⑤ Bryan W. Van Norden, Yearly on Mencius, *Jouranal of Religious Ethics*, Vol.21, No.2, 1993, p.371.

Tuan Nuyen）来自新加坡国立大学哲学系，他认为"不幸的是，在《孟子与阿奎那》这本书中，李耶理将重点放在了孟子和阿奎那的美德和勇敢的概念上，但是却忽略了他们的教育和伦理观点"①。事实上，孟子和阿奎那都重视教育，认为教育的最终目的是使社会和谐，强调"内学"的重要性。但孟子认为人性善，因此采用较为温和的道德教育态度。在这一点上，阿奎那认为人性既包含了好的方面也包含了坏的方面，因此采用比孟子更为强硬的道德教育方针。

二、李耶理对《孟子》思想的阐释

在研究孟子的过程中，美德和勇气是李耶理研究的重点概念，通过将孟子与阿奎那作对比，试图挖掘孟子的宗教性进而对孟子的观念进行新的阐释，而在对比中所使用的研究方法，也可以灵活运用到其他类比研究。

（一）李耶理对孟子的美德研究

孟子对美德并没有明确的定义。但他考察了很多跟美德有关的内容。李耶理认为"仁、义、礼、智"这"四端"在获得实现以后就成为了四项美德。"礼"是最难找到与西方单一美德相同含义的一个。李耶理在这选择"property"作为最好的与"礼"相对应的翻译。"礼"涉及人们的行为准则，"智"使人们作出明确的判断，"义"产生了更有力的行为动机。"仁"是作出富有同情心的反应。李耶理认为孟子的四项核心美德以各种复杂多样的方式相互作用。除了核心美德之外，他还提出了"勇"，能够克服"是当是"、"为当为"恐惧的有效方法。"孝"，既提供了德行所需要的本源，又限定了一个人应当具有的对待他人的态度和行为。"信"，则是产生自信的诚实。

李耶理认为"孟子的美德理论的基础是他关于人性的基本特性的思想，以及理性有能力发展这种特性的思想。他主张，美德的认知成分同恰当地发

---

① A. T. Nuyen, Can Morality Be Taught? Aquinas and Mencius on Moral Education, *Aquinas, Education and the East,* Vol.4, 2013, p.107.

展的意向相结合，决定了一个人的品格、行动和情感反应"①。这种主张来源于"今夫麰麦，播种而耰之，其地同，树之时又同，浡然而生，至于日至之时，皆熟矣。虽有不同，则地有肥硗，雨露之养、人事之不齐也"（《孟子·告子上》）。李耶理认为孟子的这种思想是建立在比较简单的概念模型之上的，只要对基本能力加以简单的培育，就可以生长出一定的品性。这是因为孟子坚持人性本善，善就等于具有了能够成长为基本美德的四端，再通过渐进的自我修养，就可以完善美德。

（二）李耶理对孟子与阿奎那的美德对比

李耶理将孟子提出的美德系列与阿奎那的美德系列一一对比，试图挖掘他们的相似之处和不同之处。例如：孟子的"仁"与阿奎那的"仁爱"（英文：benevolence，拉丁文：benevolentia）是一致的。但是他将"仁"与"博爱"区分开。"更重要的是，对于孟子而言，仁德是核心，而对于阿奎那来说，却是次要的。确实，博爱（charitas）对于阿奎那，经常发挥相当于仁对于孟子发挥的作用，而博爱同仁有根本的不同。"②孟子的"义"和阿奎那的"义"也具有相似和不同之处。"义"也具有一些同阿奎那的正义（justice）最凝练的形式表面相似之处……两者都可置于规诫的领域。但是……同阿奎那的正义不一样，孟子的"义"所涵盖的行动的内容清楚地反映了约定俗成的标准。③

李耶理认为孟子和阿奎那所阐发的理论都是建立在发展的模式之上的。正如澳大利亚的约翰·奥茨林写道："孟子提出，人要想幸福，其生活原则就必须符合人之为人的本性。即便人性本善，人也需要培养自己受之于天的原初道德德性。阿奎那也承认，人类虽然禀赋德性的种子，但这些德性种子需

---

① 李耶理：《孟子与阿奎那：美德理论与勇敢概念》，施忠连译，中国社会科学出版社 2011 年版，第 68 页。

② 李耶理：《孟子与阿奎那：勇气的理论与概念》，施忠连译，中国社会科学出版社 2011 年版，第 48 页。

③ 李耶理：《孟子与阿奎那：勇气的理论与概念》，施忠连译，中国社会科学出版社 2011 年版，第 49 页。

要培养，要靠习惯来发展它们。"① 在这一点认识上，阿奎那与孟子的主张是一致的。但是阿奎那并不认为"种子"加以培育就可以生长出美德。相反，他认为向着美德的倾向可能是危险的，除非有理性的支配。这是由于阿奎那对人性本质的认识与孟子大相径庭。李耶理解释道："孟子认为人性是善的，阿奎那认为人性是罪恶的。孟子的美德理论和美德系列渗透了人性善的观念，就像阿奎那的美德理论和美德系列渗透了原罪的观念。对于孟子来说，目标是激活人的天性善的本性；而对阿奎那来说，目标是克服原罪以达到新的状态。"② 由此可见，正是两人对人性的本质的不同认识引发了对美德的发展上的不同观点。虽然两个人都承认和赞同被赋予的，向善的根本倾向都存在，但李耶理认为"他们的分歧出现于两方面。第一是这种减弱的确切的性质；第二是关于克服它的可能性。他们两人在这方面的区别是细微的。然而，这些细微的区别所处的语境却有很大的不同"③。这主要是由于孟子和阿奎那的次要理论或关于"历史的"观念相差甚远，最显著的是孟子圣人之德观念和阿奎那原罪传承的观念的不同。

（三）李耶理对孟子的勇敢概念的阐释

李耶理认为孟子虽然没有把勇敢列入四个基本美德，但他认为勇敢对于孟子来说是非常重要的美德。首先，李耶理认为"事实上孟子雄辩地主张一切美德的最高形式只有通过勇敢地战胜种种困难才会产生，这些苦难或是由一个人的自我造成的，或是由外部事件引起的"④。其次，李耶理指出"一个

---

① ［澳］约翰·奥茨林：《培养德性：在孟子与阿奎那之间》，吴广成译，《哲学分析》2015年第4期。

② 李耶理：《孟子与阿奎那：勇气的理论与概念》，施忠连译，中国社会科学出版社2011年版，第101页。

③ 李耶理：《孟子与阿奎那：勇气的理论与概念》，施忠连译，中国社会科学出版社2011年版，第104页。

④ 李耶理：《孟子与阿奎那：勇气的理论与概念》，施忠连译，中国社会科学出版社2011年版，第172页。

圣人突出的标志就是'力'(strength)……圣人有能力在困境中坚持到底，始终把握住那种会激发人的生命活力的方面"①。这个结论来源于孟子在《孟子·万章下》的论述："始条理者，智之事也；终条理者，圣之事也。智，譬则巧也；圣，譬则力也。由射于百步之外也，其至，尔力也；其中，非尔力也。"李耶理认为孟子注意到了：正确的行为需要莫大的牺牲，而要作出这样的牺牲就必须做到勇敢。孟子还运用了相似推理(reasoning by resemblance)假设了一个情境，从一种能够客观理解的相关情感的语境转移到另一种语境中的情感的生产环境和程度都是由人和人自身的文化所决定的。以此来描绘一个人在面对要求作出勇敢情境的时候会有的考虑。"生亦我所欲也，义亦我所欲也；舍生而取义者也。"(《孟子·告子上》)李耶理还认为孟子对命和天的正确态度，实际上是对勇敢的扩充。

(四)李耶理对孟子与阿奎那的美德对比

李耶理认为在勇敢的概念上，两个思想家具有相似之处的结论。"在这两个思想家看来，人们同时保持两种不同的眼光时候，勇敢才达到它的最高的、完美的宗教精神境界。一方面，他们必须清楚地感知到世界上存在的不公平以及他们自身中存在的缺陷，并且为他们感觉到悲伤。另一方面，他们必须追求美好的事物，保持他们对最高的善的信念、希望。"②只有当两种眼光同时存在的时候，才是最高境界的勇敢。但两人在对勇敢的论述上是有差别的，这是源于两种文化中对尚武精神或勇士典范作用的不同认识。对孟子而言，勇敢既不是四种基本美德之一，也没有对勇敢这个概念作出充分而具体的论述。但是勇敢作为阿奎那的四个原德之一，他对其做了复杂而充分的分析的。值得注意的是，李耶理认为孟子"勇气不是一种塑造非理性情绪的美

---

① 李耶理:《孟子与阿奎那:勇气的理论与概念》，施忠连译，中国社会科学出版社2011年版，第172—173页。

② 李耶理:《孟子与阿奎那:勇气的理论与概念》，施忠连译，中国社会科学出版社2011年版，第196页。

德，而是一种对一个有道德的人的行为不恰当的情绪缺乏证据。不需要神的干预，也不需要恩典的注入，但尽管个人会遭受苦难，尽管认识到世界上普遍存在的不公。天堂仍以一种超乎人类理解的力量充盈着世界来加强有美德的人的美德，继续在正确的道路上完善一个人的能力"①。李耶理将美德划分为两大类：倾向性或动机上的美德（virtues of inclination or motivation）和保护性或抵御性美德（preservative or neutralizing virtues）。对于这种分类，玛莎·努斯鲍姆（Martha C. Nussbaum）"认为这两种类型的优点是任何美德都可以归入其中一种或另一种"②。对比或者说想象类推法是李耶理常用的研究方法。李耶理在哲学历史范畴内，选择了孟子和阿奎那的美德论进行探讨。对于这部分的探讨，李耶理描述得非常具体而细致的。两位思想家都对美德有较多的阐释。通过对美德的讨论，能帮助我们更深刻地理解他们的思想，他们关于美德的假象和美德的扩充的思想，关于美德思想基础的自我概念之中，对于实践理性、情感和意向的特性及其相互作用的论述之中都出现了相似之处。李耶理不仅专注于分析孟子和阿奎那的美德，还认为应对文化多样性本身的现代挑战，就要求新的美德以及和旧品德的新结合。他关注美德，因为它们与"生活方式"相连接，一方面是特定文化的精神，另一方面是普遍的禁令，但是对于勇敢的探讨，我们认为勇敢本就应该归属于美德的范畴之内，虽然李耶理提出了勇敢和美德的区别性标志，但他更倾向于对勇敢本身概念的阐释，而对区别的阐释并不十分清晰。其次，孟子本人对勇敢的内容并没有作充分而详尽的描绘，而是对勇敢的人所追求的目标以及勇敢的假象更加关注。李耶理从《孟子》中提出勇敢的观点，其理解与孟子本人想要表达的观点还是有区别的。

孟子说："夫仁，天之尊爵也。"（《孟子·公孙丑上》）由此，我们细读分析天爵和人爵，不难发现孟子认为人的努力方向应该是天爵。根据孟子这

---

① George Allan, Menciusand Aquinas: Theories of Virtueand Conceptions of Courage, *Philosophy Eastand West*, Vol.44, No.1, 1994, p.172.

② Martha C. Nussbaum, Mencius and Aquinas by Lee H Yearley Comparing Virtues. *Journal of Religious Ethics*. 1993. 21(2): 360.

样的理解，李耶理把孟子的儒学，规定为"定位型"（locative），而阿奎那是"开放型"（open）的宗教。罗哲海在为《孟子与阿奎那》写的一篇书评①中是不赞同这一个观点的，罗哲海认为孟子本人明确把那种神圣性的"天爵"（根本的道德规范）与社会等级秩序中的"人爵"区别开来。即"仁义忠信，乐善不倦，此天爵也；公卿大夫，此人爵也"。因此孟子离那种强调得体合宜、将德行跟角色关联起来的"定位型视角"更远，而离普遍性伦理更近。②由此看来对于孟子的宗教性定位是有争议的。确立孟子思想的宗教性成分十分困难。理雅各就认为"孟子缺乏'灵魂的谦卑'，对人的'原罪'缺乏认识，关于上帝所言甚少，也没有自然的虔敬"③。因此，关于李耶理对孟子的宗教性的研究还可继续深入。

第三节　儒者的良心：关于"人性"的三次争论

一、卜爱莲《孟子》英译研究

（一）卜爱莲的生平

卜爱莲，又译华蔼仁（Irene Bloom，1939—2010），哥伦比亚大学巴纳德学院亚洲和中东文化系的安妮·惠特尼·奥林荣誉教授（Anne Whitney Olin Professor Emerita），毕业于斯沃斯莫尔学院（Swarthmore College）（学士学位）和哥伦比亚大学（硕士、博士学位）。从1993年起，在巴纳德学院

---

① ［德］罗哲海：《轴心时期的儒家伦理》（中译本），陈咏明、瞿德瑜译，大象出版社2009年版，第274页。
② 韩振华：《"批判理论"如何穿越孟子伦理学——罗哲海儒家伦理重构》，《国学学刊》2014年第3期。
③ 韩振华：《"他乡有夫子"——西方〈孟子〉研究述略》，《文史知识》2014年第8期。

担任亚洲和中东文化系主任（Chair of Department），直到 2002 年退休。

早在几十年前，哥伦比亚大学成立了《亚洲经典》编辑委员会，卜爱莲是成员之一。该委员会的主席是狄百瑞（William Theodore de Bary，哥伦比亚大学梅森荣休讲座教授及荣休副校长，东亚语言与文化系教授），其他成员包括保罗·安德利尔（Paul Anderer，东亚语言与文化系教授 Fred and Fannie Mack Professor of Humanities）、唐纳德·基恩（Donald Keene，哥伦比亚大学荣誉教授 Shincho Professor Emeritus Japanese Literature）、George A. Saliba、白根春夫（Haruo Shirane，现任亚洲和中东文化系主任，日本文学与文化专业教授）、魏尚进（美国国籍，现为哥伦比亚商学院金融学经济学教授、美国布鲁金斯研究所高级研究员、美国国民经济研究局中国经济研究组主任）。

（二）卜爱莲《孟子》英译本

1. 译本简介

卜爱莲版的《孟子》英译本出版于 2009 年。该书为哥伦比亚大学出版社组织发行的《亚洲经典》系列丛书之一，属于哥伦比亚大学《亚洲经典》编辑委员会的研究成果。该书为《孟子》全译本，全书共有 178 页，分为 7 章，每章又分为上、下 2 篇，为方便读者查找，书末还附有一个专有人名和地名的词汇表。

哥伦比亚大学出版社希望卜爱莲能够尽快完成《孟子》译本的出版与发行，但卜爱莲晚年身体状况堪忧，无法完成《孟子》译稿的编写。因而由香港城市大学客座教授、东亚与比较哲学中心主任艾文贺（Associate Provost and Director），也就是卜爱莲的同事兼好友负责编写，同时帮助她完成了本书的引言，包括"孟子其人其书""伦理观""政治观""宗教观"以及"对文化的深远影响"五个部分，编写过程中，他不仅最大限度地保留卜爱莲译文的原意，还竭力保留卜爱莲翻译的灵魂，仅做了几处微小的修改，如在某些重要的阐释中，增加了几个附加参考和汉字。艾文贺在序言中提到，自他进入研究生学院后，卜爱莲的作品对他产生了极大影响。在编辑过程中，艾文贺得到了美国著名汉学家、翻译家华兹生（Burton Watson，美国翻译家）

教授的指导。华兹生曾任美国哥伦比亚大学、斯坦福大学的中国文学教授，他为卜爱莲提供了很多建议，对成书有着重要的意义。使得最终的作品内容准确，语言流畅。

虽然艾文贺对卜爱莲的译本进行了某些微小的修改，但令人遗憾的是，他并未在文中特别标注出来。因此，读者无法从译本中辨别出哪一部分是艾文贺的修改意见。基于以上原因，有些读者就认为这不能称为"卜爱莲《孟子》译本"，转而称之为"卜爱莲—艾文贺译本"。我们认为，最好的编辑方式是尽可能地保留原始译文，尊重译文底本，如果需要，可以在脚注中说明自己的观点。

毫无疑问，《孟子》是中国历史上最具影响力的经典之一。但是，截至2009年，卜爱莲《孟子》译著已是第九部完整的《孟子》英译本。正如金鹏程（Paul R. Goldin）所说："在当代，并非所有这些译本都通行，仅仅有几本被广泛使用，尤其是刘殿爵的译本，一点也不过时。"[①] 鉴于刘殿爵《孟子》译本（1972）在当时甚至当今社会有着巨大影响的背景下，书中没有任何一处对重新翻译《孟子》的缘由进行说明或是解释，包括艾文贺的引言以及卜爱莲的正文。当然，所有人都有资格去重新解读《孟子》，但是解读是否有新意，是否比以前的解读更可取，这是值得我们讨论的问题。关于卜爱莲重新翻译《孟子》，我们只能猜测"可能是课程书本购买需求的上升促使身为大学教授的卜爱莲做出了这样的决定"[②]。从这方面考虑的话，"卜爱莲译本并不被认为比刘殿爵译本更可取，也不如极大保留了传统评论的万白安译本。该译本仅仅是用了极少注释的英文直译本"[③]。

---

① Paul R. Goldin, *Mencius. Translated by Irene Bloom*. Edited by Philip J. Ivanhoe. *Journal of Chinese Studies*. 2010, Vol.51 p.382.

② Paul R. Goldin, *Mencius. Translated by Irene Bloom*, Edited by Philip J. Ivanhoe. *Journal of Chinese Studies*. 2010, Vol.51p.382.

③ Paul R. Goldin, *Mencius. Translated by Irene Bloom*. Edited by Philip J. Ivanhoe. *Journal of Chinese Studies*. 2010, Vol.51p.382.

2.译本分析

卜爱莲并未在书中直接说明其在翻译《孟子》过程中所使用的底本，但是通过第一章的脚注，不难发现译本中部分词句的翻译都直接使用理雅各的译句，如 1A 中的脚注 5、6、22、27，1B 中的脚注 4、5、16、17、23、24、25；此外，个别专有名词还参考了朱熹的译注。因此，卜爱莲多以理雅各的《孟子》译本为底本，同时以朱熹等人的译注为辅助参考。

接下来，仅以译本第一章上篇（1A.1）为例进行分析。《孟子》开篇便记录了公元前 320 年或公元前 319 年，孟子与梁惠王会面时进行的一次公开对话。梁惠王欢迎孟子时，说道：孟子不远千里而来，一定是有什么对国家有"利"的高见吧。惠王使用"利"这个词引起了孟子的抨击。孟子认为使用"利"这个词透露出梁国的腐朽，惠王应该考虑到其正处于危险之中。惠王既非少不更事，在那种情况下显然也未被孟子镇住，他并没有立即回答（也有可能是孟子本人或其门徒拒绝透露惠王的回答）。

比照卜爱莲对该章节的翻译，我们可以发现以下几个特点：

[1A1] Mencius met with King Hui of Liang.[1]

The king said, "Venerable sir, you have not considered a thousand *li*[2] too far to come. Surely you have some means to profit our state?"

Mencius replied: "Why must the king speak of profit? I have only [teachings concerning] humaneness and rightness. If the king says, 'How can I profit my state?' the officers will say, 'How can I profit my house?' and the gentlemen and the common people will say, 'How can I profit myself?' Those above and those below will compete with one another for profit, and the state will be imperiled. One who murders the ruler over a state of ten thousand chariots surely will be from a house of a thousand chariots; one who murders the ruler over a state of a thousand chariots surely will be from a house of a hundred chariots.[3] A share of a thousand in ten thousand or a hundred in a thousand is hardly negligible; yet, when rightness is subordinated to profit the urge to lay claim to more becomes irresistible. It has never happened that one given to humaneness abandons his parents, nor that one given to rightness subordinates the interests of his lord. Let the king speak only of humaneness and rightness. What need has he to speak of profit?"

第一，该译本的体例与杨伯峻版的体例基本一致，都对本无句读的《孟子》原文进行了分段，并沿用了白话文的译注，如 1A.1。但是，卜爱莲对文本的分段有时并不与杨伯峻版的分段一致，如 1A.2 中，卜爱莲将孟子的回答分成了 4 个自然段。

第二，在杨伯峻版的《孟子译注》中，对"梁惠王""叟""亦""征""弑""万乘之国，千乘之国""千盛之家，百盛之家"以及"餍"这 8 个字词做了注释；而卜爱莲仅对"梁惠王""里"以及"乘"这 3 个专有名词进行了解释和说明。

第三，在翻译中国哲学经典时，最难把握的莫过于对专业名词的翻译，如"气""信""善""仁"等。如卜爱莲所说，"她一直在追求使译文既保持一致又兼具灵活"[①]。例如，"天"一词有时译为"上天"（Heaven），有时译为"自然"（Nature）。令我们感到疑惑的是，为何卜爱莲总是在诸如"心""性"此类词前加上定冠词（如"the mind"和"the nature"），这种做法使文章稍显累赘，且并未在真正意义上有任何启发作用。

第四，卜爱莲对原文中的部分内容进行了增补，如 1A.2"贤者而后乐此"一句，她在"乐"前加了一个修饰词"真地"（truly）。

第五，还有一个小问题就是评论者疏于指出的地方，原文"诗云"中的"诗"是指《诗经》。作为一个书名，其英文首字母理应大写，但是卜爱莲在译本中采用的是"The ode says"。也许，这只是她的一个笔误。

卜爱莲的主要研究方向是中国哲学和人权研究。她是一位杰出的中国文化研究者，她一生都致力于将中国传统哲学经典翻译成英文，将中国哲学传统介绍给美国新一代的学生和其他学者。在几十年的研究过程中，卜爱莲著述甚丰，现列举如下：

---

① Julia Ching, *Knowledge Painfully Acquired: The K'un-chih Chi of Lo Ch'in-shun*, by Irene Bloom, *The Journal of Asian Studies*, 1988: 47（2）: 335.

类别		中文名	英文名
著作类	1	《东方经典：亚洲经典的方法》，卜爱莲编辑，哥伦比亚大学出版社 1995 年版。	*Eastern Canons: Approaches to the Asian Classics*, Irene Bloom（Ed.），Columbia University Press, 1995.
	2	《知识的痛苦习得：罗钦顺的〈困知记〉》，卜爱莲译，哥伦比亚大学出版社 1995 年版。	*Knowledge Painfully Acquired：The K'Un–chih Chi of Lo Ch'in–shun*, by Irene Bloom（Tr.），Columbia University Press, 1995.
	3	《孟子》，卜爱莲译，菲利普·艾文贺编，哥伦比亚大学出版社 2011 年版。	*Mencius*, Irene Bloom（Tr.），Philip J. Ivanhoe（Ed./Introduction），Columbia University Press, 2011.
	4	《思想的交汇：东亚传统思想中文化和宗教的相互作用：为纪念陈荣捷和威廉姆·西奥多·狄百瑞而写的文章》，卜爱莲、福格尔（Eds.），哥伦比亚大学出版社 1996 年版。	*Meeting of Minds：Intellectual and Religious Interaction in East Asian Traditions of Thought：Essays in Honor of Wing Tsit Chan and William Theodore de Bary*, Irene Bloom, Joshua A. Fogel（Eds.），Columbia University Press, 1996.
	5	《原则与实用性：新儒家思想及实践的论文集》，卜爱莲编辑，哥伦比亚大学出版社 1979 年版。	*Principle and Practicality：Essays in Neo–Confucianism and Practical Learning*, Irene Bloom（Ed.），Columbia University Press, 1979.
	6	《宗教多样性和人权》，卜爱莲编辑，哥伦比亚大学出版社 1997 年版。	*Religious Diversity and Human Rights*, Irene Bloom（Ed.），Columbia University Press, 1997.
	7	《中国传统之本源》第一册第 2 版，廉姆·西奥多·狄百瑞、卜爱莲编辑，哥伦比亚大学出版社 1999 年版。	*Sources of Chinese Tradition：Volume 1*, 2nd edition, William Theodore de Bary, Irene Bloom（Eds.），Columbia University Press, 1999.
论文类	1	《〈孟子〉中人的自然性与生物性》，卜爱莲，《东西方哲学》1997 年第 1 期。	Hunman Nature and Biological Nature in Mencius[J]，Irene Bloom, *Philosophy East &West*, 1997, 47（1）.
	2	《孟子的人性论（Jen–hsing）》，卜爱莲，《东西方哲学》1994 年第 1 期。	Mencian Arguments on Human Nature（Jen–hsing）[J]，Irene Bloom, *Philosophy East and West*, 1994, 44（1）.

在以上出版或发表的学术成果中，与《孟子》研究有关的只有 1 部译著和 2 篇文章。虽然，《孟子》在卜爱莲整个研究中的所占比重不是很大，但是这并不影响其《孟子》译本在全世界的传播。关于这部译著，学界很多专家、学者都持肯定态度。

该译著的编者和引言部分的作者是艾文贺。艾文贺对儒学有深入研究，在学术界有比较广泛的影响。多年来，他主要从事哲学研究，包括用分析哲学的方法研究儒学，注重文本分析，注重孟、荀研究，但并不称自己为"儒家"，这与南乐山（Robert C. Neville）所称的"波士顿儒家"有所不同。南乐山的研究涵盖哲学、神学、宗教、伦理、比较哲学、比较神学等不同领域。艾文贺和南乐山都对从现代学科分割的角度研究儒学表示不满，虽然他们以哲学的角度研究儒学的现代价值，但有浓厚的宗教研究学术背景。认为保持儒学的独立和完整才能将儒学传统回归到一种独立精神传统。不同的是，艾文贺从哲学的角度分析儒学的一系列相关问题，而并未将儒学作为自己安身立命的价值资源。他是"以自己的西方哲学训练为基础，倾向于对儒学作客观公正的分析研究"①。而南乐山以"儒家学者"自称，自觉从儒家文化中汲取养分。"波士顿儒家不仅有阐释儒学现代意义的责任，亦有'修正'儒家传统的义务。"②他认为，儒学虽然具有顽强的生命力，但仍需随着时代的变化而更新发展。

艾文贺在书中不仅高度评价了孟子作品的"普世价值"，还大力肯定了卜爱莲在孟子研究方面所作的贡献。他说："随着卜爱莲译本等相关作品的出版，孟子文化遗产的影响范围不断扩大，将走出中国和东亚，走进英语国家，引起英语读者的共鸣。因为孟子的作品并非仅仅为中国人而作，而是全人类。他的文字从不针对某个人、某个民族或某个国家，而是为了他所说的天下。"③

---

① http://www.chinakongzi.org/rjwh/lzxd/200708/t20070812_2402850.htm.

② 程志华、许敬辉：《儒家哲学的"移植"、意义阐发及未来扩展——南乐山的儒家哲学思想》，《河南师范大学学报》（哲学社会科学版）2017 年第 1 期。

③ Irene Bloom, *Mencius*, edited and with an inrodution by Fhilip J. Ivanhoe. New York: Columbia University Press, 2011, Introduction p.xx.

　　哈罗德·罗斯（Harold D. Roth）是布朗大学宗教研究方面的教授，"冥想研究计划"负责人（the Director of the Contemplative Studies Initiative），曾这样评价卜爱莲："卜爱莲是一位敏感且受到过良好训练的学者。她翻译的中国历史上最有影响力的哲学巨作之一《孟子》英译本，标志着（我们关于）亚洲和儒学研究的巨大进步。"①

　　中国当代著名学者、现代新儒家学派代表人物、哈佛大学亚洲中心资深研究员、北京大学人文研究院院长杜维明曾说：卜爱莲的书是汉学研究的最好例证。其精彩的解读将是未来几年（研究）灵感的来源。②美国宾夕法尼亚大学教授金鹏程（Paul R. Goldin）专门针对《孟子》译本写了一篇书评，他在文章中提到，"卜爱莲和艾文贺都是极具天赋的英文作家，他们出版的翻译作品适合于各个阶层的读者，无论是新手还是专家"③。

　　新加坡南洋理工大学人文与社会科学学院院长、教授陈金梁（Alan K. L. Chan）曾说："正如艾文贺（Philip J. Ivanhoe）评价的那样，与其他中国典籍相比，《孟子》也许总的来说比较容易，但是在翻译时，要抓住原文散文的优美和论证的力量，也是一个不小的挑战。而我认为这正是卜爱莲现着手做的事情，她的努力让我们获得了丰厚的回报。她的翻译不仅可信度极高，还具有直观、简洁、优雅的特点。艾文贺所写的引言极大地帮助卜爱莲突出了关键伦理、政治和宗教观点，并将这些观点与当代哲学讨论联系起来。这本书将被学者广泛使用和参考。"④

　　尤其值得一提的是，在西方汉学界，特别是美国汉学界，卜爱莲与安乐哲（Roger T. Ames，国际知名汉学大师、美国夏威夷大学教授、尼山圣源书

---

① https://cup.columbia.edu/book/mencius/9780231122047.

② 参见 Irene Bloom, *Mencius*, edited and with an inrodution by Fhilip J. Ivanhoe. New York: Columbia University Press, 2011,（Back Cover）。

③ Paul R. Goldin, *Mencius, Translated by Irene Bloom*, Edited by Philip J. Ivanhoe, *Journal of Chinese Studies*, Vol.51, 2010, p.381.

④ https://cup.columbia.edu/book/mencius/9780231122047.

院顾问、世界儒学文化研究联合会会长、国际儒联副主席、中西比较哲学界的领军人物）之间围绕《孟子》人性论的争论产生了很大的影响。

二、《孟子》英译及"人性之争"

卜爱莲的主要研究方向是中国哲学和人权研究。虽然《孟子》并非其最主要的研究内容，但是卜爱莲在《孟子》研究领域所取得的成果举足轻重。她关于《孟子》研究的成果主要是《孟子》英译本和《孟子的人性论》《〈孟子〉中人的自然性与生物性》等文章。她的核心观点是：首先，应该将"人性"翻译为"human nature"；其次，孟子所谓的"人性"是既普遍又特殊的；最后，"人性"从根本上说是一个生物学概念。

孟子把道德追求视为君子的内在追求，是人性本善的规定性。而人的生理欲望是外在追求，受到某种外在必然性命的制约，得到与否由外在力量决定。故而，性、命是有区分的。孟子对人性的规定区分了性和命两个范畴。人有生理和道德两个层面的追求，一个是外在的，一个是内在的，不论内外在的追求或者欲望都受到命的制约。

（一）英译《孟子》研究缘由

卜爱莲在 1997 年发表《〈孟子〉中人的自然性与生物性》中对研究孟子的缘由进行了述说。在卜爱莲的解读中，孟子的代表性思想无论是直接表现出来的还是潜藏内心的人性都是全人类互通的。孟子认为某些个体的道德高尚，或者某些个体沉沦堕落，都是全人类潜在的和共同的性格。孟子对"共同人性"所表现出的尊重成为其思想遗产中鲜明的一部分，对整个中国思想和文化史有着深刻和复杂的影响。但由于这种思想被后人过度推崇，导致了对其解读的时候往往容易忽略孟子对全人类的人性方面的解读，单纯说孟子所提倡的人性本善及道德典范的作用是一个极端限制人类行为的观点，是对孟子思想的片面解读。甚至有人说这样的解读会使得孟子的思想失去跨越时代的沟通能力。因此，卜爱莲想要把孟子的思想从同时代的其他统治阶级使用的思想中剥离出来，看看处于当今时代的我们可以从这些古代馈赠中学习到什么有价值的概念。① 这不仅是卜爱莲研究孟子的初衷，也是本书研究孟子的缘由与目的。

（二）关于孟子人性论的三次争辩

在西方汉学界，特别是美国汉学界，卜爱莲与安乐哲围绕《孟子》人性论的争论产生了很大的影响。韩振华分别梳理了三次争论的历史脉络，为国内学者了解西方孟学研究成果提供了借鉴。下面将围绕卜爱莲与安乐哲在孟学争论中的观点进行详细论述：

与安乐哲在人性、人权等问题上的文化相对主义立场不同，在学术旨趣上坚持普遍主义立场和社会生物学倾向的卜爱莲提倡的"共同人性"（common humanity）思想。②

卜爱莲坚持主张，孟子的"性"一定是生物学意义的。而根据安乐哲的说法，"中国文化不认同于西方规定的普遍的人性，他们毋宁更愿意用类如'中部之国的人'或'汉人'等方域性语言谈论他们自己。这样，在他们对人之为人的意义表达中，对文化和历史的理解中，古代中国思想家都不会援用超越的原则来为他们的见解寻因作证。往昔年代中可供效尤的样板和文化上半神半人的英杰，例如三皇五帝和孔子，行使着诸如理性原则、三位一体的上帝等超越构造的功能，为人提供着对何以为人的认识。"③"安乐哲的争论内容在于'性'，在孟子看来，'性'并不是静态的，而是动态的，甚至是变化多端的；这是一个受文化和历史条件限制的关系术语，是"创造性的行

---

① Irene Bloom, *Hunman Nature and Biological Nature in Mencius*, *Philosophy East &West*, Vol.47, 1997, p.22.

② 韩振华：《20 世纪 90 年代以来西方汉学界关于孟学的三次争论》，《中南大学学报》（社会科学版）2014 年第 2 期。

③ ［美］郝大维（本书译作郝大卫）、［美］安乐哲：《期望中国——中西哲学文化比较》，施忠连、何锡蓉译，学林出版社 2005 年版，第 109 页。

为"①。"'性'这一概念表示有些人比其他人更加'人'化"②。

这场争论后来不断有人加入，新儒家第三代代表人物之一刘述先、国际著名的儒学研究权威学者信广来（Kwong-loi Shun）、美国汉学研究专家江文思（James Behuniak Jr.）等人都撰文表达了自己的意见。《孟子心性之学》收录了 20 多年间西方汉学界讨论孟子人性概念的重要论文。关于孟子"人性之争"，卜爱莲和安乐哲从比较哲学的角度作出了不同的解读，丰富了孟子"人性"概念的解读，给予我们诸多有益的启发。

"认识这些语词的同心圆模式可能是有用的。在这样的模式中，仁处于中心，它是个人之间的联系；君子是在仁外面的圆圈，具有更多的字轴意义。更远的圆圈不再存在，这表明圣人人格是无穷无尽的。圣人是范围最广的范畴，因为它最广泛而全面地描绘了整个过程。这些范畴在根本上是相互关联的，它们都是对成圣的贡献。"③尽管安乐哲、卜爱莲等人对孟子"人性"的解读给予了我们诸多启发，但想要完整而全面地阐释孟子的人性论，同样需要对孟子"人性"这一语词的范畴作严格的界定。

归根结底，他们争论的内容主要是"人性"，那么何谓"人性"？对此，中外哲学家都有不同的看法。古希腊著名的思想家、哲学家、教育家苏格拉底（Socrates）说"无人自愿作恶"，他认为人性没有好坏之分，如果一个人做了坏事，那正好说明他不知道什么是善，所以是无知的行为，也是无意的，因为无人自愿作恶。英国政治家、哲学家托马斯·霍布斯（Thomas Hobbes，1588—1679）的名言"人对人就像狼一样"，他认为人的本性是自私的，他是把道德与人性结合在一起的思想家之一。苏格兰哲学家大卫·休谟（David Hume，1711—1776）在经验主义基础上研究人的本性，将人性

① Roger T. Ames, *The Mencian Conception of Ren Xing*, *Philosophy East and West*, Vol.44, 1994, p.145.

② Henry Rosemont, *Chinese Texts and Philosophical Contexts: Essays Dedicated to Angus C. Graham*. La Salle: OpenCourt, 1991, pp.163-164.

③ [美] 安乐哲：《自我的圆成：中西互镜下的古典儒学与道家》，彭国翔编译，河北人民出版社 2006 年版，第 130 页。

分为知性、情感和道德三个方面。孔子说"性相近，习相远也"，而孟子曰："人性之无分于善不善也，犹水之无分于东西也。"（《孟子·告子上》）

人性的对立面是动物性、生物性，甚至可以说是道德。人性是普遍性基础上的特殊性。孟子的"四端说"认为恻隐之心、羞恶之心、辞让之心以及是非之心人生而有之，这是具有普遍性的生物性。有的人之所以变恶，变得与其他人不同，是因为在成长过程中缺乏了"仁"的教化，缺乏了道德的引导。善是一个过程，需要不断追求，才能在每件事情上保持是非曲直。只有通过养心、养气，经过后天的教化，才能成"人"，从而才有可能像尧、舜那样"为圣为王"。

卜爱莲提出，孟子的"人性论"是普世相通的，人性中的道德是潜藏在人的生物性基础上的，"性"是动态的、渐进的。卜爱莲之所以认为孟子之"性"是有生物学意义的，很重要的一个理由是"性"与天的关系。卜爱莲注意到，孟子谈"性"往往离不开天，强调"性"是天的一种禀赋。既然如此，"性"当然就是人生而具有的一种能力，而这种能力只能从生物学的意义上来理解。"通过断言天给予人同样的恩赐——在他们之中的差异依赖于努力——环境和天赋能力的缺乏排除了道德上的持续性。在其对墨家和告子的回应中，孟子表明了一种生物学上的本性和人的需要的意识，但在其超越他们已经接受的狭隘的生物学概念的本性和人需要的认识上，他完全超越了墨子和告子。"[1]这就是说，孟子论"性"主要是从上天恩赐的角度展开的，上天恩赐之生与告子的"生之谓性"尚有不同。告子的"生之谓性"是一种狭义的生物学，是指人的一种自然性，而孟子之"性"则是指人的一种道德禀赋，这种道德禀赋的生物学意义，是就广义生物学意义而言的。这一思想还可以通过孟子关于"四端"的说法得到证实。卜爱莲认为，犹如四肢是身体的部分一样，"四端"则是心的部分，这样一种思想其实就是鼓励人们去承认，"四端"与四肢同是人的天赋的部分。孟子似乎在说，赋予所有人之

---

[1]　华霭仁（卜爱莲）：《孟子的人性论》，载［美］安乐哲、江文思编辑：《孟子心性之学》，梁溪译，社会科学文献出版社 2005 年版，第 172 页。

特征的那种东西是一种对于他人的反应，把某些人区别开来的东西是反映和发展这种反应的能力。这种能力属于每一个人：某些人选择让自身致力于它，而另一些人则抛弃它。这就是说，"四端"犹如"四体"，"四体"是生而具有的，是人的自然禀赋，"四端"也是生而具有的，同样是人的自然禀赋。①

由此引申出"性"的普遍性问题。卜爱莲认为，人们无论如何应该关注《孟子·尽心上》第四章中有关"万物皆备于我矣"的论述，在这一论述中，孟子特别突出的不是人与人之间的区别，而是人与人之间的相同。关于人，孟子没有否认人之不同的发展。对于有人将孟子之"性"作文化相对主义的理解，卜爱莲感到十分担心，故而明确提出："这里的赌注是如此之高。有关孟子丧失了其确信关于一种普遍的人性——忽视了其存在着所有的人都具有的重要的和积极的倾向和观念——的解读降低了孟子的声誉。人们甚至会说这样一种解读使孟子经过时间而传递的才能招致损害。"②为此卜爱莲特意强调，"我将为他所主张的观念作辩护，认识到否认这种观念，将会冒着使得在孟子的思想中，什么东西是最具特征的，就孟子的遗产——确信与同情，一种普遍的人性——来说，什么东西是最中心的变成难以理解的风险"③。

以上述考虑为依据，卜爱莲得出了鲜明的结论：应当从生物学的角度来理解孟子之"性"，而这种意义的"性"与西方哲学的 Human nature 是较为吻合的。用她的话说就是，"孟子的观点基本上是生物学的"④。

---

① 杨泽波：《"性"的困惑：以西方哲学研究儒学所遇困难的一个例证——〈孟子心性之学〉读后》，《儒学全球论坛孟子思想的当代价值国际学术研讨会论文集》2006 年版，第 86—87 页。

② 华霭仁：《在〈孟子〉中人的本性与生物学的本性》，载 [美] 安乐哲、江文思编辑：《孟子心性之学》，梁溪译，社会科学文献出版社 2005 年版，第 228 页。

③ 华霭仁：《在〈孟子〉中人的本性与生物学的本性》，载 [美] 安乐哲、江文思编辑：《孟子心性之学》，梁溪译，社会科学文献出版社 2005 年版，第 225 页。

④ Irene Bloom, *Hunman Nature and Biological Nature in Mencius*, *Philosophy East &West*, Vol.47, 1997, p.24.

　　综上所述，孟子的"人性"到底是普遍的还是特殊的？这是安乐哲与卜爱莲争论的一大焦点：安乐哲从特殊性的角度解读孟子的"人性"，卜爱莲则从普遍性的角度解读孟子的"人性"。在这场争论中又不断地汇集了更多的学者，并且有了更加深入系统的论证。争论的问题也不仅仅涉及孟子"性"的问题，还有诸如"性"是固有的形态还是能动的过程等，但争论都始终围绕着一个中心：孟子"性"的概念究竟是生物学意义的，还是文化学意义的。从《孟子》的上下文语境可以推知，"性"实际上有广狭义之分，狭义上是指"人性"的特殊性，广义上则指"人性"的普遍性和共同性，由此可看出，他们的争论都在于一个点：人性。因此，安乐哲与卜爱莲对孟子之"性"理解也是围绕着"人性"展开。我们认为，无论从哪个角度研究孟子之"人性"都不应该忽略孟子所处时代的大环境，孟子"性本善"的观点足以说明，后天的修养和成长对"性"的塑造至关重要，没有经过社会"塑造"的人还不是真正的"人"，更不具备"人性"，因此，"人"，加上具有文化修养的"性"的概念，才可称为真正的"人"，也即"性"是对人与人之间进行质的区分的重要范畴。对"性"的认识能够加深我们对"人"的培养的认识，同时也可应用于教育的领域。此外，还要以发展的观点来看待人性。

第三章
镜中之像：英语世界孟子思想专题研究

第一节　英语世界《孟子》伦理思想研究

一、孟子伦理思想的主要内容

孟子的伦理思想研究向来是学术界关注的重点和难点，但比起孟子的人性和政治思想研究，规模上不大，散见于报纸杂志，取得的突破性研究成果也不算太多。伦理包括四个重要因素：首先，一种关于同各种人际关系相联系的责任，比如，保证父子关系处于正常秩序的孝和朋友之间的义。"君君臣臣，父父子子"；其次，促使这些关系中的个人对与之相关责任的理解和履行的个人修养，也就是教育、修身；再次，履行人际关系中各种责任行为所需要的人类道德：仁、义、礼、智、信；最后，我们期望自己成就一种人格理想：一个人修养足以理解各种美德并按这些美德行事的人，是为"君子"。伦理学的基本命题是如何为善。在以往的研究中，大多数研究者都是在一个相对宽泛的理论背景下展开对孟子伦理思想的诠释。加之各位研究者采取的视角、方法的不同，因而得出的结论也就不尽相同。所以，关于孟子的伦理思想研究，最让人遗憾的就是缺乏统一的理论框架。部分研究者将其划分为政治伦理、经济伦理、家庭伦理、社会伦理、生态伦理，而另一些研究者采取的是"命题罗列法"，即把与孟子的伦理思想相关的命题（按重要性或相关性）罗列在一起。以上的研究方法将孟子的伦理思想分门别类进行分析，但就其内部框架的整体性而言，在统一整合方面还依然稍有欠缺。

我们的研究建立在前人理论研究成果的基础上，力图结合中西伦理思想的有益资源，通过对孟子伦理思想的剖析，不断深化对中华传统文化的认识，不断接近《孟子》文本，挖掘出其中于当今有益的理论价值，实现价值的转换与传承。

（一）以性善论为哲学基础

"性善论"是孟子伦理思想的基石，孟子心性论，孟子的仁政学说，孟子的其他伦理道德政治思想都是在此基础上发展演变而来。"伦理学或道德哲学往往以某种规范系统来担保行为的善"[①]。因此对"性善论"的研究与分析关系到我们当下对"善"的价值维度的认知，关系到当代对中华传统思想尤其是孟子思想的传承与传播，同样也关系到在中西方文化相互交汇融合的今天我们如何践行我们的道德。显然，儒学并非等同于西方哲学或者宗教信仰，而是一种践行于日常生活的道德模式，是家、国、天下的人间秩序。关于孟子"性善论"的研究，学界已有诸多成果，有立足于儒家思想的背景中来讨论的，有将"性善论"放在中国当代社会中进行分析的，还有将儒家传统与春秋战国时期的政治社会状况相结合进行解读的，但无论如何，始终都是将孟子"性善论"放在中国或汉语语境下去解读。但当代世界诸多文化间显现出越来越强的相互共融的趋势，在进一步加强我国现代化建设，融入世界经济全球化的浪潮的过程中，中华文化，尤其是传统文化的传播与现代化继承同样是一个十分重要的方面。

台湾国立台北教育大学的吕金燮（Chin-hsieh Lu）教授就指出，"中国的学者们已经制定出一种以儒家的善的概念为基础的价值体系，它被公认为

---

① 杨国荣：《孟子的哲学思想》，华东师范大学出版社 2009 年版，第 190 页。

是一种独特的善的视角，并适用于发生了巨大变化的世界"[1]。我们把孟子的"性善说"放在世界尤其是英语语境之下进行解读，将孟子的"性善说"与西方关于"善"的学说相比较，以发现其中的异同。

要将"性善论"与西方"善"的思想加以对比，首先需明确的是二者的源头。就孟子"性善说"而言，源于儒家对人性善的要求，并且始终贯穿于人与人的关系和交往中。"'善'表现了理性人格所具有的德性，它总是为人心所向并合乎人们的意愿（可欲）"。[2] 尽管在儒家有着对人性善的推崇这一传统，但从《孟子》文本来看，可以追溯到更远的上古尧舜时期。孟子有言："道性善，言必称尧舜"（《孟子·滕文公上》）。可看出孟子所强调的"善"不仅包含当下现实的"善"，同时亦包含着一种对尧舜时期统治秩序的向往与复归。然而事实是尧舜时期在人类历史上仅有一次，无法再度回归，因而这种对"善"的要求在另一种层面上就可以理解为，尽管那个尧舜统治的"善"的时代回不去了，但对"善"的坚持和践行能够在当代成为一种可能，成为每个人心里向往的东西。

在这个意义上，"善"具有两方面的内涵，一是切实的行动，换言之，即"善"的行为；二是"性善"，即作为人本性的"善"的可能。至此，可以看出孟子思想中的"性善论"的源头，首先，"善"作为概念，来源于孟子对尧舜治理状况的向往；其次，"善"作为一种行为，来源于人性中向善的可能，即所谓"性善"，只有本性中拥有了这种向善的可能，才可能在现实的行为中实现对善的践行。因而孟子"性善论"虽是作为概念提出，但其最本质的价值意义在于对活生生的现实中，人的行为的指导与约束，因此第二层意义上的"善"，即作为"行为"的"善"就十分重要。"善"的行为从本质上要求"善"的本性。这不仅仅是对"善"的行为的要求，同时也是对"善"动机的要求，即对"性善"的要求。"人类只有从根本上为善，他

---

① Chin–hsieh Lu, *The Chinese Way of Goodness, Education as Cultivation in Chinese Culture*, Vol.26, 2015, p.46.

② 杨国荣：《孟子的哲学思想》，华东师范大学出版社 2009 年版，第 111 页。

们才能依靠自身的直觉去践行道德。"① 另一部儒家经典《中庸》一开篇就强调"天命谓之性"，儒家传统中的"天""天道""天命"等概念最终都指向一种天道自然的形而上的本体，是一种先验的道德观念。"将'天'作为人性的来源暗示了它是一种道德秩序，人性中固有的所有道德原则都是从这种道德秩序中产生的。这个概念可以看作是孟子人性论的形而上学基础，也可以被视为不同于任何启示论的一种道德秩序或永恒规律。"② 在这种道德观念之下，"善"被视为天生的、存在于人的本性之中的"本性"。但这种"本性"并非人人生而都具有的，人有时也会做出道德低下的行为，但孟子认为道德堕落并不能证明人性本善不存在。他指出："道德堕落是性本善的发展失衡或缺失。"③"人道，正如学者们所揭示的一样，具有一种与天道相对应的精神实质。作为生物有机体，个人由先天条件注定。然而，当人类有了道德意识，他们就有能力和义务去实践儒家所谓的与天道相适应的人道。每个人都被赋予了通过'仁'实现人道的神圣使命，这是儒家伦理体系中的一个重要组成部分。"④ 杨国荣先生认为"性善是预设本身，是一种先验的观念，但如果将其与整个成人（达到理想人格）学说联系起来，则仍有其值得注意之处。"⑤ 但对孟子而言，"人性理论是其人格学说的一个方面，就成人（达到理想人格）的过程而言，性善的意义首先就在于为达到理想的人格境界提供了可能"⑥。

就西方关于"善"的思想而言，其源头可追溯到基督教思想中的"原罪

① Homer H. Dubs, Mencius and Sün–dz on Human Nature, *Philosophy East & West*, Vol.6, No.3, 1956, p.215.

② Vincent Y. C. Shih, Metaphysical Tendencies in Mencius, *Philosophy East & West*, Vol.12, No.4, 1963, p.328.

③ Bongrae Seok, Mencius's Vertical Faculties and Moral Nativism, *Asian Philosophy*, Vol.18, 2008, p.63.

④ K. K. Hwang, The Deep Structure of Confucianism: a social psychological approach, *Asian Philosophy*, Vol.11, No.3, 2001, p.105.

⑤ 杨国荣：《孟子的哲学思想》，华东师范大学出版社 2009 年版，第 119 页。

⑥ 杨国荣：《孟子的哲学思想》，华东师范大学出版社 2009 年版，第 119 页。

说"。基督教思想中认为人生来就是原罪之人，只有在不断地忏悔和赎罪中逐渐净化心灵、向善转变，才能获得灵魂的绝对永恒，抵达天堂。在基督教的世界中，耶稣是圣母感应圣灵所生，他虽没有"原罪"，但却要替代人类赎罪，将自己的生死存亡置之度外。"因为人子来，并不是要受人的服侍，乃是要服侍人，并且要舍命，作多人赎价。"（《罗马书》第五章 18 节）在以赎罪为人生诉求的基督教世界乃至整个西方世界中，自责与忏悔的宗教情绪深入人心。就此而言，孟子"性善论"与西方基督教"原罪说"分别具有不同的源头，无论是作为宗教思想还是治国思想，最终分别在其各自的社会背景中形成了巨大影响。"阐明了爱有差等的伦理教导源自坚实的生活经验，并不意味着儒家的伦理精神就是直接以血缘关系为基础的，因为儒家思想并不是就人伦而论人伦，而是具有更高的伦理识度。"①儒家的伦理蕴含家国天下的理想。首先，儒家的伦理精神超越了血缘伦理，如孟子所说的"老吾老以及人之老，幼吾幼以及人之幼"推己及人的主张及其蕴含的仁民爱物思想；其次，儒家伦理精神蕴含公平正义的政治理想，实现王道政治关键在于维护人伦价值；最后，儒家推崇的大同社会是以人伦为基础的，《大学》中的"修身、齐家、治国、平天下"就是以人伦一线贯穿的。

但无论是孟子的"性善说"还是基督教传统中的"原罪说"，都最终都指向了一种实践，即将"善"作为一种行为和过程。就孟子而言，虽然"善"的行为来源于一种先验的"性善"，但在现实实践中也并不是一蹴而就的，生来就能够践行"善"的行为。因而孟子认为"乃若其情，则可以为善矣，乃所谓善也"（《孟子·告子上》）。"善"在孟子乃至儒家的诸多思想，如四端说、仁爱说、义利观、自然之德、修身论等说法中都不是孤立存在，而是从个人的修身养性到家国天下的延伸过程。一方面，显示出只有在对人的教化、教育中，"善"的行为才能逐渐作为"性善"，巩固人的内心；另一方面，"善"从个体心性到家国天下延伸又表明"善"在根本上具有将个体与国家、

---

① 唐文明：《隐秘的颠覆：牟宗三、康德与原始儒家》，三联书店 2012 年版，第 36 页。

社会秩序联结起来的巨大潜能。"孟子把善端视为先天的道德意识，固然表现了先验论的倾向，他对告子的评价也掺杂着某种偏见，但他反对把人格的培养理解为外在的强制，并肯定接受教化的过程离不开内在的根据，则有其合理之处。"①

（二）以四端说为主要内容

1. 原点的回归：《孟子》四端说解读

孟子曰："恻隐之心，仁之端也；羞恶之心，义之端也；辞让之心，礼之端也；是非之心，智之端也。"（《孟子·公孙丑上》）

这里的"端"是指"行为、感觉、欲望、知觉以及用美德方式思考的最初倾向"。每个"端"对应孟子四项基本美德（仁、义、礼、智）中的一个，即所谓恻隐之心是"仁"之"端"，羞恶之心是"义"之"端"，对他人的辞让是"礼"之"端"，而是非之心则是"智"之"端"。羞恶之心，指的是一种道德责任感，即对不正确行为的谴责和反思。"礼"作为人的内在品格，体现的是一种尊重他人、先人后己的价值取向。同时孟子认为，即使在未受过教育的人中，这些"端"也是存在的。在《孟子》最有名的一篇文章中，孟子提供了下面的思想实验来阐明以上观点：每一个人看到即将跌入井中的孩童都会产生恻隐之心，然而这些产生恻隐之心的人中，并非所有人都是这个孩童的父母亲人，他们不是为了在乡党朋友中求得一个好名声，而是因为恻隐之心作为一"端"，内在地蕴藏于人性之中。不仅"对他人苦难的同情是孟子的道德的标志"②。人对受苦动物的同情，对父母的侍奉和爱，以及有德统治者对臣民无私的关心等内容均可证明上述观点。关于四端，"需要注意三点：首先，所有的道德原则或基本品德都是人性中固有的，它们在自发的激励中被揭示出来；其次，它们是普遍的；最后，它们构成人的定义的基

---

① 杨国荣：《孟子的哲学思想》，华东师范大学出版社 2009 年版，第 122 页。

② Torbjörn Lodén, Reason, Feeling, and Ethics in Mencius and Xunzi, *Journal of Chinese Philosophy*, Vol.36, 2009, p.606.

本条件"①。

杰瑞·福多（Jerry A. Fodor，美国哲学家和认知科学家）和托马斯·里德（Thomas Reid，苏格兰哲学家）等国外认知科学家也提出了类似的观点，他们认为"人的思维存在着先天的道德认知和情感基础"②。这也是将向善的道德情感作为人内心深处本身就有的思想行为机制。同时，西方柏拉图哲学与托马斯主义传统中也有四项基本美德(智慧、正义、勇敢与节制）的说法，它们看似与孟子的四项基本美德，即"四端"是相似的，但也只有两项相符合。因此，美国瓦萨尔学院（Vassar College）哲学教授、著名中国哲学研究者万白安（Bryan W. Van Norden）说："研究美德的哲学家应该把孟子思想当作一种丰富的资源。"③不仅"四端说"在中国是一种道德实践的准则和评价标准，同时也与西方美德思想之间形成了学术的呼应与文明的共鸣，成为世界美德思想资源的一个重要组成部分。

2. 从垂直官能角度解读孟子"四端说"

首先需要从"官能心理学"讲起。官能心理学（Faculty Psychology）是心理学的一个分支。为便于研究，美国阿尔弗尼亚大学（Alvernia University）哲学系副教授石奉来（Bongrae Seok）对"官能"做出了一个简单的定义，即"官能是用来解释各种各样精神活动的先天精神结构。简单地说，诸如感觉、记忆、想象、评判及意志的官能都以特别的精神能力独立地服务于不同的心理功能。因此，官能心理学是对人心的组成部分与功能化组织的研究"④。

孟子对道德的讨论源于对人心的思考。"心"在中国古代，不仅是在儒

---

① Vincent Y. C. Shih, *Metaphysical Tendencies in Mencius*, *Philosophy East & West*, Vol.12, No.4, 1963, p.329.

② Bongrae Seok, Mencius's Vertical Faculties and Moral Nativism, *Asian Philosophy*, Vol.18, 2008, p.51.

③ Bryan W. Van Norden, The Emotion of Shame and the Virtue of Righteousness in Mencius, *Dao: A Journal of Comparative Philosophy*, 2002, Vol.II, p.45.

④ Bongrae Seok, Mencius's Vertical Faculties and Moral Nativism, *Asian Philosophy*, Vol.18, 2008, p.52.

家思想，乃至在道家、佛教传统中都是一个十分重要的概念，以至于后来还产生了以"心"命名的"心学"思想。"人之所以异于禽于兽者几希；庶民去之，君子存之。"（《孟子·离娄下》）。然而，尽管将人心与动物之心相区别，但"独特的人心不是由我们的意志和期望所构成的任意结构，而是上天所赋予的，同时其本身的能力可通过教育与训练而获得发展"①。"存其心，养其性，所以事天也。"（《孟子·尽心上》）。由此可见，"心"在中国古代就包含了如今被科学认知的大脑的诸多功能，如感觉、记忆、想象、道德评价以及意志构建的作用。孟子思想中的"心"就正是在这一认知中被阐述的。孟子将人类与动物区别开，以此强调自然而非任意的人心的基础。由此也可看出孟子是将"心"作为人本性中的固有来进行阐发。"向善就是要维持和培养人的自然心，需要培养适当的美德并达到一定高度，否则个人就不可能成长。"②在孟子看来，"天、人性以及人心都是通过相同的秩序和原则互相关联并相互渗透。由此可知，心及其功能都是人类生存的自然所赋予的特征。孟子提出人心的独特性质和结构，进一步发展了人心理论。心并不只是所有大脑功能的任意基础，还有着特殊性质和结构。孟子称其为'理'（理性，秩序，原则）和'义'（正义）"③。"心"是连接内心和外部世界的纽带，"外物和本性之间的互相影响是通过心来完成的。心是外部刺激物的接收者，如声音和音乐表演，如'性自命出'所说，当感动时就会用到'动心'这个词。与此同时，作为对外物回应的结果，心也负责诱发真实的内心情感，这是通过心理反应如声音的变化揭示出来的。"④"人与动物所都具有心脏这种器官，

---

① Bongrae Seok, Mencius's Vertical Faculties and Moral Nativism, Asian Philosophy, Vol.18, 2008, p.54.

② David E. Soles, The Nature and Grounds of Xunzi's Disagreement with Mencius, *Asian Philosophy*, Vol.9, No.2, 1999, p.125.

③ Bongrae Seok, Mencius's Vertical Faculties and Moral Nativism, *Asian Philosophy*, Vol.18, 2008, p.54.

④ Shirley Chan, Human Nature and Moral Cultivation in the Guodian Text of the Xing Zi Ming Chu, *Dao* Vol.8, 2009, p.369.

但其根本的区别在于人的心脏不仅是一个客观存在的器官，更是一个思维器官"，"心的训练是整合自然的情和认识什么是正确的一个过程，通过设定目标，培养心灵使它达到一种平衡和谐的状态，人心的一致性和真诚是和一个人的态度和行为统一在一起的。心、志、情的状态是如此密切地相关以至于这些字符有时候在文中互换。"① 尽心知性，是理性的反思，存心养性是一种道德涵养，"伦理化的理性，便成为天与人沟通的中介。"②

由此，在以"心"为基础的四端说中，"仁""义""礼""智"四者共同作用构成了高尚的道德情操，成为儒家哲学的奠基石，"在孟子那里，仁、义、礼、智是行为的规范，又是主体内在的品格，构成道德理想的不同侧面"。当代著名哲学家、哲学史家陈来教授就这四者之间的关系做了辨析，他指出："孟子主张的'仁'和'礼'扮演着一种政治角色。"③ 这二者是一种发自内心向内的自我要求，而"仁"和"义"则是建立在内向自我要求基础上的与他人的联结，陈来同样指出，"孟子不断强调'义'是路径，是行为的准则，也是可观的。'仁'是一种从本性萌发的道德，是主观的。'义'不是一种道德，而是一种原则……孟子强调'仁'与'义'的不同在于一个是内在萌发，另一个是外在行为。'仁'和'义'主要在于前者是内在品质，后者是外部世界的行为。"④

在官能心理的角度之下，"四端"被认为是"自然赋予的，由人心所产生的并为道德奠定基础的精神力量"，是一种垂直官能。因为"四端"具备以下特点："基本的心理结构，先天的心智能力，特定领域的组织。"⑤ 在此

① Shirley Chan, Human Nature and Moral Cultivation in the Guodian Text of the Xing Zi Ming Chu, *Dao* Vol.8, 2009, p.370.
② 杨国荣：《孟子的哲学思想》，华东师范大学出版社 2009 年版，第 180 页。
③ Chen Lai, The Basic Character of the Virtue Theory of Mencius' Philosophy and Its Significance in Classical Confucianism, *Front Philos China*, Vol.8, 2013, p.4.
④ Chen Lai, The Basic Character of the Virtue Theory of Mencius' Philosophy and Its Significance in Classical Confucianism, *Front Philos China*, Vol.8, 2013, p.13.
⑤ See Bongrae Seok, Mencius's Vertical Faculties and Moral Nativism, *Asian Philosophy*, Vol.18, 2008, p.55.

基础上，"道德是人心的自然延伸。"① 内圣是君子的最高人格理想，这意味着"心"是一种内在的主导性原则，而道德行为则是"心"之活动的外现，可以说四端是人心的道德基础。孟子将四端类比为植物，将其比作为"根"或"芽"，"这些芽形成一个向好的趋势，当根长大或成熟时，会开出美德之花"②。

3."四端说"的三棱镜——情感、理性与道德

我们将"四端说"视为三棱镜是一种比喻的说法，用以形容"四端说"所投射在情感、理性与道德判断过程中形成的三位一体的关系反应。其中，所谓情感是指引起"四端"乃至之后的道德行为的直接情感因素，如父母对子女的爱护，人对假、恶、丑的本能厌恶等。所谓理性，一方面是指通过理性对情感因素的制约，另一方面在未能引起情感因素的状况下，通过理性因素来进行道德判断。所谓道德判断则是指在面对诸多不同情形时，是否应该保证行为道德，或对他人的实践行为进行判断，看是否符合"善"的要求。

虽然我们无法在儒家思想典籍中找到任何直接确切代表"情感""理性"和"伦理"的词，但通过国外学者的跨文化角度解读，我们能够从中找到一些答案。孟子认为，每个人生下来都是善良的，但是这种善良不会一直延续下去；"每个人都有成为一位有德之人的潜能，但是大多数人却未能了解或发挥这种潜能。人类与生俱来的最初美德倾向需要通过'认知延伸'和'情感延伸'得以发展和保持。"③ 而只有在"情感""理性"及"道德"三者的制约下才能使"善"的本心保持，把"善"的行为一直践行下去。

孟子思想中情感的丰富内涵引起了英语世界学者的关注，美国天主教大

---

① See Bongrae Seok, Mencius's Vertical Faculties and Moral Nativism, *Asian Philosophy*, Vol.18, 2008, p.51.

② Yu Jiyuan, The Practicality of Ancient Virtue Ethics– Greece and China, *Dao*, Vol.9, 2010, p.297.

③ Bryan W. Van Norden, The Emotion of Shame and the Virtue of Righteousness in Mencius, *Dao: A Journal of Comparative Philosophy*, 2002, Vol.II, p.47.

学（The Catholic University of America）哲学系荣誉教授柯雄文（A. S. Cua）指出："如果我们把'四端'当作感情，我们可以说'心'表达的感觉包括认知和情感两个维度。许多汉学家将'心'翻译为 mind/heart，他们都假定孟子不认同将'理性 / 判断'（reason/judgement）和'激情 / 感情'（passions/emotions）进行分离。"[①] 可以看出在孟子那里，情感与理性是相互调和的关系，他采取的并非西方二元对立式思维方式，而是儒家传统的中庸原则，在中庸原则之下，情感并非处于理智的对立面，这在一定程度上能够相互补充。促成一个"善"的行为，既非是单一的理性，也并非单一的情感，也不是理性与情感的简单相加，相反，二者具有相互融合的复杂关系。"道德行为都离不开情感等非理性的因素"。[②] 因而在这种情况下，重要的并非单独讨论情感或理性，而是探讨它们之间的关系。

理性与感性的探讨贯穿于中西哲学历史，中西方哲学家对两者的认识具有较大差异，一般来说，西方哲学注重理性，而中国传统哲学强调感性。西方理性主义认为，"一方面，人是理性的认知者，客观世界应该是可以为人的理性所认识的（认识论）；另一方面，人是理性的行动者，人的社会也应是理性的社会（社会哲学）。不用说，西方理性主义的核心概念是理性，确切地说是人的理性(至少在启蒙运动时期，理性主义与人道主义是互为前提、互相支持的)。"[③]

在英语世界中，学者们对孟子关于理性和感性的认识有较大的兴趣。虽然孟子的辩辞善于取譬设喻，但是他的言论缺乏严谨的逻辑，因此，孟子实质上更加感性。在学者们的研究中，瑞典著名汉学家罗多弼（Torbjörn Lodén）在题为《孟荀的理、情、德》（*Reason, Feeling, and Ethics in Mencius and Xunzi*）一文中深入地探究了孟子思想中的理性与感性。

---

① A. S. Cua, Xin and Moral Failure: Reflections on Mencius' Moral Psychology, *Dao: A Journal of Comparative Philosophy*, Vol.1, 2001, p.32.

② 杨国荣：《孟子的哲学思想》，华东师范大学出版社 2009 年版，第 198 页。

③ 夏光：《东亚现代性与西方现代性：从文化的角度看》，三联书店 2005 年版，第 54 页。

　　孟子对感性的认识源于人性论"四端之心"，四端根植于人性，是与生俱来的情感。蒙培元指出"这四种情感具有道德意义、价值意义，不是一般心理学所说情绪情感，或纯粹'自然情感'，但它又是出于自然，不能说是社会经验中形成的。我们可以说，这四种情感是心理的，但又是先天的或先验的，是在经验中表现出来的，却不完全是经验的、实然的。"①罗多弼也提出了类似的看法，"他将孟子所说的天生善良的性格归纳到感性或情绪领域"。②人天生善良和"四端之心"都强调人性善，善是先天的、先验的。因此四端之心和罗多弼关注的"善"是一种感性的存在。更为主要的是，这里的感性有别于西方哲学思想中的感性。在孟子思想中，感性"不是认识论的，而是存在论的、目的论的。即不指向一个对象从而形成意识性认识，而是自我实现式的目的性活动，与对象构成一种'我'与'你'的整体性的生命联系，而不是'我'与'他者'之间的排斥性关系"。③此外，罗多弼在文中还评论道，从某种意义上说感性是认知的基础，是认知的来源，为客观的认知提供了丰富的材料，但在评判道德时，不能以自我的感性认知作为标准，道德标准应该是客观的，因为任何事物的好与坏都是由其本质属性决定的。

　　"思"是理性施加作用于感性的重要路径。而"思"常常表现为学习和知识。罗多弼认为"孟子认为人与生俱来的善良不会一直延续下去，学习和知识是避免人性扭曲的很好方式。"④由此，在罗多弼看来，孟子对教育的重视实际上是站在理性的角度所提出的观点，重视教育实质上也是为了持续不断地践行道德。因此，理性是对感性的良好补充。个人身上兼有理性和感性，在《孟子》中，他认为感性是一切的基础，但经过考察后发现，孟子本

---

① 蒙培元：《蒙培元讲孟子》，北京大学出版社 2006 年版，第 143—144 页。

② 参阅 Torbjörn Lodén, Reason, Feeling, and Ethics in Mencius and Xunzi, *Journal of Chinese Philosophy*, Vol.36, 2009, p.605。

③ 蒙培元：《蒙培元讲孟子》，北京大学出版社 2006 年版，第 144 页。

④ Torbjörn Lodén, Reason, Feeling, and Ethics in Mencius and Xunzi, *Journal of Chinese Philosophy*, Vol.36, 2009, p.609.

人并未明显区分感性和理性。

> 曰："若寡人者，可以保民乎哉？"曰："可。"曰："何由知吾可
> 也？"曰："臣闻之胡龁曰，王坐于堂上，有牵牛而过堂下者，王见
> 之，曰：'牛何之？'对曰：'将以衅钟。'王曰：'舍之！吾不忍其觳
> 觫，若无罪而就死地。'对曰：'然则废衅钟与？'曰：'何可废也？
> 以羊易之！'不识有诸？"（《孟子·梁惠王上》）

从理性上来讲杀死动物进行祭祀是必须的，但是选择牛还是羊却是在感性情感的参与中决定的。而在这整个的事件中，理性与感性相混杂在一起，孟子并没有讲如何在感性与理性的"善"之间进行分辨或判断。许多评论家试图以内在主义观点来理解《孟子·梁惠王》。内在主义认为，"如果一个人认为某个行为在道德上是善的或者正确的，或者他相信他有义务完成一项任务，那么接下来他一定会主动地执行任务"。[1] 齐宣王并没有看到用作祭祀的牛和他的人民所遭受痛苦的相似性，因此无法看出他有责任减轻后者的痛苦。"孟子所需要做的是，让齐宣王看到二者有相似之处，因此他对他的人民负有义务。然而，许多评论家指出这种理解存在严重问题"[2]。余纪元认为："孟子的目的是通过让国王意识到自己的潜力和通过显示扩展是合理的理性和情感，从而让国王成为优秀的人。正如苏格拉底的对话者会感到不安，孟子的'类比推理'旨在让国王感到不安。国王可能不会立刻继续实践他的新评估，但他应该停下来想想他以前的行为。即类比应该能够让他开始这个进程。"[3] 在这篇文章中，"我们可以感觉到感性和理性之间的冲突。有趣的是，孟子似乎是把感性作为认知的基础。国王不能忍受牛被杀，在孟子看来，这证明他可以成为真正的国王，也就是说，他有同情的能力。现在，

---

① A. T. Nuyen, Moral Obligation and Moral Motivation in Confucian Role-Based Ethics, *Dao: A Journal of Comparative Philosophy*, Vol.8, 2009, p.6.

② A. T. Nuyen, Moral Obligation and Moral Motivation in Confucian Role-Based Ethics, *Dao: A Journal of Comparative Philosophy*, Vol.8, 2009, p.7.

③ Yu Jiyuan, The Practicality of Ancient Virtue Ethics-Greece and China, *Dao,* Vol.9, 2010, p.299.

理性会告诉我们，必须有一个动物来受苦，因为要完成牺牲仪式。只是高贵的人不能忍受这些动物的痛苦罢了"[1]。

另一个层面上，理性在"四端"中的分配，实际上是对感性偏差的一种弥补。孟子说："口之于味也，有同耆焉；耳之于声也，有同听焉；目之于色也，有同美焉。"（《孟子·告子上》）这个话题把我们带到了理性的领域。孟子认为人类天生具有欣赏美的能力，他相信我们喜欢相同的口味，我们的耳朵喜欢一样的声音，我们的眼睛喜欢一样的颜色（可能是女性美）。我们应该注意到，他这句话在道德领域以"心"为基础的，而味道、声音和颜色相当于"原则"。孟子本人并没有说太多关于"原则"的事。事实上，"理"总共出现了七次，其中，"理"单独出现三次[2]，"条理"出现四次。[3] 理性的语意范围非常广，正如我们所看到的，它可能意味着理性。它的意思是"理清脉络"，"理性的结构便是儒家思想的主流和目标。人类应该依照原则办事，保持与生俱来的善良。"[4] 但同时，理性应该是节制的，在对"善"进行评价和判断时，仅起到辅助作用，而不应该全盘依照僵硬的原则行事，因为理性与"善"的行为之间时常会产生种种矛盾。"善"作为一种价值判断，并没有一个硬性标准贯穿其中，因此评价基准也因人而异，因具体事件而异。在这种情况下，理性的介入就在一定程度上为这种无原则的混沌提供了规范，同时这种节制的所谓理性也不至于过于僵化和死板。

就道德这个侧面来说，"道德和生理的情感并不是相同的，它与个人的经历有着很大的联系，所以事实上是完全相融的。道德能够助长我们潜在机能的发展，包括生理上和心理上，就如同我们的情绪是我们道德意识的起点，

---

[1] Torbjörn Lodén, Reason, Feeling, and Ethics in Mencius and Xunzi, *Journal of Chinese Philosophy*, Vol.36, 2009, p.607.

[2] 杨伯峻：《孟子译注》，中华书局 1960 年版，第 427 页。

[3] 杨伯峻：《孟子译注》，中华书局 1960 年版，第 426 页。

[4] Torbjörn Lodén, Reason, Feeling, and Ethics in Mencius and Xunzi, *Journal of Chinese Philosophy*, Vol.36, 2009, p.608.

所以它是我们参与道德秩序的体现。"① 道德于外表现为道德规范和法律，于内表现为内心的道德意识，人在不断社会化的过程中，通过教育和发展道德规范内化于心，成为道德价值的尺度和标准。罗多弼说："道德反映了人类区分善与恶、对与错的能力和趋向。在语言和文化多样性的情况下，这是人类的一种普遍特征。道德判断不是在所有的时刻和文化下都相同……伦理关注善与恶、对与错，因为人类在文明的起初就不断试图理解'好'和'恶'的本质，了解是什么让一个人为善或作恶。"② 从这方面来讲，道德判断属于价值判断的范畴，因而伦理、道德并非是作为一种规范性的准则对人的言行进行约束。相反，道德是一种时时变动的，随着人的实践经验不断丰富而发生着变动的，是一种建构性的伦理。孟子经常将植物的发芽、生长同人"本性"的培养进行类比，他将培育植物类比为如何培养道德，这说明道德的培养具有一个过程。同时，孟子关注到"由于人类道德潜能的脆弱，人们很可能会被事物的表面以及他们所处的糟糕环境所误导，而不能感受到'情'"。③ 道德规范通过教育和学习，内化为内心的价值观和善恶标准，形成道德意识。

另一方面，美国天主教大学教授柯雄文（Antonio S. Cua）提出了"道德成就"这一概念，他认为，在孟子那里，作为伦理的道德的构建受到诸多因素影响，作为一种综合的价值观念显现出来。如果我们深入地考察，可以发现，孟子把"端"的每个方面与情感或态度的特征联系起来。对孟子来说，"四心"的表达不会自动导致"仁""义""礼""智"这四种基本美德的道德化，除非它们的表达由义理调节④。作为道德萌芽的"四端"全面发展为

---

① Curie Virág, Early Confucian Perspectives on Emotions, *Dao Companion to Classical Confucian Philosophy*, Vol.3, 2014, pp.210–211.

② Torbjörn Lodén, Reason, Feeling, and Ethics in Mencius and Xunzi, *Journal of Chinese Philosophy*, Vol.36, 2009, p.602.

③ Bryan W. Van Norden, Mengzi and Virtue Ethics, *Journal of Ecumenical Studies*, Vol.15, No.1–2, 2003, p.125.

④ A. S. Cua, Xin and Moral Failure, Reflections on Mencius' Moral Psychology, *Dao: A Journal of Comparative Philosophy*, Vol.1, 2001, p.34.

"仁""义""礼""智"四种基本美德的过程，就是获得道德成就的过程。因此，"仁"具有同情的特性，"义"具有羞恶的特性，"礼"具有尊重或顺从的特性，"智"具有赞成或不赞成的特性。"孟子把'仁''义''礼''智'作为四种主要道德，尤其强调内在品质，使之成为道德文化遗产资源。"① 当然，罗多弼指出："至少仁和义绝对属于情感领域，礼和智则不一定了。"② 因为"中国原始的'礼貌'和'谦虚'并不意味着任何事都由情感左右；它们也表示'屈服'和'放弃'。此外，中文的'对'与'错'是指区分是非的能力"③。"以德为本的理论从其本质上讲都是以行为者为中心的道德论。孟子很明显就是这样的。对孟子来说，关键在于培养正确的品质特征，并最终获得必要的人性特征。这是一种自我修养。只有通过培养人的恻隐、羞耻、恭敬等品质才能使个人成长，道德修养是一种自我修养。"④

通过上述分析，我们可以得出以下结论：人性善良是人与生俱来的特性，并且这种先天的、先验的善良是一种情感。这种情感通过后天的理性作用（例如学习）不断丰富扩展。理性与感性相互作用，帮助人走向终极目标——善。罗多弼也提到，"善良的核心是一种情感，即对他人痛苦的感知，同时，道德良好的行为也需要对现实的理解。然而，这种理解必须以学习为基础，之后我们才能进入理性的领域。从这个意义上说，感性和理性的目的是实现善良。但本质上人类的善良是源于一种情感，理性只是帮助我们识别什么是好与坏，帮助我们成为善良的人"⑤。而情感、理性与道德的关系也就

① Chen Lai, The Basic Character of the Virtue Theory of Mencius' Philosophy and Its Significance in Classical Confucianism, *Front Philos China*, Vol.8, 2013, p.21.
② See Torbjörn Lodén, Reason, Feeling, and Ethics in Mencius and Xunzi, *Journal of Chinese Philosophy*, Vol.36, 2009, p.606.
③ Torbjörn Lodén, Reason, Feeling, and Ethics in Mencius and Xunzi, *Journal of Chinese Philosophy*, Vol.36, 2009, p.606.
④ David E. Soles, The Nature and Grounds of Xunzi's Disagreement with Mencius, *Asian Philosophy*, Vol.9, No.2, 1999, p.127.
⑤ Torbjörn Lodén, Reason, Feeling, and Ethics in Mencius and Xunzi, *Journal of Chinese Philosophy*, Vol.36, 2009, p.610.

显现出来，情感与理性互为补充，构成人们对"善"的行为的动机，同时也成为对某个行为进行判断的基础。而道德则是前两者的目标，情感与理性的调和指向了道德，同时，道德也是情感与理性的反映。在这个意义上，三者相辅相成，共同构成了向"善"的基座，成为蕴含于"仁""义""礼""智"中的最核心内容。

（三）仁爱说

"仁者爱人"是孟子伦理思想中的核心，仁爱思想也是英语世界学者讨论的焦点。"一些学者意在通过展示仁爱与公正价值观在儒家伦理中有迹可循，从而主张其二者包含儒家伦理中。"[①] 因而对"仁爱说"的考察也变得十分重要。主要包含了两个层面的要求，即"仁"与"爱"。"仁"意味着自我要求，即对行为者自身内在的要求，要求修身养性以对自我内在本性的"善"的保持和激发，是一种指向自我的要求。"'仁'是指人和爱之间的事情。这证明了仁爱特指普爱，也意味着并不是亲属之爱所特有的，而是人人都有兄弟般的感情超过了亲属之情。这里，'仁'是特指兄弟之情，人之爱和珍爱有很大的不同。亲密度不同、仁和爱不是性格特征而都是感性的。很明显，古时候的孔子没有区分道德、品德和情感，所有的这些含义都使道德的范围扩大化。"[②] 而"爱"意味着从自我到他人的要求，即对从行为者到他人的交往行为的要求，要求在个人拥有"善"的心性基础上，在与他人的交往中来践行这种"善"，是一种指向他人的向外的要求。孟子认为，个人应推己及人，从爱家人，爱朋友扩充至爱整个社会，"亲亲而仁民，仁民而爱物"（《孟子·尽心下》）。

美国克莱姆森大学（Clemson University）终身教授安延明认为"多

---

① Li Chenyang, Does Confucian Ethics Integrate Care Ethics and Justice Ethics The Case of Mencius, *Asian Philosophy,* Vol.18, No.1, 2008, p.70.

② Chen Lai, The Basic Character of the Virtue Theory of Mencius' Philosophy and Its Significance in Classical Confucianism, *Front. Philos. China*, Vol.8, 2013, p.11.

数儒家和基督教的思想家一致认为爱起源于家庭或家庭生活。"①于是，人们得出规范性推导，即我们应该"主动或被动地为家人谋求各种利益，哪怕是以牺牲邻居或社会大众的利益为代价"②。而孟子坚持主张将从家庭中获得的爱传播给世间众人，"老吾老以及人之老，幼吾幼以及人之幼"。

就"爱"而言，"儒家的普世爱人基于一个经验事实，人人皆有父亲，所有的父亲想必爱自己的子女。这给所有人提供了一个可以从家庭生活中体验到爱这一感情的机会，也就自然而然地可以理解各种各样的爱与美德。同时，儒家的'父亲'是个体的人，他只是自己孩子的父亲。他的爱自然就在家庭范围之内。当面对将最后的口粮留给自己的孩子还是邻居的孩子时，父亲本能地会选择前者。在这一点上，人们或许会将儒家的亲情定义为一种偏爱"③。狭义上的"仁"仅仅指涉宽厚、仁慈之类的意义。广义的和狭义的"仁"之间的区分是很明确的，比如朱熹认为"仁包四德"，"仁"为四德之首，能够囊括"义""礼""智"。广义上的"仁"则被视为最高的道德准则，是人与人关系的伦理总结。而从实践的角度来讲，"'仁'强调克服小我，遏制以自我为中心的欲望，通过全身心地参与到各种礼仪中，去学习、培养一个更大的仪式化的我。"④在孟子这里，"仁"与"爱"并提，实际上暗含着这里的"仁"是一种广义上的"仁"，是"性善论"向善的伦理观所折射出的一个侧面。这涉及孟子对社会层级范围的划分，"齐家、治国、平天下"一句显示出了三种不同范围的外在社会结构：家、国和天下。这也意味着，家庭中的"仁爱"处于最基础的位置，由此逐渐延伸到一国之中君臣之爱，再延伸到天下间共有的大爱。在儒家思想中，"仁"是在家庭"仁爱"的基础上

---

① An Yanming, *Family Love in Confucius and Mencius*, *Dao*, Vol.7, 2008, p.51.

② An Yanming, *Family Love in Confucius and Mencius*, *Dao*, Vol.7, 2008, p.52.

③ An Yanming, *Family Love in Confucius and Mencius*, *Dao*, Vol.7, 2008, pp.51-52.

④ Purushottama Bilimoria, Peter Wong Yih Jiun, and Christopher Key Chapple, *Ethical Studies, Overview* (Eastern), p.732.

不断扩充，延伸到社会和国家。作为道德情感，"仁爱"如同一个同心圆，"从我们最亲近的家人传递到亲属、朋友、不同的合作人、熟人、邻居和同胞，以及那些因共同利益处在相同国家之中的人们。"① 这与孟子对"孝"的观念十分相近，"虽然儒家思想对于孝心和忠心都是高度重视，但比起对于国家（帝王）的忠心，先秦孔子更看重孝心，《论语》中就将'孝'看作培养'仁爱'胸怀的本质。"②"孝"最初也是家庭中子女对父亲的"孝"，而将其外延扩展开来，就变成了一国之中臣对君的"孝"与忠诚，忠于国家是"孝"的最大体现，是"大孝"。

（四）"义""利"观

在对伦理的践行过程中，时常会出现道德与利益之间的矛盾，这同时也是古往今来，人们在现实生活中难以规避的一个问题，换言之，也就是义与利的关系问题。处理义与利的关系实际上也就是直面道德现象中的根本矛盾，将"善"的根本要求放在现实生活中进行考察和思考的表现。

要考察孟子的义利观，可以将之拆分为"义"与"利"两个大的方面来看。首先，"义"表现为一种对外在的"道"或"理"的结合，有时孟子也将之与"仁"并置，合称为"仁义"。这个意义上的"义"可以说是一种"利他"的表现，同样是在与他人的交往中对"善"的道德的践行。"仁"是精神的归宿；精神家园。"义"是行为举止的行动指南，意味着"正确的路"，可以这样说我们受正义驱使。"住所"和"路径"的不同可能在前者是内向的，后者是外部的环境。这样看来，早期孔子持有的观点就是"仁"是内在本质的，"义"是外在的。尽管孟子不赞成"义"是外在的路径，但还是影响了孟子的理论思想。在道德理论方面，"仁"是内化了的道德，而"义"仍是

---

① Alejandra Mancilla, The Bridge of Benevolence: Hutcheson and Mencius, *Dao*, Vol.12, 2013, p.67.

② Li Chenyang，Does Confucian Ethics Integrate Care Ethics and Justice Ethics The Case of Mencius, *Asian Philosophy*, Vol.18, No.1, 2008, p.72.

指引的原则。①孟子指出"仁，人心也；义，人路也。人有鸡犬放，则知求之；有放心，而不知求。学问之道无他，求其放心而已矣。"（《孟子·告子上》）"'义'意味着在公共场景兑现道德标准，这不同于'利'，'利'意味着好处归于自己，而非归于他人或社会。"②"利"则可以理解为利益、利害、利用等意义，从实质上来看是一种指向自身的"利己"。孟子对"义""利"关系的探讨实际上就是对利益与道德之间关系的探讨。"口之于味也，目之于色也，耳之于声也，鼻之于臭也，四肢之于安佚也，性也。"（《孟子·尽心上》）孟子积极肯定了对生存于社会上的人来说，有些需求是不可或缺的，在这个意义上，这些都是"人之所欲"（《孟子·万章上》）。在这个意义上，"利己"与"利他"之间并没有一个明确的界限。

其次，这种义利观在本质上折射出，生存于现实社会中的人都并非一个孤立的个体，而是处于与他人的各种层面的联系当中。一方面，当"利己"与"利他"是在个体与他人的交往过程中产生的，因而没有与他人的联系，就不会有"利己"或"利他"这种矛盾，也就不会面对"义""利"时常产生的矛盾与冲突。另一方面，"利己"与"利他"时常处于矛盾当中，物利与道德是相关联的，因而孟子指出这两者往往"鱼与熊掌不可兼得"。"'生'与'义'之间的选择固然体现了意志的功能（舍生取义首先是意志的决断），但意志的选择同时又是基于对道德价值的理性思考。"③因而在处理这种矛盾时就要求按照"善"或"性善"作为内在准则，与人交往中，则需"以义取之，以利与之"。西方在面对这种利益关系时，则更加注重社会规则的准则的约束，依照准则约束，不会过多考虑与他人的交往和关系。

此外，陈素芬（Tan SorHoon）教授将《孟子》中的"义"同分配正义

---

① 参见 Chen Lai, The Basic Character of the Virtue Theory of Mencius' Philosophy and Its Significance in Classical Confucianism, *Front Philos China*, Vol.8, 2013, p.13。

② Timothy Brook, Weber, Mencius, and the History of Chinese Capitalism, *Asian Perspective*, Vol.19, No.1, 1995, p.83.

③ 杨国荣：《孟子的哲学思想》，华东师范大学出版社 2009 年版，第 106 页。

相联系，认为可以将孟子道德理念中的正义原则运用到社会利益的分配中。她指出"把'义'解释为合适的人际关系更加合理。尽管这种解释并不能直接解决分配问题，但以人际关系为中心的视角能使我们更清楚地了解孟子解决分配问题的方法"①。在她的观念中，分配的对象不再是效益或利益，而是人与人之间的关系。

"将仁看作一个普遍的正义原则，它要求由一个正义的人所完成的正义行为。但如果我们希望谈及正义的特定行为，或在特定层次上通过明确的证明来讨论正义，我们就得理解在孔子话语中特殊的正义原则'义'（英语一般翻译为'righteousness'）。义是一种普遍原则，可看作为对是非善恶进行价值判断的状态下的特殊应用。换言之，一个人应该明察既定事例的特定是非环境，以使得自己的价值判断能够与对该事物的理解吻合。'义'指导一个人注意特定事物的特定意义，并且作为原则使他能够评价对该事物的理解，或者更准确地说，使之更准确地理解该事物的意义。义即正直的原则。义即意义（或重要性）的原则，并与之紧密相关，这并不是偶然的，二者都源自祭祀仪式上的吉兆（羊或祥）的意义。"②

（五）自然之德

道德与自然的关系一直以来都是中西方哲学传统中多次深入探究的话题之一。孟子和卢梭两位思想家均对二者之间的关系进行了深入的分析，并且在思想上具有诸多共同之处。两位思想家从整体上就二者关系达成一致，认为，"道德的发展必须与自然进程相一致，对自然的思考也是道德判断的重要组成部分"。③

---

① Sor-hoon Tan, The Concept of Yi "in the Mencius and Problems of Distributive Justice", *Australasian Journal of Philosophy*, Vol.92, No.3, p.490.

② 成中英：《论"正义的古典模式"与现代模式之结合》，载［美］姜新艳主编：《英语世界中的中国哲学》，中国人民大学出版社2009年版，第56页。

③ Katrin Froese, Organic virtue: Reading Mencius with Rousseau, *Asian Philosophy*, Vol.18, 2008, p.83.

"卢梭和孟子都支持一种过程性的道德观，即调和于自然。"卢梭认为，人类于文明进程起始就离开了自然的范畴，进而产生对道德的需求。卢梭将"自然人"看作是社会阶段以前的、独立的原始人，因此他认为人类试图重获已失衡的自然状态的做法终究会功亏一篑，而提高道德修养是一项永无止境的任务。孟子却认为自然是一个动态的过程，需要人类有意识地参与其中，也需要自然本身律动的延伸。在孟子眼中，诡计和自然并不像卢梭认为的那样，没有截然区分，因为"道德是人类通过延伸和连接'气'以融入宇宙的独特方式"[1]。尽管孟子直接肯定了人性中的道德本质，将其归为"性善"，但孟子也认为道德修养的提高是一个过程，并且只有在不断地进行自我修身以及道德实践中才能逐步完善。在这个意义上，孟子和卢梭都认为每个人的道德都是可以通过后天的教育、学习、实践等完善的。

孟子关于自然的思想也体现在儒家的宇宙观中，"儒家所接受的宇宙学中包含了一种古代商、周时期留下来的宇宙观，这种宇宙观有三大特点。第一，它假定宇宙本身具有无限的生育能力；第二，它假定宇宙万物的变化是循环的。天和地的特点就是它处于持续的变化中；第三，这个宇宙论假定在宇宙中所有的东西都有生生不息的活力。"[2]

在孟子的伦理观中，连接人与自然的要素主要表现为"气"与"性"两方面的内容。其一，"气"外现为宇宙自然的表现方式，它是"流动的、动态的，在不同的语境中，可以代指许多不同的事物。"[3]"气"在外表现为自然之气，而所谓"浩然之气""文气"中的"气"，则正是自然之气在人自身内部的外现。在孟子门下学习的公孙丑曾问孟子："敢问夫子恶乎长？"（《孟子·公孙丑上》）孟子将自己的特点概括为两条：一是知言，即善于分析别

---

① Katrin Froese, Organic virtue: Reading Mencius with Rousseau, *Asian Philosophy*, Vol.18, 2008, p.83.

② K. K. Hwang, The Deep Structure of Confucianism: a social pusychological approach, *Asian Philosophy*, Vol.11, No.3, 2001, p.103.

③ Kim-Chong Chong, Behuniak Jr., James Mencius on Becoming Human, *Dao,* Vol.8, 2009, p.338.

人的言辞；二是善养浩然之气，即培养内在达到的境界①。浩然之气不是无所畏惧、不受约束，而是应该符合道义标准。"在孟子看来，作为人格的内在规定，浩然之气的特点在于'配义与道'，'义'与'道'都是指理性的规范，所谓配义与道，便是理性规范对意志力量的渗透和影响。"②孟子在道德实践中对自然之"气"的引入，实际上证明了孟子的自然道德观中，他将个体身上品行端正等品质，看作是与万物自然规律的连续性的一种显现方式。孟子对气赋予了重要意义，"首先，志是心的主导，志由心生，所以生理之'气'由志主导并因此变成心里之'气'。其次，依赖于一个人内心深处的自由意志的是正气，这是一个广阔、宏伟、清晰和光辉的心理状态。第三，作为意志达成的载体，正气极端的伟大和坚韧，它代表了精神力量。第四，为了得到正气，人们必须依靠自我训练而不是求助于被灌输或外部的看法。第五，人们到底该如何培养自己呢？孟子认为最重要的是以志为主，正义道德为辅，并培养存在于人体内部的纯洁健康的气，不使之受损。这样一个人就能思想开阔、正直不阿、精力充沛。正如我们所知，'实践之因'和'自由意志'对康德来说是两个可相互替换的概念；无独有偶，在《孟子》中，对美德的尊重和'对意志的强调'处于同一条延长线上。因此，志是仁义的实践之因。"③

其二，"性"被认为是上天赋予的，并且"性"连接了个人与"天"。人们一旦知其"性"，就可以知"天"。此外，"性"作为一种先验的、生来就存在于人本质中的东西。对人的行为实践具有根本性的指导作用，所谓"性善说"中的"性"就正有此意。但同时，孟子也指出，"性"虽是本质存在于人的内在中的，但依然需要后天的实践经验的积累来不断建构补充和完善，就孟子而言，"世间万物自然规律中的连续性是道德中不可或缺的一部分"④。

---

① 参见杨国荣：《孟子的哲学思想》，华东师范大学出版社 2009 年版，第 16 页。
② 参见杨国荣：《孟子的哲学思想》，华东师范大学出版社 2009 年版，第 106 页。
③ Hu Jiaxiang, Mencius' Aesthetics and Its Position, *Front. Philos. China,* Vol.6. No.1, 2011, pp.47-48.
④ Katrin Froese, Organic virtue: Reading Mencius with Rousseau, *Asian Philosophy*, Vol.18, 2008, p.84.

（六）以修身论为归宿

上文中已经逐一论述了孟子伦理学中的性善论、四端说、仁爱说、义利观以及自然之德，以上五种观念都是把向善作为一个过程来阐述，要达到的目的便是修身养性，即所谓修身。杜威的民主思想一经胡适介绍到中国，便广为接受，这是因为儒家思想重实践，不仅仅停留在理性的层面，这与杜威的实用主义哲学不谋而合。陈素芬从杜威的实用主义哲学对"修身"进行了分析，认为"儒家中心—场域自我的持续'建构'，体现在'修身'——常常被翻译成'self-cultivation 或 personal cultivation'。思想上，常被翻译成'self'的字是'身'，指的是'人的身体'，但正如众多学者指出的，先秦时期的中国哲学与西方的身心二元论不同，'身'指的是'气'与'质'的结合，前者用来配置能量，后者是原始材料"。① 从另一个角度来讲，发自内心对"善"的不断践行、在人际交往中坚持"爱人"的原则、取道自然，坚持对他人的奉献，这些实际上都为"修身"这一目标的达成提供了有效途径。同时，自我修养还包括产生自情感的自我修养，这实际上是他将"仁"与"同情"的感觉相关联的结果。杜维明指出"儒家人文主义中的自我修养哲学追求'体知'，以身体之，用我们的身体来感知，是一种将外在世界内化的功夫，是一种整合身、心、灵、神的体验之知。通过自我的改变和情感的调节，以便让天、地和万物融于一体，产生共鸣。"②

另一方面也说明，所谓的"善"虽作为"本性"存在，但依然需要后天的不断完善和深化。通过以"性善"这一根本性要求的把握，以四端、仁爱为利于他人以及对自然之德的坚持，来进行教育与培养塑造圣人，因而在这个意义上可以说，修身论是孟子伦理思想要求的归宿。虽然并非人人都能够成为圣人，但修身能够让人们更加接近一个圣人的要求。吕金燮教授指出：

---

① 陈素芬：《儒家民主：杜威式重建》，吴万伟译，中国人民大学出版社 2014 年版，第 36 页。
② Tu Weiming, The Global Significance of Local Knowledge: A New Perspective on Confucian Humanism, *Sungkyun Journal of East Asian Studies,* Vol.1, No.1, 2001, p.26.

"孟子证明圣人是常人可以通过持续不断地培养实现的……很多人通过奉献自己的时间实现自己的才华而达到优秀,而儒家学者却通过在日常生活中培养美德来达到非凡"①。此外,修身的过程也是个人同外界互动并且互相影响的过程,"在修身的过程中,我们改造环境,但这个过程不是一线的,它存在着反馈效应。环境也影响我们,或助推或阻碍我们的修身努力,因此,修身常常要求改造环境"②。

二、孟子伦理思想道德主体的驱动力——社会角色

大多数孟子研究者认为儒家伦理是一种道德伦理。新加坡国立大学哲学系副教授努恩(A. T. Nuyen)持否定态度。他在《儒家基于角色伦理的道德义务与道德动机》(*Moral Obligation and Moral Motivation in Confucian Role-Based Ethics*)一文中提出了不同的见解,即"美德和准则脱离了各自原来的含义,由一个人所处的关系中的角色所决定的"③。因此,努恩认为儒家伦理实际上是一种基于角色的伦理。"对儒者来讲,社会关系以社会位置或角色为特征,社会位置又由义务进行定位……在特定的社会关系中,一个人要做什么,怎么做,早已在'礼'或社会期望中全部设定好了。"④

换而言之,在孟子那里,个人身份同社会角色紧密联系到一起。社会角色决定了每个人与其社会位置相应的社会义务。"在各种熟悉和陌生的环境中,通过承担不同的社会角色,人们的情感倾向发展会让他们明白各种需

---

① Chin-hsieh Lu, The Chinese Way of Goodness, *Education as Cultivation in Chinese Culture*, Vol.26, 2015, p.51.

② 陈素芬:《儒家民主:杜威式重建》,吴万伟译,中国人民大学出版社2014年版,第37页。

③ A. T. Nuyen, *Moral Obligation and Moral Motivation in Confucian Role-Based Ethics*, Dao: A Journal of Comparative Philosophy, Vol.8, 2009, p.2.

④ A. T. Nuyen, *Moral Obligation and Moral Motivation in Confucian Role-Based Ethics*, Dao: A Journal of Comparative Philosophy, Vol.8, 2009, pp.2-3.

求、职责和期待"①。而决定社会角色的根源则在于"礼"。"礼"是过去所有正直行为的来源，在儒家学派中，最能体现"礼"的就是历史上记载的那些德行高尚的人的行为。"礼"在这里包含两方面的要求，一方面是指个人品德的高尚，另一方面是指基于当时封建等级制度的上下级对应关系中的"礼"，在这种情况下，不同的社会有不同的"礼"，"礼"外现为个人品德情操在等级秩序中的表现。"个体的道德义务来源于角色定义。知道一个人的义务，定义一个人，就需要教育个体进入角色。"②换句话说，对一个人应该做什么的道德判断，需要在确定个人角色的自我培养之中探究。对孟子来说，"礼"不仅仅是对个人的要求，同时还是对整个社会乃至维持社会有序稳定运转的统治阶级即君王的要求，是一种由个人向整个社会范围的延伸，因而"礼"的基础是一种自我培养，是以自我层面的修身作为基本内容。同时，礼又内化为"养心"。"自我培养也是一个提升心的过程，只有通过心，个体才能知道他该做什么，同时感受到动力去做这些。对儒家个体来讲，视某事为义务和被促使去实施它之间的关系是很紧密的。这种联系既不是必然的也不是偶然的。"③在这个层面上，社会角色作为孟子伦理思想道德主体的驱动力，由学习正名和真诚这两个基本要素组成。

首先，就"正名"而言，孔子提到"名不正则言不顺，言不顺则事不成，事不成则礼乐不兴。"（《论语·子路篇》）"名"对"言"的功效极其重要，并最终影响社会和政治的机构，这一观念成为中国政治思想中一个影响巨大的主题。孟子有言："君君，臣臣，父父，子子。"其意义在于，无论是君王还是臣子，无论是父亲还是儿子，都要在其应的社会关系、等级秩序中做到符合自己这个社会角色及地位的分内之事。诸如"父亲""朋友"等

①　Dennis Arjo, Ren Xing and What It Is to Be Truly Human, *Journal of Chinese Philosophy*, Vol.38, No.3, 2011, p.458.

②　A. T. Nuyen, *Moral Obligation and Moral Motivation in Confucian Role–Based Ethics*, Dao: A *Journal of Comparative Philosophy*, Vol.8, 2009, p.4.

③　A. T. Nuyen, *Moral Obligation and Moral Motivation in Confucian Role–Based Ethics*, Dao: A *Journal of Comparative Philosophy*, Vol.8, 2009, p.10.

名称就表示特定的社会角色和相应的具体职责和义务，而"学习这些名称之下的角色本质，并且努力做到名副其实，儒家就将这一过程称为'正名'"①。"名"实质上是一个与礼仪相关的词汇，"名"在礼仪中通常指的是角色。不仅规定了一个人在社会中的地位和角色，同时也对一个人的言行举止提出了要求，正名就是认识并接受一个人应尽的义务，并且完成他该做的事情的过程，在社会关系网络中的人，他的行为需要符合礼的要求。此外，一个人应该改变自己的思想和行为，从而让自己成为那个已经担当的社会角色。同时，一个人如何做到"正名"也并非是一蹴而就生来就会的，而是通过不断的自我修养，在社会经验的不断积累过程中达成的。

其次，就"真诚"而言，它是一种对"正名"的完善。"名"规定了一个人的社会地位，从而也就规定了一个人的行为准则，这是从外在社会理性角度对人的规定与约束。但同时，由于孟子十分重视道德实践活动中的情感因素，因而在"正名"的过程中还要学会当"名"所规定的行为准则与情感因素相冲突时，从"名"的圈囿中跳脱出来。因此，"正名的过程也是道德主体在对自己进行身份定位的过程中学着脱离于社会角色的过程。脱离于这些社会生活角色就是要真诚地面对自我"②。这就是自我培养的另一个重要部分——真诚。北宋理学开山鼻祖周敦颐就曾说过，"诚者，圣人之本。"(《通书》)，其哲学思想核心就是"诚"。没有它，其他的美德都无法建立。"反身而诚，乐莫大焉。"(《孟子·尽心上》)由此可见，在孟子看来，"真诚"是作为感性情感对理性准则的补充和完善，因而也并非是很快就能够习得的，而是在不断的实践经验积累中才能达成的。

同时，这种"真诚"的表现有两方面：一方面表现在宗教和道德中的"礼"。在《孟子·尽心上》中，孟子将"礼"归到良知之中，而在《孟子·告

---

① A. T. Nuyen, *Moral Obligation and Moral Motivation in Confucian Role-Based Ethics*, Dao: A Journalof Comparative Philosophy, Vol.8, 2009, p.4.

② A. T. Nuyen, *Moral Obligation and Moral Motivationin Confucian Role-Based Ethics*, Dao: A Journal of Comparative Philosophy, Vol.8, 2009, pp.4-5.

子上》中，孟子又将礼与仁、义、智放在一起，这些素质并非由外面嵌入到道德主体中，而是他们本来就具有的。在《孟子·离娄上》中，他又宣称统治者不应忽视"礼"，也不能忽视对知识的培养。由此，孟子明确表示，作为四端之一的羞耻之心，离开了"礼"是不能发展的。另一方面，这种"真诚"表现为对个人欲望与他人欲望的调和，这同时也是孟子义利观的一个体现——当自我欲望与他人欲望产生冲突时，当自我趋于利与趋于义的本心发生矛盾时，该如何作出选择？孟子认为应当是遵从自己内心的"真诚"。休谟主义者可能不会承认上面的论述，他们认为如果是义务和欲望，或者是动机，去实践它就属于不同的能力，因此就不可能通过相同的学习过程获得。作为回应，儒家思想者会很简单的排除信念——需求二元论，或者认知与情感能力之间的区别。儒家思想认为，信念和需求，认知和情感，都是由单一的能力产生，也就是心。"心之官则思"（《孟子·告子上》）。心，作为思维，会告诉一个个体，他的义务是什么，同时，作为心，又使个体有放弃他们的倾向。"当感官受到外在事物的推拉（物），心具有思考或反应能力（思），使其能抵抗事物的冲击并且追求一些在某个特定的时刻能够被立即吸引的东西。这似乎表明，思：思维或反射的过程，是心具有的独特的能力，从根本上不同于从生理上反映着一个人的感觉。"[1]信念——欲望的行为模型，是许多西方伦理理论中预设的，在这种行为模型中认知和感情是两种相分离的能力，并且需要以某种形式一起协作来产生某种行为。儒家伦理学是一种信念——欲望模型，其中单一的能力，心产生道德认知和恰当的动机。当然，我们会发现，事情也会出现错误。诚者即是心在正确位置的人，并且使他的思想在正确的行为道路上。这是因为诚意可以使一个人看到他在所属的社会中要承担的义务，同时又被他们的礼所感知和推动。"诚"是道德修养的方法与境界。孟子也提道："诚者，天之道也；思诚者，人之道也。"（《孟子·离娄上》）一切事物的存在依赖于"诚"。"诚"在这里是形容词，显然有两种

---

[1] Curie Virág, Early Confucian Perspectives on Emotions, *Dao Companion to Classical Confucian Philosophy*, Vol.3, 2014, p.211.

意思：一种表达了人性的现实，是好的；另一种表达了人性的表现方式。然而，这个词的双重意义并不意味着孟子的思想混乱；恰恰相反，它显示出罕见的洞察力，揭示了人性的形而上现实与人在人类世界具体事务中的表现之间的密切联系。就形而上学和主要意义讲，"诚"意味着"天"赋予人的真实性，而且就第二种意义而言，意味着按照天的意志或规则以具体形式，用人的努力表现上天的赐予。前者是"天"的工作，因此是天道；后者是人的工作，因此是人道。

综上所述，社会角色为每个人规定了在社会中所处的地位和位置，相应地也规定了一个人的言行，作为个体而言，应该意识到自己的社会地位，并将其作为个人在社会中的行为准则，在遵循社会角色的同时，向其中注入真诚的情感因素。可见，儒家尤其是孟子伦理思想道德主体就是明确自己的角色，意识到自己的义务，并且愿意付出自己真诚的人。

三、对孟子伦理思想的反思与再认识

孟子被尊称为"亚圣"，正如北宋大儒张横渠形容的那样，"为往圣继绝学，为万世开太平"。如果说孔子是儒家思想的开创者，那么孟子在继承的基础上从各个方面进一步深入、拓展与丰富了儒家学说。孟子的性善论、王道仁政说、良知说、养气说、得道多助思想等对中国古代政治、经济、社会以及军事影响巨大。南怀瑾先生认为："良知良能经孟子提出后，影响了中国文化思想达一两千年之久。这个问题，西方有些哲学家，在唯心道德理论上，与孟子的这一理论是相合的。另有一派非道德的学派，则认为孟子这一说法不够哲学，甚至说中国人没有哲学。其实人伦道德本来是以行为作基础的，硬套上一个哲学的帽子，谈到形而上的本体，就不通了。"[①] 中国人重和谐仁爱，关注人与人之间的和谐，强调个人的素质修养，强调社会是一个

---

① 南怀瑾：《孟子与尽心篇》，东方出版社 2014 年版，第 52 页。

整体。因而其人伦思想更多地表现在与社会的连接上。人与人之间，人与社会之间存在着一种必然联系。具体表现为以下两点：

1. 弘扬仁爱精神，构建和谐人际关系

从以血缘和婚姻关系为基础的家庭伦理来看，中国家庭关系已经由昔日的"以孝为本"转变为"以子女为中心"，由男尊女卑转变为男女（相对）平等。于是，出现了"敬老不足，爱幼有余"的问题，家庭中长幼地位颠倒，夫妻间的感情矛盾、离婚问题与老年人的养老问题日益突出。并且，相当多的人以利害得失作为交友的原则，行业之间、上下级之间、同事之间缺乏团结互助、真诚相待。社会中助人为乐、无私奉献的精神渐渐缺失。

伦理学对调节人与人之间的关系起到积极的促进作用，这是社会法律做不到的。而作为中国伦理思想精髓的孟子伦理对当今中国乃至人类社会的发展仍然具有极其重要的意义。孟子的孝道思想，"未有仁遗其亲者也"，"仁之实，事亲是也"。孟子并不局限于具有血缘关系的"亲亲"，相反，他大力提倡"老吾老，以及人之老；幼吾幼，以及人之幼"，号召全社会树立尊老爱幼的观念，并使之蔚然成风。

孟子的伦理观是以对整个社会人际关系的规约为最终归宿，力图构建起一个和谐稳定有序的社会。孟子主张"仁政"治国，君主要爱民、保民、利民、安民、富民，并提出了"民为贵，社稷次之，君为轻"的见解。孟子思想中所体现出来的人类关怀精神，在当代人类社会的发展中仍然具有重要作用。民本思想要求关爱人民、相信人民、依靠人民，对当前党的执政能力提升和党风廉政建设具有借鉴意义。

2. 加强自我修养，培养理想人格

孟子修身论中人格的平等、追求高尚的品格、培育理想人格、肩负社会责任以及自我牺牲奉献的观点值得当下人们认真借鉴学习。孟子认为，人之为人，做到"富贵不能淫，贫贱不能移，威武不能屈"（《孟子·滕文公下》），才能实现修身、齐家、治国、平天下的人生理想。"儒家所提倡的共同体一定是以仁爱为核心理念的伦理共同体，而这种仁爱为基础的伦理共同体也就是一种天命共同体，因为仁爱的基础正是源自天命的人伦之理。……以天命的人伦之理为基础、从而强调差等之爱的仁也关联于人对自我之本真性（authenticity）的领会。"①

总体而言，在孟子看来，四端是为人之本性，人性本善，但也要靠后天的教化和培养。孟子提出的理想人格将为我们提供正确的规范导向。

第二节　英语世界《孟子》人性思想研究

一、人性的本质

在研究人性的本质之前，我们首先需要弄清楚"人性"的定义。"人性"就如"文化"一样，是个复杂的课题，很难找到一个所有人都认可的统一定义。目前，各个学科对"人性"的普遍定义是"人普遍所具有的心理属性"；从狭义的层面来看，主要是指"人的本质心理属性"。

东汉许慎的《说文解字》中对"人"的描述是："天地之性最贵者也。此籀文。象臂胫之形。凡人之属皆从人。如鄰切〔注〕，《集韵》人古作"。②

清代段玉裁的《说文解字注》对"人"的进一步阐释是："（人）天地之性贵者也。冣本作最。性古文以为生字。左传。正德利用厚生。国语作厚性是也。许偁古语不改其字。礼运曰。人者、其天地之德。阴阳之交。鬼神之。五行之秀气也。又曰。人者、天地之心也。五行之端也。食味别声被色而生者也。按禽兽艸木皆天地所生。而不得为天地之心。惟人为天地之心。故天地之生此为极贵。天地之心谓之人。能与天地合德。果实之心亦谓之人。能复生艸木而成果实。皆至微而具全体也。果人之字、自宋元以前本艸方书诗歌记载无不作人字。自明成化重刊本艸乃尽改为仁字。于理不通。

---

① 唐文明：《隐秘的颠覆：牟宗三、康德与原始儒家》，三联书店 2012 年版，第 37 页。

② （汉）许慎：《说文解字》，岳麓书社 2006 年版，第 161 页。

学者所当知也。仁者、人之德也。不可谓人曰仁。其可谓果人曰果仁哉。金泰和闲所刊本艸皆作人。藏袁廷梼所。此籀文。此对儿为古文奇字人言之。如大之有古文籀文之别也。字多从籀文者。故先籀而后古文。象臂胫之形。人以从生。贵于横生。故象其上臂下胫。如邻切。十二部。凡人之属皆从人"。①

而关于"性"的描述是："人之阳气性善者也。从心生声。息正切"，进一步解释是"（性）人之易气性。句。善者也。论语曰。性相近也。孟子曰。人性之善也。犹水之就下也。董仲舒曰。性者、生之质也。质朴之谓性。从心。生声。息正切。十一部"。②

从古至今，就人性的争论很多，中国古代就有性善论、性恶论、无恶无善论、有善有恶论等，英语世界也是如此。这里主要回顾一下性善论和性恶论。性恶论强调人的天生性恶，认为人天生具有各种无法去除的欲望。《圣经》是最为熟知的性恶论的例证，由于贪吃禁果，人类从最初开始就有原罪。

作为人类历史上最伟大的哲学家康德（Immanuel Kant），他提出的人性观值得我们深入探讨。在康德眼中，人性并不是非善即恶的问题，换言之，人性既不是善的，也不是恶的，善恶在人身上并存。

康德的人性论超越了单纯的善恶观而赋予了人性新的内涵。人的理性是有限的，并非完全的。这就决定了人兼有善恶。从人的自身角度来看，作为自然个体，人具有动物性，同时人也具有不属于动物性的理性。因此善恶均存在于人身上。苏格拉底认为人是天生善良的，在《圣经》中人天生具有恶性。性善论和性恶论都将人性的善恶预设在先天之中。

我们纵览英语世界中与孟子人性有关的文章，不难发现由于对"性"的理解不同，也有"人性本善"和"人性向善"的争论。有的研究者既不赞同"人性本善"的观点，也不赞同"人性本恶"的观点，而大部分研究者都一致认为孟子的"性善论"是指人生而就有的一种"善"的属性，但是这种属性并

---

① 段玉裁：《说文解字注》，上海古籍出版社 1981 年版，第 365 页。

② 段玉裁：《说文解字注》，上海古籍出版社 1981 年版，第 502 页。

不是恒久不变的，在后天环境的影响下，既可能发展成为一种美德，也可能变成一种邪恶。"人性的全面发展需要一个人的'心'永远处在学习的状态，既需要内在的思考和学习，也需要外在老师的指导。"① 我们也非常赞同从变化的角度来看待孟子的性善论。所谓"性"常常被解释为"自然"，即天生的倾向。通常情况下所争论的"人性"实际上就是指存在于人内心中的"自然"。丹罗宾斯深入探究了战国时期"性"的意义。在《战国关于"性"的概念》（*The Warring States Concept of Xing*）这篇文章中他为战国时期"性"的解释进行辩护，认为："尽管战国时期，知识分子在不同的场合强调概念的不同方面，但是他们仍然做着同一个工作，即是'性'概念的共享。"② 同时，安乐哲也提到在孟子思想中"在人的语脉中，'性'就指成人的整个过程。严格来讲，一个人并不是静态的存在，而首先是一个做人和成人的过程。"③

性善论和性恶论都是一种先天假设，无法通过现实进行佐证。根据进化论的观点，人是进化而来的，个体处在不断的发展变化之中，与之相应，人性也处在变化之中，人性最初如同一张白纸，并在实践中不断得到培养。如果人性得到积极地指导，那么它将会向善的一端发展，人性将具有德行。由此可见，人性是不稳定的，在实践中不断变化，具有后天的可塑性。在人性不断发展的过程中，个体自我也在不断拓展，"这经常被描述为道德情感扩展的过程，情感的扩展自发地出现在家人中，并渐渐延伸到更远的情境（陌生人），自我修养要求深化对由他人构成自我的认识。自我不仅仅通过人际关系进行拓展，也可以通过创造文化对象拓展。作为自我的延伸和呈现，这些对象克服时间和空间的障碍实现与他人的交流，那么，通过创造和联系，

---

① Bryan W. Van Norden, Mengzi and Virtue Ethics, *Journal of Ecumenical Studies*, Vol.15, No.2, 2003, p.128.

② Dan Robins, The Warring States Concept of Xing, *Dao*, Vol.10, 2011, p.32.

③ [美] 安乐哲：《自我的圆成：中西互镜下的古典儒学与道家》，彭国翔编译，河北人民出版社 2006 年版，第 289 页。

这些对象可以克服分离与异化。"①

关于是否能够将孟子的人性观点归结为一个"善"的概念，不止一个学者认同这一做法，如学者张栻就持这种观点，将人性提高到所有的道德规范或原则，以及一切事物的基础。"事事物物皆有其所以然之理，其所以然者，天之理也"②。他认为孟子的所谓"本性"实际上就是"四端"——"仁、义、礼、智"，并且将美德作为内在品性和心的开端。

而张鹏伟、郭齐勇的《孟子性善论新探》(*New Insight into Mencius' Theory of the Original Goodness in Human Nature*) 不仅将孟子的人性概念归结为"善"，同时认为这一人性概念与"命""心"的概念紧密联系，其中，"命"是"性"的本源，"心"是"性"的表现。③具体而言。"性"字本义是"生"，意思是人生来就有的特征、属性和能力。天对人的本原规定性就是人生来就有的特征、属性和能力。这里，"性"和"命"同义。人性的概念包括"体"和"用"两层。从"体"而言，性是人之所以成为人的良知良能，心是人的良心本心；从"用"而言，性是仁义礼智四端，心是恻隐、羞恶、辞让、是非四心。心是性的显现。四心(恻隐之心、羞恶之心、辞让之心、是非之心)是人的道德本能的显现；四端（仁、义、礼、智）是人的道德理性的建立；养气尚志是人的道德意志的培养。最终，"天命""本性""本心"统一为一个本体概念，即性善论。

也有学者认为并非如此，世界著名教育心理学家霍华德·加德纳 (Gardner Howard)，丹尼尔·K. (Daniel.K.) 在翻译《四书》的过程中发现，孟子并没有直接将人性归结为"善"这样的说法，那种将孟子的人性归为"人性本善"的传统解释，实际上是对孟子观念的误读。孟子有言："王坐于堂上，

---

① Mark A. Berkson, Conceptions of Self/No-self and Modes of Connection-Comparative Soteriological Structures in Classical Chinese Thought, *Journal of Religious Ethics*, Vol.33, No.2, 2005, p.320.

② 张栻：《南轩先生孟子说》卷六，粤东书局 1873 年版，第 23 页。

③ Zhang Pengwei, and GuoQiyong, "New Insight into Mencius" Theory of the Original Goodness in Human Nature, *Front. Philos. China*, Vol.3, No.1, 2008, p.27.

有牵牛而过堂下者。"（《孟子·梁惠王上》）那么，国王是如何对被牵过并即将被宰杀的牛产生恻隐之心的呢？加德纳和丹尼尔指出，"孟子认为是人类的内心深处都有美德的存在。"[①] 尽管"善"作为本性存在于人的内心，但并非是人性中固有的，依旧需要后天的修养和教育来巩固和完善。

同时，也有对译介过程中出现的问题的探讨认为在孟子的人性观中，人性无法直接归纳为"善"。如果要讨论英语世界孟子人性观念的本质问题，就涉及翻译的问题。在英语世界中，大部分《孟子》的译文中将孟子的"人性"翻译为"human nature"，这一译法受到了安乐哲的质疑，他认为，"在孟子的理论里，人性并不是一个能够被解析详细及规范定义的概念，也不是一个人类异同性的解释，而是作为一个用来鼓励人心的概念———一个最终目标。孟子在哲学层面主要提出了一个普世相通的人性观。"[②] 虽然"human nature"无法完全揭示"人性"背后蕴含的全部内容，但仍无法掩盖"人性"是孟子思想中最具特色的内容。

二、孟子人性观中的情感表达

（一）人性中的情感表达

在西方哲学中，情感构成了人性中最重要的部分，下面将着重对情感进行阐述。

1. 情感的定义

情感是一个古老的话题。相比中国，西方社会对情感的研究要早几百年。英语世界中很多词汇与情感相关，如 passions、feeling、emotion、af-

---

① Bryan VanNorden, Gardner, Daniel K.(trans.), The Four Books: The Basic Teachings of the Later Confucian Tradition, *Dao*, Vol.7, 2008, p.105.

② Irene Bloom, Human Nature and Biological Nature in Mencius, *Philosophy East and West*, Vol.47, No.1, 1997, p.22.

fectus、sentiment、compassion、sympathy 等，"在 18 世纪的英文文献里用来表述情感的最常见词汇是'passion'和'affection'（两者都是情感的意思），相较而言，前者常常带有一种负面的含义。在拉丁基督教传统里，affectus 联系着对上帝的爱和经由上帝指令对邻人的爱；而 passiones 则联系着难以驾驭的世俗欲望。休谟采用 passion 是故意和一般基督教的用法相左的，他将其区分为冷静的感情（calm passion）和激烈的感情（violent passion）；哈奇森的用法更加主流，他称前者为平静的感情（tranquil affection）。最后，从那时到现在都常用的一个词语是 sentiment，在 18 世纪它常被用来描述含有较强认知因素的感情现象，比如说充满热情的道德观念。"①《说文解字》中对"情"和"感"的定义分别是"人之阴气有欲者，从心青声，疾盈切"，"动人心也，从心咸声，古禫切"。

2.情感的内涵

对情感的哲学研究最早出现于西方，细数以往的情感理论，笛卡尔、霍布斯、巴鲁赫斯宾诺莎（Benedictus Spinoza，荷兰哲学家）和休谟都是不得不提起的名字。

笛卡尔认为情感受到心灵的控制。此外，他还总结出六种基本情感类型，即爱、恨、欲望、快乐、痛苦和惊异，并提出了克制情感的几种方法。斯宾诺莎作为近代著名的理性主义者，主要著作《伦理学》论及关于人的情感。斯宾诺莎关于情感的思想被广泛接受。可以凭借快乐、痛苦和欲望三种原始情感来定义所有其他情感近四十种。苏格兰哲学家、经济学家和历史学家大卫·休谟作为情感主义的代表，虽然我们并未能在其著作《人性论》中找到关于情感的直接的正面的定义，但是我们可以发现在第二卷"论情感"中，休谟以"论骄傲和谦卑"、"论爱与恨"和"论意志与直接情感"为线索对人性展开了进一步的剖析，归纳出三种基本情感类型。休谟对情感的论述大都基于"同情"。同情理论是休谟思想中的重要内容，其主要观点是"两

---

① ［美］迈克尔·L.弗雷泽：《同情的启蒙：18 世纪与当代的正义和道德情感》，胡靖译，译林出版社 2016 年版，第 18 页。

个个体越相似，他们的感情相似性就越大，感情的传递就更容易也更强劲。能让我们对被同情者产生相近感的因素除了相似性以外，还有时空的接近，以及预先存在的血缘或喜爱关系。"① 当然，同情并不是完全积极的，它和硬币一样具有对立统一的作用。"同情具有双层含义：既有理性的一面，也有感性的一面。伊曼努尔·康德（1724—1840）认为同情既脆弱又盲目，但只要它是理性的，就连康德这样否定它的人也可能表示赞同。"② 此外，休谟的《人性论》认为决定人们言行的是感性而不是理性，纯理性的决策是不存在的，任何理性决策背后的感性原因才是决定的根本驱动力，在休谟的思想中，感性得到强化，而理性的地位削弱了，这恰好与斯宾诺莎和康德的思想相对。休谟质疑理性在道德实践中的作用，而康德坚持理性是践行道德的根本力量。

（二）《孟子》中的情感表达

"从历史上看，儒家的情感话语作为一个新的和普遍的已成为基础的价值观的一部分，它在道德空间内寻找新的和普遍的价值观。它意味着更广泛的伦理转变，被新出现的文人阶层的某些成员所接受，权威应该是道德的，而这一道德权威的位置在于个体内部。"③ 孟子最大的特点便在于他是一个情感非常丰富的人，他不同于其他的思想家、哲学家、文学家，如庄子和孔子。孔子长于说理，庄子善于用瑰丽的想象和奇特的语言。《孟子》的价值所在不是系统化的理论，而是情感表达。"'以情动人'即是寓情于理之中，孟子儒家学派是积极入世的，因此孟子的文学作品具有极强的现实性。通过对现实现象的描写来表达思想情感。《孟子》论

---

① ［美］迈克尔·L.弗雷泽：《同情的启蒙：18 世纪与当代的正义和道德情感》，胡靖译，译林出版社 2016 年版，第 49 页。

② ［德］沃尔夫冈·顾彬：《他最爱的孟子：彼得·肯和〈孟子〉的恻隐之心》，臧克和、顾彬、舒忠主编，华龄出版社 2013 年版，第 25 页。

③ Curie Virág, Early Confucian Perspectives on Emotions, *Dao Companion to Classical Confucian Philosophy*, Vol.3, 2014, p.207.

辩过程中，不仅具有批判精神，同时也流露出作者的思想感情，具有鲜明的个性特征"①。孟子丰富的情感体现在他对"情"字的运用上，"情"字的含义并不单一，通过对"情"字含义的充分理解，可以感知孟子对情感的表达。

《孟子》书中的"情"包括：一、情实，实际情况："夫物之不齐物之情也"（《孟子·滕文公上》）。二、性，本性："乃若其情，则可以为善矣"（《孟子·告子上》）。②出土的郭店楚简向历代的注家们证实了先秦时代的"情"是"情感"之意，且被广泛接受，因此将《孟子》中的"乃若其情"的"情"译作"情感"是有迹可循的。"情脱胎于性，它是我们内在的气的激活物。情是对外部刺激物真实自然回应的结果，是由心诱发的。情或者我们对周围事物感知回应的能力在告知我们对事物如何真正感受方面很重要。"③情感是从内心发出的真实感受，影响人们的行为，因此通过行为可以感知人的内心。而善的行为，也是对人性的肯定。"情"和"性"互为补充。"如果我们把性指代为天生的或预定的本性以及设定一个事物成长或生命过程的特征倾向，情是人性的一部分指的是（1）自然情感特征，包括基本的情感，天生的情感能力和天生的气质和（2）发展中的情感心理倾向，这是人的需要、满足和欲望的一种表达，是对特定情况下外部刺激物的一种响应。"④性善是孟子思想体系的道德基石，是人自然情感的自觉倾向。

首先，尽管孟子没有直接使用"情感"一词，但是纵观《孟子》，每一章几乎都会涉及带有情感色彩的词。据统计，"情"字在《孟子》中共出现4次，"①情实，实际情况（2次）：夫物之不齐，物之情也（5.4《孟子·滕文公上》）

---

① 杨颖育：《英语世界的孟子研究》，人民出版社2014年版，第138页。

② 杨伯峻：《孟子译注》，中华书局1960年版，第424页。

③ Shirley Chan, Human Nature and Moral Cultivation in the Guodian Text of the Xing Zi Ming Chu, *Dao* Vol.8, 2009, p.373.

④ Shirley Chan, Human Nature and Moral Cultivation in the Guodian Text of the Xing Zi Ming Chu, *Dao* Vol.8, 2009, pp.372–373.

②性，本性(2 次)：乃若其情则可以为善矣(11.6《孟子·告子上》)"①。此外，《孟子》书中指涉情感的词还有："乐"(快乐) 5 次；"哀"(悲哀或怜悯) 5 次；"怒" 1 次；"怨" 25 次；"畏" 15 次；"恕" 1 次；"慰" 1 次；"惧" 5 次；"欢乐" 1 次；"喜" 12 次；"恻隐" 5 次；"温" 2 次，等等。② 可见孟子对情感的理解和表达是极为丰富的，要理解孟子的"四端说"，就要对这些情感表象进行剖析和理解。"说起同情，人们更喜欢说恻隐，在《孟子》第二章中这两个字出现过三次，被称为'仁'的开端。"③

其次，孟子提及了与情感相同的领域。很多人认为情感只是一种主观心理的东西，没有客观内涵，并且对情感与理性有优劣之分，认为理性高于情感，孟子详细阐述了人类应当考虑的情感。在英语世界中对孟子的情感研究在整个对孟子的研究中占据着很大的比例。

最后，孟子的哲学思想与西方关于情感的论述有很多共通之处，很多英语世界的学者都将孟子的情感与西方哲学家的思想作比较，将关于孟子情感的研究推向了更深的层面。因此将《孟子》一书中出现的"心""性""情"等字向情感义上阐发，是有一定的历史根据的。孟子就曾以水来比喻情感的表达："人性之善也，犹水之就下也。人无有不善，水无有不下。"(《孟子·告子上》)"对孟子而言，怜悯之情、羞耻和厌恶、尊敬和遵从、对与错在所有人身上均可体现。这些情感可以培养成仁、义、礼、智。这些所有的情感才构成一个完整的人。也就是说，这些情感是人固有的本质。只有当这四种情感充分发展才会成为一个有德行的人。"④ 西方部分研究孟子的学者试图将孟子的"性""情"等词语阐释成情感意义的。美国学者江文思（James Behuniak）在《孟子论成

① 杨伯峻：《孟子译注》，中华书局 1960 年版，第 424 页。

② 统计信息来源于自杨伯峻：《孟子译注》，中华书局 1960 年版。

③ [德] 沃尔夫冈·顾彬：《他最爱的孟子：彼得·肯和〈孟子〉的恻隐之心》，臧克和、顾彬、舒忠主编，华龄出版社 2013 年版，第 26 页。

④ ChanWing-cheuk, Philosophical Thought of Mencius, *Dao Companion to Classical Confucian Philosophy*, Vol.3, 2014, p.162.

人》中①，将"性"译为"情感"（通常译为"精神"或"心"）。新加坡南洋理工大学和美国芝加哥德保罗大学教授方岚生（Franklin Perkins）对其评论道："江文思认为对'性'理解，首先需要鉴定源于情感中的性情，这些情感在一个环境中产生和发展，并且拥有与该环境不可分离的方向或倾向。"② 情感不是一个单一因素的构成，而是在环境的相互作用下产生，对情感的理解，必然要放到环境中。罗多弼认为"孟子似乎把感性作为认知的基础"③。

同样，关于《孟子》中的情感是如何表现的这个问题，曼尤·意姆（Manyul Im）在《〈孟子〉中的行为，情感和推恩》（*Action, Emotion, and Inference in Mencius*）中也有所论及，他总结出了孟子人性论中的一种情感表现模式——以主要"推恩"为主的"关怀模式"。在《孟子·梁惠王上》第七节中，他指出，"第一，应注意齐宣王面对屠牛恐怖场面的反应，齐宣王表现了对用于祭祀的牛的怜悯。孟子尊崇保护仪式的礼节以及对动物祭祀的认可。把牛换成羊，只要'未见'即可。第二，我们应该注意孟子对齐宣王未能将怜悯转用到管理人民上的分析，对于齐宣王怀疑自己是否可以成为一个好的统治者，孟子认为：齐宣王将牛换成羊的举动很好地证明了他有成就霸业的素质——拥有怜爱之心。接着他用类比的方式说明齐宣王的失败在于不用心，对他的臣民没有表现仁，而非没有能力。第三，我们也应该注意孟子告诫齐宣王应该推广他的怜悯心。古代圣贤之所以优秀于常人，在于他们善于推广他们所做的事情。"④

方岚生在《孟子，情感和自主》（*Mencius, Emotion and Autonomy*）一文

---

① 江文思（James Behuniak），索诺马州立大学（Sonoma State University）助理教授，著有《孟子论成人》一书，并撰写关于中国哲学与比较哲学论文多篇。

② Franklin Perkins, Mencius on Becoming Human by Behuniak Jr. James, *Philosophy East & West,* Vol.57, No.4, 2007, p.597.

③ Torbjörn Lodén, Reason, Feeling, and Ethics in Mencius and Xunzi, *Journal of Chinese Philosophy*, Vol.36, No.4, 2009, p.607.

④ Manyul Im, Action, Emotion, And Inference In Mencius, *Journal of Chinese Philosophy*, Vol.29, No.2, 2002, pp.229–230.

中就指出，尽管《孟子》中并未直接提及"情感"与"自主"等词，但它在事实上涉及了与情感和自主相同的领域，即感觉与修养，同时，这二者的关系也是孟子的中心道德观点。此文认为，孟子的这种情感表述可以归纳为"心"的属性，并将孟子伦理学中的情感因素与康德相比较，"一方面，孟子对'人们不能以特定方式去感受道德使命'做出了回应，孟子认为，人们或许无法选择特定的感受，但人们是不必做选择的，因为人类本身就拥有这些感受。另一方面，在一定程度上康德的观点和孟子契合，即情感表现违背了自主。孟子说，情感源自自然感受，从而使得人们服从于世界。"① 但是，由于"情感"与"自主"等概念在西方是以"感性 / 理性""感受力 / 思考力""激情 / 行动"等二元对立的形式显现出来的，因此将这些对立直接用于分析孟子的思想就多少显得有些不太合适。

在此基础上，本小节希望借助西方对孟子"情感"的认识来研究孟子，进而揭示孟子哲学中的情感因素，对"情"观念所蕴含的深层思想进行理论与逻辑的分析。首先，我们不妨从"心""性""情"的英译研究入手，"心""性"和"情"在《孟子》一书中多次出现，据统计，分别出现了 117 次，37 次和 5 次②。鉴于孟子这三个词都与情感相关，所以我们将在这里陈列部分译本翻译的结果。

人皆有不忍人之心。③（《孟子·公孙丑上》）

杜百胜译：It is a feeling common to all mankind that they cannot bear to see others suffer。④

赵甄陶译：All men have a sense of compassion。⑤

---

① Franklin Perkins, *Mencius, Emotion and Autonomy*, *Journal of Chinese Philosophy*, Vol.29. No.2, 2002, p.210.

② 杨伯峻：《孟子译注》，中华书局 1960 年版。

③ 杨伯峻：《孟子译注》，中华书局 1960 年版，第 79 页。

④ W. A. C. H. Dobson, Mencius: University of Toronto press, 1963, p.132.

⑤ 赵甄陶等译：《大中华文库：孟子》（汉英对照），杨伯峻今译，湖南人民出版社 1999 年版，第 71 页。

刘殿爵译：No man is devoid of a heart sensitive to the suffering of others。①

卜爱莲译：All human beings have a mind that cannot bear to see the sufferings of others。②

万白安译：All humans have hearts that are not unfeeling toward others。③

理雅各译：All men have a mind which cannot bear to see the sufferings of others。④

虽然"心"的概念在西方并不承载太多精神内涵，仅作为人体的器官，但是在各家翻译"心"字时，还是会通过中国传统哲学的视角，将"心"赋予"思想""感受""情感"等内涵，在翻译时，会用到"feeling""sense""mind"等词。在哲学批评思想领域，江文思偏重研究《孟子》中亚里士多德哲学式词汇的运用。在他充满争议的译文中，"性"即"情感"（通常译为"精神"或"心"）。可谓是一种良性误导。为此，我们何不在跨文化哲学中寻求为人所熟知、显而易见的事物？例如，西方哲学的情感表现中，感性与理性是二元对立的两种概念。孟子则偏爱用事例阐述而非抽象表述，因而我们不能按部就班地将其融入孟子的伦理观念中。在《李耶利论孟子》（*Yearley on Mencius*）一文中，万白安发现"reason"这一概念在李耶利关于孟子和阿奎那的描述中出现频率很高，并且对比分析了两人的理性思想。

他指出："在李耶利那里，中国早期思想中没有任何语汇与这个意义上的'reason'相对应。人类表现出的很多心理状态和心理功能，被托马斯主义者认为和作为心理官能的 reason 相关，而孟子即使没有将这些心态和心理功能与某种特定的官能相联系，也可能认为人类有这样一些表现。"譬如，孟子虽谈及"理性表达情感"却忽略了其功用，但他的论述符合以下观点：

① D. C. Lau, *Mencius,* London: Penguin Group, 1970, p.38.

② Irene Bloom, *Mencius,* New York: Columbia University Press, 2011, p.35.

③ Bryan W. Van Norden, *Mengzi: With Selections from Traditional Commentaries,* Cambridge: Hackett Publishing Company, Inc., 2008, p.45.

④ James Legge, *The Works of Mencius*, New York: Dover Publication, Inc., 1970, p.201.

一些情境间存在能激发各种适宜的情感反应又相互联系的相似点。培育甄别这种相似点在修身中是至关重要的。并且，在相似情境中能作出适宜情感反应也是修身的重要内容。

哲学对人性的重要部分——情感与理性的讨论延绵不断，仁者见仁，智者见智。理性推崇者认为应遵从理性指导自身行为，感性推崇者更倾向遵循内心情感，因为感性高于理性，也有人推崇感性和理性各具价值，不可偏废，都需兼顾。然而，孟子的观点又是什么呢？通过对《孟子》的研读，我们不难发现，孟子推崇情感与理性并重，二者相辅相成，我们不能单纯地通过二元对立的视角去探究孟子的思想。显而易见，孟子的情感与理性观与西方传统哲学中的观念存在差异，究其原因，中西在情感方面所持不同的认识论和方法论，因而，我们需要细致阐述孟子的情感与理性观，才能使这种哲学差异得以彰显，才能成功搭建两种文化对话桥梁。能否实现对话，需要两种文化具备可以相互达成沟通的话语体系和价值元符号。然而，西方思维模式一直主导着哲学世界，因而让其以平等心态理解另一种文化的陌生话语绝非易事。因此，许多研究者认为，人们会以自己不同文化体系下的生活和思维习惯作出自己对孟子研究的回答。虽然他们的诠释会受当下时代背景的影响，但那些回答是具有历史性的。经过无数次的往返于两种不同文化之间，达成对话，我们定会找到这一时代对孟子思想最圆满的解答，定能拓宽孟子研究的视野与前景，让双方都能理解的话语得以产生。孟子认为，"情"与"理"是差异性的统一，如同硬币的正反两面一般。

诚然，孟子是个理想主义者，文字中处处可见充沛的情感以及激情澎湃的论辩，在孟子研究中，很多学者认为孟子是个感性的人。孟子将对至善的追求作为人类成圣的最高目标，只要顺着这些自然情感的发展方向，就能够为善成圣。此外，孟子思想中也包含理性的论述，孟子人性论中的理性主要表现为两个方面：一是思维上的理性；二是其理念所整体传达出的理性精神。

孟子的情感基础是"仁"，这发源于他的"四端说"，即"恻隐之心，羞恶之心，辞让之心，是非之心"（《孟子·公孙丑上》）。从"四端"到"四德"

再到"仁政"，"四端"可以说是他思想体系的基础；而"四端"之中的"恻隐之心"则位于其他三端之首。主要表现为以下两点：首先，孟子情感主要表现在对人民的同情上。"《孟子》一书强调社会性，强调情感和创造性，他要求君王实行'仁政'，对残暴的统治者无情地抨击和揭露，关心民生疾苦，对统治者'率兽食人'的行为进行批判，表现出他对现实精神的关注以及对人民博大的仁爱之心，全书感情强烈，怜民爱民之心一览无余。"① 其次，孟子的仁爱之心不仅仅表现在爱民，还表现在对动物的一种天然关怀："无伤也，是乃仁术也，见牛未见羊也。君子之于禽兽也，见其声，不忍见其死；闻其声，不忍食其肉。是以君子远庖厨也。"（《孟子·梁惠王上》）见到活着的动物，就不忍心目睹它的死亡，听到它的叫喊声，就不忍心食用它的肉。这种对动物的怜悯之心就是一种天然的关怀，是一种博大的仁爱之情。

三、人性与道德／美德的关系

事实上我们也可以发现，孟子伦理学思想中的人性论亦蕴含了诸多关于道德与美德的内容。君子就具备一系列的美德，即"性善"。"鉴于君子作为统治精英一员发挥出的传统职能，我们不难理解为何《论语》从一开始就反映出君子优先考虑的治理、领导和为公众服务等问题。治理的关键，即维护和平秩序（齐）的关键，在于让人信赖的领导。而领导的关键则在于展现出使百姓受益的美德。"② 这与苏格兰感伤主义理论家弗朗西斯·哈奇森的道德理论相对照，可以看出一些共性。他们不仅都将"仁爱"作为最首要与最基本的美德，同时还认为人性在根本上都是善良的，因而道德建立在人的这种与生俱来的这种"善"的情感之上，并且是一种开发这种"善"的情感的正确方式。"如果所说的恶无法追溯到人性的本源，那就必须归因于外部影响，如加压迫使水倒行，使其流上山岗，而这并不是水的本质。因此，二元论不

---

① 杨颖育：《英语世界的孟子研究》，人民出版社 2014 年版，第 138 页。
② ［美］狄百瑞：《儒家的困境》，黄水婴译，北京大学出版社 2009 年版，"前言"第 30 页。

是在人性中发现的，而是存在于环境与人性之间。人性不需要重塑，人性所需要的不过是好的环境以使其有机会根据自身规律发展。由于人性本善只是一种可能，它的发展可能会受到一些扭曲的外在因素的阻碍。"[1]

根据孟子的说法，人类之所以是人，有别于其他生物的原因是这些有政府所定下的社会或公共关系。对孟子来说，"人"不仅是一个生物学上的概念，更是社会道德层面的概念。生物学意义上的人类，作为一个单独的实体，如果没有可用的社会关系，就不属于真正意义上的人类。这与他发展自身具有的四个基本美德的潜力（仁、义、礼、智）的想法是有共鸣之处的，每一个潜力都是由社会关系来定义的，是人类区别于动物的主要原因。儒家对于这个问题的回答是，美德是优先于权利的，正如孟子所说："其为气也，至大至刚，以直养而无害，则塞于天地之间。其为气也，配义与道。"（《孟子·公孙丑上》）

孟子对天命、性命都做了区分，性是道德理性，天是仁，天爵具有优先性，这是因为，天爵是理性，必须树立道德理性的优先地位。挪威的奥斯陆大学人文学院副教授亚力杭德拉·曼西拉（Alejandra Mancilla）总结出孟子与哈奇森道德理论的四点相似之处[2]：其一，仁爱源于同情，是一种全人类所共享的、与生俱来的、普遍的情感。在哈奇森看来，同情是一种于国家和他人命运影响下而产生的情感，因此同情本身具有传染性，会不断传染给他人。而孟子称："水信无分于东西，无分于上下乎？人性之善也，犹水之就下也。人无有不善，水无有不下。"（《孟子·告子上》）将人性之善比作水实际上也是指出了人性向善与同情心这种与生俱来的情感有直接联系，并提供了案例加以论证："今人乍见孺子将入于井，皆有怵惕恻隐之心，非所以内交于孺子之父母也，非所以要誉于乡党朋友也，非恶其声而然也。"（《孟

---

[1] Vincent Y. C. Shih, Metaphysical Tendencies in Mencius, *Philosophy East & West*, Vol.12, No.4, 1963, p.332.

[2] Alejandra Mancilla, The Bridge of Benevolence: Hutcheson and Mencius, *Dao*, Vol.12, 2013, p.57.

子·公孙丑上》）可以看出，与哈奇森一样，孟子也认为他人遭遇痛苦的情形会本能触发我们的仁爱之情。其二，仁爱的对象不仅是人类，也包括动物。对孟子来说，"同情心"作为"仁爱"的开始，不仅是对人的同情，同时还是对每个有欢乐与痛苦情感的生物的同情，牵牛过堂而王下令以羊易之的故事就正说明这点。其三，仁爱对距离很敏感。孟子指出了"君子之于物也，爱之而弗仁；于民也，仁之而弗亲。亲亲而仁民，仁民而爱物"（《孟子·尽心上》）。但同时也指出，"仁者无不爱也，急亲贤之为物。"（《孟子·尽心上》）可以看出，尽管孟子和哈奇森都认为仁爱的强烈程度与人们之间关系的亲疏程度成正比，但在本质上，普遍而平静的仁爱不同于偏爱，因为这是一种受到道德驱使下的目标，在这个意义上，仁爱是普遍的。其四，仁爱必须经过不断地培养才能成为一种性格特质。哈奇森与孟子都将道德美德看作是一个过程，而非能够一蹴而就或与生俱来就存在且一成不变的东西，尽管美德不能够被直接教授，但可以在实际培养中得到发展。同样，孟子也主张通过反复练习来培养美德，强调人们应该培养仁爱的美德并且克制自己的私欲，因为它会阻碍人们实现美德品格，"故苟得其养，无物不长；苟失其养，无物不消"（《孟子·告子上》）。

儒家的系统包括自我的不断扩展。这个自我的范围是扩大到包括更大的上下文和关系中的；对于孟子而言，这被描述为从情境中"扩展"一个人的道德情感的过程，在情境中，他们自发地发生（例如，与家庭成员）更"远"的情况（与陌生人）。自我修养涉及不断深化自我如何由他人构成的认识。自我扩展不仅是通过与他人的关系，而且也是通过创造文化对象，作为自己的扩展和表现，允许与其他人在跨越距离和时间上的连接，人类，通过关联和创造克服分离和异化。

如果说同情是超越了人与人之间的亲疏关系而显现为一种普遍的情感，那么普遍意义上的"仁者爱人"则是对儒家理论架构的两大支柱——"孝"与"仁"的内在统一。复旦大学教授刘清平就通过对孟子伦理观念中的"孝"与"仁"的分析指出，如果依据传统的儒家的"血亲情理"精神，明确赋予血缘亲情以至高无上的地位，由此可以看出，无论是存在于"孝"中的"血亲情理"还是存在于君王等级关系中的"推恩"，虽然都表现为等级制度之下或是血缘亲属关系之下的"同情"，其程度随着关系的亲疏而有所区分，但在本质上，它们都只不过是达到普遍意义上同情的一个过程。

儒家思想的深层结构是由相互联系的五个部分组成的：命运的概念、思维模型、普通人的伦理道德、个人修养的实践方法以及学者的伦理道德。儒家人性化主要包括两个方面：普通人的伦理道德、学者的伦理道德。

第三节　英语世界《孟子》政治思想研究

一、孟子的政治思想在英语世界的传播

贝淡宁（Daniel A. Bell）吸收了较多儒家精英治国的思想，提出了具有中国"儒家特色"的民主思想——儒家代议制民主制。该制度的最大特点是高层官员不是选举出来的，而是由德才兼备的精英组成①。近年来，出现了一些用英文写作的儒学学者，如贝淡宁、戴维·霍尔（David L. Hall）、安乐哲（Roger T. Ames）以及陈素芬（Tan SorHoon）等。"他们采用了一个方法来发展儒家民主哲学，那就是转向先秦时期有关孔孟的文章。这些文章与汉代及以后各朝代作为国家意识形态的儒家思想无关。这些文章着重强调平等互利的人际关系，如提倡各个学派的道德修养，培养人性和美德（而非基本人权和权利）。"②

---

① ［加］贝淡宁：《超越自由民主》，李万全译，上海三联书店 2008 年版，第 162 页。
② Shaun O'Dwyer, Epistemic Elitism, Paternalism, and Confucian Democracy, *Dao*, Vol.14, 2015, pp.34–35.

（一）君臣关系（劳动分工）与"君权责任制"的文化传统

关于君臣关系这个问题，孟子主张"民为贵，社稷次之，君为轻"（《孟子·尽心下》）。目前，关于"君主责任制"这一政治思想的演变与发展，大多认为来源于欧洲。"主权国家"的概念最早出现于16至17世纪的欧洲，当时的理论家们对于"君主对谁负责"这一问题的看法不一。一部分理论家认为君主应对上帝负责，一部分理论家认为君主应对人民负责，还有一部分理论家认为君主应对其统治的国家社会负责。像法国的让·博丹（Jean Bodin）以及英国托马斯·霍布斯（Thomas Hobbes），都认为如若君主未能完成神圣职责和天道律法，就要对上帝负责。一些民众主权论（人民主权论）的理论家们，从16世纪法国胡歌诺派的作家们到17世纪以约翰·洛克（John Locke）为代表的英国思想家们，都坚信人民是可以正当地抵抗、推翻暴君的。而且，诸如博丹、胡果·格劳秀斯（Hugo Grotius）这些理论家，以及《反暴君论》（*Vindicae Contra Tyrannos*，1579）的胡歌诺派作者布鲁图斯(Stephen Junius Brutus，传说中罗马共和国的缔造者)，都主张国君(王子)可以正当干涉邻国事务，惩处暴君，拯救受压迫的民众。

一个国家的政治构建与其国家的礼仪是紧密联系的。首先我们应该理解"礼仪"的概念，儒家思想中的"礼"与部落中的仪式具有差异性，"礼"既指个人的外在形象（仪表和仪态），同时也是人与人之间道德体现，反映在个人的交谈、沟通、行为等方面。印第安纳大学副教授亚伦·斯托内克尔（Aaron Stalnaker）对儒家思想中的"礼"进行总结，认为"儒家关于'礼'的基本特点可归纳为：尊重甚至忠诚于他人，当然这取决于他们之间的关系；克制、中规中矩但并不总是显得很严肃；警惕并冷静；关怀挂念他人；当然还有'顺从'"。[①]"礼仪"有多种翻译，包括 rites、action、ceremony、propriety、decorum、manners、courtesy、civility 等。孟子思想中的"礼仪"

---

① Aaron Stalnaker, Confucianism, Democracy, and the Virtue of Deference, *Dao*, Vol.12, 2013, p.445.

首先是一套行为准则，在于规范人的行为，用于指导人们日常行为，"作为行为法则，礼仪的目标是灌输社会习惯，确保社会习惯的成功运行。从实践的角度，礼仪本身或许可以被视为社会习惯。如果表现得体，它可以把习惯、冲动和智慧结合起来"。①"礼"是对个人的约束，更是社会行为的准则。

另外，礼仪并不是一套静态的社会规则，它也应该是动态的。正如余英时教授所讲，儒学是实践哲学，不可能只停留在思辨层次，不论是个人修养还是政治伦理制度实现都要通过实践。"礼仪"不应该停留在制度性层面，它也是一种动态的实践。"作为文化传播核心的儒家文化应该是动态的而不是静态的，是创造的而不是压迫的，没有了创造性就不会出现与历史吻合的变化，礼仪将堕落为简单的风俗和规范性法则，遵从礼仪也就变成了例行公事。"②

对礼仪的遵守和践行不但对国家政治构建起作用，还促进社会的和谐。亚伦·斯托内克尔认为"礼仪仅仅是一种规范和丰富社团生活的一种方式，因此所有的社会参与者都会考虑其他人的需求和能力。礼锻炼每个人如何恰当照顾以及尊重他人，因此，它可能被早期儒家当作完美艺术的统治，包含自身与社会相关联的统治。儒家的社会理想就是要打造出一个和谐并统一的群体，虽然这些群体在运转过程中有很多不同之处，但都按照等级划分。对这些思想家来说，是礼仪把这些社团深深地、永久地编织在一起的。礼仪能够更加有效并人性化地使人类生活得以进行。而规章制度只会用惩罚来威慑人们，或者用钱来使他们遵守群体准则。他们认为这种恐吓和金钱诱惑只会暂时起作用，不是长久之计，不能使群体得到人们长久的支持"。③

陈素芬从儒家"礼仪"对和谐共同体的作用进行研究，认为礼仪起作用的条件是外部形式与内在实质取得平衡。外部形式是指"在具体行动中表现

---

① 陈素芬：《儒家民主：杜威式重建》，吴万伟译，中国人民大学出版社 2014 年版，第 97 页。
② 陈素芬：《儒家民主：杜威式重建》，吴万伟译，中国人民大学出版社 2014 年版，第 99 页。
③ Aaron Stalnaker, Confucianism, Democracy, and the Virtue of Deference, Dao, Vol.12, 2013, pp.445–446.

出来的可观察到的清晰细节体现了笼统的意义，个人依靠教育和社会化过程学会阐释这些意义"①。关于内在实质，陈素芬认为"除了礼仪形式外，礼仪表现是依靠与特定环境相适应的特殊内容组成的。要想礼仪表现成功，人们就必须把体现在礼仪实践外的形式意义与情形中的所有其他因素结合起来以获得独特的表现意义（performed meaning）。表现意义依靠参与者的个体性，与情景的独特状况的互动，这同时增加礼仪实践背景下共同的经验宝库"②。

此外，虽然儒家强烈的精英主义是不可否认的，但孟子认为：第一，每个人都是平等的，因为他或她有可以发展成为完整美德的"四端"；第二，在统治阶级的优越地位相应的基础上，他们可以服务于百姓，帮助他们充分发展。此观点与约翰·罗尔斯（Rawls·John）所提出正义二原则中的差别原则不谋而合，这位美国政治哲学家认为社会和经济的不平等应该这样解决——在机会平等的基础上，职务和岗位应该向所有社会成员开放，还要保证受惠最少的人尽可能获得最大的利益。但实现平等的前提条件是拥有自由，在不违背自由的情况下，强者有义务给弱者基本的补偿，让弱者也有机会公平地参与社会竞争，有机会进入精英阶层。

然而，"欧洲并不是唯一孕育'君主责任制'这一文化传统的地区。早在欧洲出现'主权国家'（sovereignty）概念的2000多年前，古代中国的先哲们就已经阐述过正统的责任（responsibility of legitimate rule）等相似的观点"③。

首先，从君权责任的角度来讲，以孟子为代表的儒家学者们宣扬"天命说"。当他的弟子问统治者是如何获得王国的时候，孟子回答说："天予之，人予之。"孟子认为最高统治者不仅有责于天，也有责于民，因为人心能彰显天意。这里的"民"并非单指该国子民，也指邻国百姓，因为孟子还说，

---

① 陈素芬：《儒家民主：杜威式重建》，吴万伟译，中国人民大学出版社 2014 年版，第 102—103 页。

② 陈素芬：《儒家民主：杜威式重建》，吴万伟译，中国人民大学出版社 2014 年版，第 103 页。

③ Luke Glanville, Retaining the Mandate of Heaven Sovereign Accountability in Ancient China, *Journal of International Studies*, Vol.39, 2015, p.324.

若邻国百姓受到压迫，仁君甚至可以干涉邻国事务。君主只有履行职责才配担任君王。孟子"宣扬君主责任制的原则以及人们生来不可剥夺的权利，以此作为反抗暴虐统治的武器"①。

那么，孟子这些有关"君主责任制"的政治主张的命运如何呢？"儒家'君主责任制'思想是以'仁政'为根基的"②。然而，战国时期，强大的诸侯国为了一己私利，滥用讨伐战争之名，屡次发动侵略战争，人民的生活苦不堪言。因此，"随着'仁'的局限性日益显露，孟子关于'君主责任制'的主张逐渐受到削弱、破坏"③。后来，法家的政治主张成为战国末期和秦朝的政治统治思想。

其次，从君臣关系的角度来讲，君臣则正是父子关系的扩大和延伸，正所谓"君君、臣臣、父父、子子"。在儒家的道德观中，政府与民众、君主与臣子的关系实质上也与儒家政治价值观中的孝道有着密切联系，而又通过神话传说将这种政府与政治理念中的概念固化在每个民众的内心。任教于美国纽约大学（New York University）的高进仁（Seth T. Gurgel）就指出："'皇帝'的政治概念包括既成为最孝顺的儿子，又是所有子民最值得虔敬的父亲，该政治内涵影响深远，之后的历朝历代一直到宋（960—1279）、明（1368—1644）都将其作为政治和教育结构的根基。"④"对他人有礼貌的顺从是政治文化中相互尊重的重要组成部分。没有它的调节，群体之间的斗争将会更加猛烈，因此也就会使得社团以及社团的独立受到威胁。"⑤

---

① Luke Glanville, Retaining the Mandate of Heaven Sovereign Accountability in Ancient China, *Journal of International Studies*, Vol.39, 2015, p.328.

② Luke Glanville, Retaining the Mandate of Heaven Sovereign Accountability in Ancient China, *Journal of International Studies*, Vol.39, 2015, p.338.

③ Luke Glanville, Retaining the Mandate of Heaven Sovereign Accountability in Ancient China, *Journal of International Studies*, Vol.39, 2015, p.338.

④ Seth T. Gurgel, Mencius: Plato with a Country on His Side. Looking to China for Help with Jurisprudential Problems, *Society&Animals*, Vol.11, 2010, p.107.

⑤ Aaron Stalnaker, Confucianism, Democracy, and the Virtue of Deference, *Dao*, Vol.12, 2013, p.449.

　　另外，君臣关系中还包含这样一个层面，即治国理政中对人才的选用。一个成熟的官僚机构不仅需要成熟的精英教育体制，还需要使民众承认这样一种人才用人制度的合法性，东京明治大学（Meiji University）副教授肖恩·奥德怀尔（Shaun O'Dwyer）认为这种协调来源于"儒家思想与民主之间的兼容性"①，可以视为一种杜威主义与儒家思想相结合的民主，在本质上属于劳动分工基础上的精英治国理论。从他的论述中可以看出，这种儒家思想与民主之间的兼容性与"天命说"是紧密联系在一起的，正所谓君权天赋，"上天决定着哪些人德才兼备、可以治国，哪些人只能被统治。儒家的精英治国主张是基于对管理的完美主义理解，即统治者有责任提高其臣民的道德水平"②。"早期儒家致力于顺从性礼仪形式并没有明确说是要构建一个没有冲突、充满和谐的乌托邦式的社会。相反，它表明了儒家对如何调解纷争这一担忧进行了深思熟虑，这种调解能够使得市民之间相互关心、相互尊重得以维持。同时，虽然他们提倡顺从，但是他们也不会排除对政治和道德的批判。"③

　　在人才任用方面，"儒家学派关于'民为贵'和人民有权罢免失职于民的君王的相关论述，和早期当代欧洲关于人民主权和抵抗暴君等相关理论，有着惊人的相似性"④。支持这些论述最著名的要属英国思想家约翰·洛克（John Locke）。洛克认为"政府部门被委以权力和重任，目的是要保护民众的'安全和保障'，如果政府失职，就会被解散，而权力也会被移交（下放）到人民手中，再次选举能委以重任之人。"⑤孟子有关成功推翻昏君方能昭示

---

① Shaun O'Dwyer, Epistemic Elitism, Paternalism, and Confucian Democracy, *Dao*, 2015, p.33.

② Shaun O'Dwyer, Epistemic Elitism, Paternalism, and Confucian Democracy, *Dao*, 2015, p.36.

③ Aaron Stalnaker, Confucianism, Democracy, and the Virtue of Deference, *Dao*, Vol.12, 2013, pp.449–450.

④ Luke Glanville, Retaining the Mandate of Heaven Sovereign Accountability in AncieBnt China, *Journal of International Studies*, 2015, p.333.

⑤ John Locke, Two Treatises of Government. Edited by Peter Laslett, (London: Mentor, 1960), Second Treatise, sec. 149. See also sec. 221–222.

天意的思想让我们想到了洛克把人民革命描述成"上帝的诉求"。但是与孟子不同，洛克并不认为上帝选定某些个人来统治其他民众。

（二）治国之道

1. "仁爱"治国

"儒家的政治主张大多都与个人的内在道德相关。"[1] 君子之守，修其身而平天下。修身是个人的道德实践，平天下是政治实践。春秋战国，各诸侯国鼎力的局面曾维持了五百多年。在此期间，以孟子为代表的儒家学者们，积极把伦理道德准则运用到治国之道中去，阐述了一种植根于"仁爱"这一美德的治国哲学。中国人民大学哲学学院副院长温海明曾说道："孟子终其一生都保持着强烈的理想主义。我们可以说，《孟子》是一本充满道德理想主义的书，全书把道德放在形而上学的思维之上。"[2] 在这个意义上，我们可以说，《孟子》中体现出的政治思想也是一种理想主义的政治哲学。"孟子的仁政说可以说是一项正确政治行为的政纲，它抓住了当时社会和政治的具体弊病，并力图加以解决。"[3]

"仁"是孔孟哲学的核心。在英语中，"仁"一般译为"benevolence"（"仁爱"）或"goodness"（"善良"）[4]。《论语》中记载，孔子坚持"仁"是指导所有社会或政治决策的美德[5]，并为统治者实施"仁政"提供了具体可行的指导方针。他认为"道千乘之国，敬事而信，节用而爱人，使民以时"（《论语·学而》），才能算得上治理有方，才能赢得人心。天下公私是道德哲学必

---

[1] Luke Glanville, Retaining the Mandate of Heaven Sovereign Accountability in Ancient China, *Journal of International Studies*, 2015, p.328.

[2] Wen Haiming, Mencius: Governing the State with Humane Love, *China Today*, No.4, 2011, p.74.

[3] 欧阳博：《论孟子仁政说的君主观念》，《孟子研究新视野》，臧克和、顾彬、舒忠主编，华龄出版社 2013 年版，第 65 页。

[4] Athur Waley, *Three Ways of Thought in Ancient China*, London: George Allen & Unwin, 1939, p.115.

[5] Cho-yun Hsu, Applying Confucian Ethics to International Relations, *Ethics and International Affairs,* Vol.5, 1991, p.19.

须区分的应有之义。孟子强调"保民而王和仁政"这样的道德政治学说，主张"王道"而非"霸道"，比穷兵黩武的暴政更能争取民心，以便维护统治阶级的稳定。

两百多年后，孟子继承和发扬了孔子的主张，将其更加完整地运用到治国之道中，并且他的立场比孔子更为严厉。在孟子那里，"善"成为对为官者的唯一要求，并且他提出"性善论"，要求把人当作本性善良的存在。他相信仁慈是人类与生俱来的天性，唯一阻碍完美人格形成的就是后天放弃必要的努力。以此为基础，孟子把"仁爱"这一美德作为衡量政治行为的标准[1]。他坚信，正如我们应该对父母和子女仁慈友爱一般，一国之君也应该对百姓仁爱有加。他强调，仁爱不应该仅仅是一种内在情操，而更应该是一种能使百姓受益的切实可行的美德[2]。因此，孟子的治国思想可以总结为"仁政"二字。孟子留下了一系列政治建议，例如：

> 人皆可以为尧舜。（《孟子·离娄下》）
>
> 人无有不善，水无有不下。（《孟子·告子上》）
>
> 圣人，百世之师也。（《孟子·尽心下》）
>
> 苟行于王政，四海之内皆举首而望之，欲以为君。（《孟子·滕文公下》）
>
> 彼一时，此一时也。五百年必有王者兴，其间必有明世者。（《孟子·公孙丑下》）
>
> 民为贵，社稷次之，君为轻。（《孟子·尽心下》）
>
> 人莫大焉亡亲戚、君臣、上下。（《孟子·尽心上》）
>
> 仁之于父子，义之于君臣……命也。（《孟子·尽心下》）

孟子仁政思想的基本概念是"仁是为政之道；育民是为政之务；体仁是

---

[1]　Cho-yun Hsu, Applying Confucian Ethics to International Relations, *Ethics and International Affairs,* Vol.5, 1991, p.23.

[2]　Luke Glanville, Retaining the Mandate of Heaven Sovereign Accountability in Ancient China, *Journal of International Studies*, Vol.39, 2015, p.330.

为政之方。就像我们在第四组的两条陈述中看到的，这种表面的矛盾实际上用'正名'原则就可以轻易的解决"①。当一个焦急的国王问孟子，他应该做什么来守住王位，孟子回答道："保民而王。"也就是说，仁慈的君主能为他的子民提供充足的物质生活基础，让百姓均能在风调雨顺之年丰衣足食，在凶年饥月也不至于食不果腹，以便他们能够孝敬父母，照顾妻儿。这就是儒家的"道德经济"，也是保障和促进民生和治国的基石。

"政府和统治阶层都共同负责人民的物质和精神福祉。平民大众的利益总是第一，而统治者的利益总是在最后。对政府进行问责是非常重要的，让那些自认为儒家主张对统治者盲目效忠的国王感到惊奇的是，孟子提出推翻暴君的统治的观点，如果国王未能做到服务人民，即使他有国王的头衔，推翻统治，杀死国王也是正义的"②。只有君王成功做到这一点，才能继续履行第二职责——教育民众（教民成俗，育民为善）。一位无敌于天下的仁君，无须高压政治，便能够把百姓吸引、归顺到自己身边，让他们从善而学习之，从而实现大一统。"诚如是也，民归之，由水之就下，沛然谁能御之？"（《孟子·梁惠王上》）

同时，孟子称，"国君好仁，天下无敌焉"（《孟子·尽心下》），还能免于其他诸侯国君的围攻与掠夺，"行仁政而王，莫之能御也"（《孟子·公孙丑上》），必要时候，仁君还能发动正义的讨伐战争，除暴安民。相反，"不以仁政，不能平治天下"。（《孟子·离娄上》）

然而，孟子对是否存在这样的仁君保持着怀疑。这样一来，孟子的观点似乎就成了一个悖论。虽然孟子是认同除暴安民的讨伐战争，但是"他却不能选出这样一位'神赋官员'（Heaven-appointed officer）来担此重任"③。正如著名英国汉学家、文学翻译家亚瑟·威利（Arthur Waley）所说，孟子关

① 牟复礼：《中国思想之渊源》，王立刚译，北京大学出版社 2009 年版，第 56—57 页。

② Bai Tongdong, A Mencian Version of Limited Democracy, *Res Publica,* Vol.14, 2008, p.24.

③ Luke Glanville, Retaining the Mandate of Heaven Sovereign Accountability in Ancient China, *Journal of International Studies,* Vol.39, 2015, p.335.

于只有"神赋官员"才有权利去进攻燕国的坚决主张，无异于是说没有人有权利进攻燕国。此外，威利认为"孟子也一定意识到他对于当时沈同（战国时期的一位政治活动家，田齐宣王时曾经担任过齐国的大夫，并且与孟子还是朋友和同事）所问问题'燕可伐与'的肯定答复可能会被理解为是建议齐国进攻燕国。"① 孟子可能当时并不相信齐宣王是拥有道德权威发动战争的，但是他的确默认了讨伐燕国之战。

孟子认为善与法的结合，才能实现道德优先前提下的统一，这是孟子政治哲学的特点。很多西方学者也非常赞同这一观点："仅有'仁爱'是不够的，法律的辅助会使之更具有效力和活力。"② 法作为一种规矩，可以拓展到国家层面上进行规范。西方学者也积极地从儒家"仁政"中探究民主思想。以过程哲学见长的安乐哲深入探究了"儒家民主"，他将儒家思想同西方实用主义哲学相结合，认为二者具有相通性。此外，陈素芬在《儒家民主：杜威式重建》一书中对儒家和杜威实用主义哲学的相关概念和理论进行对比研究，进一步阐释"儒家民主"的可能性，提供出异于西方自由民主的不同范式。

2. 精英治国（Confucian Elite Goverance）

孟子认为百姓修养不够，无法对他们的行为进行道德上的反思。"孟子似乎认为每个国家的公民都有一个基本的价值和道德潜能，这种潜能就像一个道德界限，政府最好不要跨越它。但是，孟子似乎又认为那些少有的道德卓越的人与之相比更加宝贵，应该特殊对待，不仅要给予更多的特权，还应给予更多的责任与义务。"③ 让我们再来看看"劳心者治人，劳力者治于人"（《孟子·滕文公上》）背后这复杂的观点。按照许行（战国时期著名农学家、思想家，楚国人）生产自给自足的主张，就应该做到"贤者与民并耕而食，

---

① Luke Glanville, Retaining the Mandate of Heaven Sovereign Accountability in Ancient China, *Journal of International Studies,* Vol.39, 2015, p.336.

② Cho-yun Hsu, Applying Confucian Ethics to International Relations, *Ethics and International Affairs,* Vol.5, 1991, p.23.

③ Bai Tongdong, A Mencian Version of Limited Democracy, *Res Publica,* Vol.14, 2008, p.24.

飨飧而治"（《孟子·滕文公上》）。与此相反，"对于任何人而言，包括许行，要想在生产中完全靠自给自足来满足自身需求几乎是不可能的。而且，如果手工业者与农业生产者互相进行生产交易，那么这种劳动分工的社会在商品生产与分配上的效率便会更高。如果人人都遵循许行的主张，那么整个国家将被带上一条无休止劳动的道路。劳动分工使得商品的生产与分配变得更为高效，同理，国家要实现有效统治，就需要从被统治者中选拔一批德才兼备的人来管理国家，而这些人需要用他们的劳动支持统治者"[1]。孟子认为有能力的统治者要在治理国家的事情上更费心力，而被统治者也应该通过体力劳动，承担起社会的责任，以此达到社会的平衡。"人们知道天与之的事物，也知道统治者依天道而治。但是，福祉，或者蒙难，是一个程度问题。人民不可知达到何种程度是合适的。必须综合考量全局，衡量幸福之人与不幸之人的比率，还得需要一些有一定能力的人才能做出如此判断。因此，康德把此种能力归为我们知道上帝希望我们如何表现和行事的能力，相应地，也归为所有能够进行实践理性的理性之人具有的能力。然而，孟子只将这种知天命的能力限制在一个特定的人民群体，也将政治行事能力局限于更加小的圈子。"[2]

> 后稷教民稼穑，树艺五谷；五谷熟而民人育。人之内道也，饱食、暖衣、逸居而无教，则近于禽兽。圣人有忧之，使契为司徒。
>
> （《孟子·滕文公上》）

该段中，孟子坚称应由德才兼备的人来实行统治，认为这样的人懂得如何从人的利益出发管理、改造大自然，以及通过向人们灌输五伦关系及相应责任、美德来改造人性。孟子的精英治国论恰好顺应了孔子"不在其位，不谋其政"（《论语·泰伯》）的主张。孟子从社会分工的角度对君臣

① Shaun O'Dwyer, Epistemic Elitism, Paternalism, and Confucian Democracy, *Dao*, Vol.14, 2015, p.35.
② A. T. Nuyen, The "Mandate of Heaven": Mencius and the Divine Command Theory of Political Legitimacy, *Philosophy East & West,* Vol.63, No.2, 2013, p.123.

之义以及礼制的等级差异表示认可，而儒家的精英治国主张包含两个维度的精英意识，首先在于对教育的推行，通过教育来塑造精英。"孟子坚称应由德才兼备的人来实行统治，认为这样的人懂得如何从人的利益出发管理、改造大自然，以及通过向人们灌输五伦关系及相应责任、美德来改造人性……"①而什么样的人才能被称为德才兼备的人，才能懂得如何从人的利益出发来管理、改造自然和人性呢？这样的人理应是受过教育的人，更具体来说，是受到过以孔孟思想为基础的儒家教育的熏陶后的精英人才。另一方面，儒家对教育的要求同样也是基于其对管理的完美主义的理解，即对管理者的要求，认为管理者有义务和责任通过教育去提高臣民的道德水平。

孟子认为，君主应该是道德原则的最高典范。因为君主的行为有一种典范作用，所以每个人的行为都应该取决于君主的行为。君主的一个重要任务是成为人们的老师。儒学的政治思想中，君主的合法性一定和"天"相关，而"天命"像一个特别有能力的人，即一位能够实现道德原则的人，降下了管理天下的大任。尽管孟子的思想具有精英主义色彩，但他也指出"第一，每个人都是平等的，因为他或她有可以发展成为完整美德的'四端'；第二，在统治阶级的优越地位相应的基础上，他们可以服务于百姓，帮助他们充分发展。"②

由此，我们可以为儒家的精英治国主张总结出这样一条原则，即要维持社会安定最有效的办法就是进行管理，上天决定着哪些人德才兼备、可以治国，哪些人只能被统治。"儒家的精英治国主张是基于对政治统治的完美主义概念理解，即统治者有责任提高其臣民的道德水平。儒家精英治国主张并未明示我们为何要相信德才兼备的精英能够从人民的利益出发，有效保障人

---

① Shaun O'Dwyer, Epistemic Elitism, Paternalism, and Confucian Democracy, *Dao*, Vol.14, 2015, pp.35–36.

② Shaun O'Dwyer, Epistemic Elitism, Paternalism, and Confucian Democracy, *Dao*, Vol.14, 2015, p.36.

民的利益——这些精英根本都不了解其治理的对象，而后者在公共事务当中几乎都没有发言权。"①

我们同样也应注意到，这种完美主义宣扬对"善"的全面了解。20世纪英语世界最著名的政治哲学家之一，约翰·罗尔斯（John Rawls）认为这种对"善"的认知是全面且必要的，因为这种了解是在教授五伦、官府在圣人的公告以及礼仪的传统思想的基础上，寻求对生产物及社会资源进行合理分配，并且对人们生活的方方面面的美德划分等级②。从另一个意义上讲，它的目的是让人们遵从贤明君主和圣人的主张，而且它根本不容其他学说对此有不同理解③。这样的精英统治方式之下所显现出的，是儒家思想与以杜威为代表的实用主义的结合，既强调对精英知识儒家道德的学习及运用，也强调对个人德行品性的提升；既强调在实际经验中解决社会现实中出现的诸多问题，也强调对形而上意义的原则和道理的掌握；既强调将思想理论作为现实行动的工具，也将其作为抵达个人修养的途径。

"根据这个观点，精英政府及官僚不用了解人民就有管理国家的能力取决于价值观上的文化同质性。这种同质性限制了需求、不满和期待的表达，但是在良好、稳定的关系中，上级必须了解并预料到下级的这些需求、不满和期待"④。孟子认为，明君知"民事不可缓也"（《孟子·滕文公上》）。然而，孟子承认遇到困难时需广纳贤言，例如君主认为广纳贤言，甚至是百姓之言，是明智之举；或者在提拔人才和判决死刑时。

贝淡宁提出两院制政治体系，限制非精英群体参政，"包括一个民主选举出来的下议院和一个有竞争性考试为基础选出的代表组成的'儒家'

---

① Shaun O'Dwyer, Epistemic Elitism, Paternalism, and Confucian Democracy, *Dao*, Vol.14, 2015, p.36.

② John Rawls, *A Theory of Justice*. Cambridge, MA: Harvard University Press, 1996, pp.12–13.

③ Chan Joseph, Moral Autonomy, Civil Liberties, and Confucianism, *Philosophy East & West*, Vol.52, No.3, 2002, p.295.

④ Shaun O'Dwyer, Epistemic Elitism, Paternalism, and Confucian Democracy, *Dao*, Vol.14, 2015, p.37.

的上议院"。① 该体系正与儒家德才兼备者管理的思想相吻合。贝淡宁为中国提出的"具有儒家思想特色的民主"结合了下议院选举政治领袖的选举系统和负责政策审查的上议院（上议院对下议院提出的立法主张具有否决权）选择德才兼备者的考试体系。贝淡宁用多种方式指称上议院，如"学者院""贤士院"。"贤士院的成员将会以竞争性考试为基础选出。"② 贤士院进行商议决策，当贤士院的决策同下议院的民主发生冲突时，贝淡宁提出可以依靠宪法机制解决问题，"在宪法中规定上议院中的绝大多数可以推翻下议院中的相对多数；政府首脑以及重要的部长可以从贤士院中选出；大多数重要法律将会由贤士院制定，下议院主要起着对其权利进行制约的作用"。③ 贝淡宁认为，"他的这个主张很有可能为中国这样的国家所接受；在中国，普通民众仍然坚持'尊重教育精英统治的思想'。"④

（三）"天命说"（the Mandate of Heaven）与治国之道

孔子和孟子从《尚书》中吸收了很多内容从而形成了他们的核心思想，这里要谈到的"天命说"就是其中之一。以孟子为代表的儒家学者们，主张统治者是上天所选，应该造福于民；一国之君，只有得到人民的拥护，才算是天命所归。在孟子看来，"'天'是自然世界的创造者，同时，天也具有向受人尊敬、仁慈，和富有道德的统治者赋予政治合法性（命）的宗教力量"。⑤"天是政治合法性的基础，是它的存在依据。或者我们可以说，天决定谁适合统治，相应地也决定了谁有统治权。因此，天先行地决定了统治者

① ［加］贝淡宁：《超越自由民主》，李万全译，上海三联书店 2008 年版，第 162 页。
② ［加］贝淡宁：《超越自由民主》，李万全译，上海三联书店 2008 年版，第 164 页。
③ ［加］贝淡宁：《超越自由民主》，李万全译，上海三联书店 2008 年版，第 168 页。
④ Shaun O'Dwyer, Epistemic Elitism, Paternalism, and Confucian Democracy, *Dao*, Vol.14, 2015, p.47.
⑤ Tucker John Allen, Two Mencius Political Notions in Tokugawa Japan, Philosophy East and West, Vol.47, No.2, 1997, p.233.

的合法性，天也就成为了政治体制的先行决定根据。"①孟子与其学生对统治者是如何获得王国进行了如下对话：

"然则舜有天下也，孰与之？"曰："天与之。"

"天与之者，谆谆然命之乎？"曰："否。天不言，以行与事示之而已矣。"

曰："以行与事示之者如之何？"曰："天子能荐人于天，不能使天与之天下；诸侯能荐人于天子，不能使天子与之诸侯；大夫能荐人于诸侯，不能使诸侯与之大夫。昔者尧荐舜于天而天受之，暴之于民而民受之，故曰：天不言，以行与事示之而已矣。"（《孟子·万章上》）

在孟子看来，天下并不是帝王私人财产，帝王只是被受于天命，管理国家，因此，国家的统治权不是私权，而是公权。孟子再次提到"民为贵，社稷次之，君为轻"（《孟子·尽心下》）。这一想法在两千多年前的中国具有极不平凡的意义②。澳大利亚格里菲斯大学（Griffith University）国际关系学院高级讲师卢克·格兰维尔（Luke Glanville）就甚至将起源于欧洲的"君主责任制"追溯到孟子那里，认为事实上欧洲并非是历史上唯一主张"君主责任制"的地方，早在欧洲"君主责任制"出现之前，孟子就曾阐述过与之相似的观点进行了举证分析，如"王道仁政""民为贵"的思想以及人民有权推翻暴政的主张。他指出在两千多年前，古代中国的先哲们就已经阐述了关于正统责任的类似概念，以孟子为代表的儒家学者们不但继承了孔子的思想主张，而且汲取了中国早期关于天命的思想，阐述了一种植根于仁爱这一美德的治国哲学。宣扬统治者是上天所选，一国之君，只有得到人民的拥护，才算是天命所归，因为人心能彰显天意。统治者应该对百姓负责，因为这是百

---

① A. T. Nuyen, The "Mandate of Heaven": Mencius and the Divine Command Theory of Political Legitimacy, *Philosophy East & West,* Vol.63, No.2, 2013, p.121.

② 参见 Elizabeth J. Perry, Chinese Conceptions of "Rights": From Mencius to Mao-and Now, *Perspectives on Politics,* Vol.6. No.1, 2008, p.39.

姓的正当权利。早在欧洲出现这几类思想的前几个世纪，孟子和其他学者就已明确地阐述了民族反抗，甚至是诛戮暴君的观点，而且他们还宣扬了为铲除暴君、拯救受压迫的百姓，仁君干涉邻国事务是正义之举。"虽然孟子并没有超越君主制的政治体制，但是他提出了一种君主对人民负有重大责任，并且受到权力限制的思想。这种思想建立在孟子的本体理论基础上。这个理论基础是，所有人都有内在的道德本性。"①

仁君为了除暴安民，拯救受压迫的百姓，是能够发动一场正义的讨伐邻国的战争的。"以天命作为反叛理由"这一概念最早出现在公元前世纪，即周朝建立前后。七百年后，孟子通过把"天的权威"和"人民的支持"联结起来从而丰富了该政治思想②。这事实上是在肯定民众的反叛和革命的权利，因为孟子相信，君王是收到上天指派来造福于民的，因而当君主未能履行其职责时，民众便有权利去罢黜这样的君主。这是基于其"民贵君轻"的思想。孟子宣称"民为贵，社稷次之，君为轻"，君王只有积极履行自己的职责才能够处于这个位置之上。

在这个意义上，孟子的精英治国论恰好顺应了孔子"不在其位，不谋其政"（《论语·泰伯》）的主张。因而，我们可以总结出这样一条原则，即"要维持社会安定最有效的办法就是进行管理，上天决定着哪些人德才兼备、可以治国，哪些人只能被统治"③。在孟子看来，王室血统并不构成政治合法性得以延续的基础，因为"天命靡常"，即天命容易改变，而是需要通过民众的支持而不断更新。那么，一个君王如何才能得到人民的支持呢？孟子认为君王应该多行善，保障人民的生计。"对'民'的关注，是儒家政治哲学中

---

① 欧阳博：《论孟子仁政说的君主观念》，《孟子研究新视野》，臧克和，顾彬，舒忠主编，华龄出版社 2013 年版，第 57 页。

② 参见 Elizabeth J. Perry, Chinese Conceptions of "Rights"：From Mencius to Mao–and Now, *Perspectives on Politics,* Vol.6. No.1, 2008, p.39。

③ Shaun O'Dwyer, Epistemic Elitism, Paternalism, and Confucian Democracy, *Dao*, Vol.14, 2015, pp.35–36.

的另一重要之点。"① 为确保农作物丰收，古代帝王要频繁进行考察。春省耕
而补不足，秋省敛而助不给。只有这样，君王才能享"天命"。反之，则可
能引起反叛，"饥者弗食，劳者弗息。睊睊胥谗，民乃作慝"。"孟子以古代
圣王为例，他相信，他们忘我辛勤工作，不是为自己的好处，而是利他主
义的、只想着全体人民的幸福：'禹思天下有溺者，犹己溺之也；稷思天下
有饥者，由己饥之也在。'"② 正如美国当代著名中国学家、人类文明比较研
究专家本杰明·史华慈（Benjamin I. Schwartz）说的那样，"在《论语》中
尤其是在《孟子》中明确表明，群众的道德行为取决于他们的经济福利"③。
"孟子以这种自发行为为依据，提出的原则是人的内在本性这一理论。这就
是说，自发行为证明道德是一种内在本性的资质。然而更为重要的是，当人
意识到道德性的时候，他认识到了善，并且在他的思想行为中有目的地加以
实现。"④ 如若君王危及国家独立，也就危及了民众，因此，孟子认为善良聪
明的臣民，只要动机正当合法，就能够去驱逐暴君。孟子的政治思想中包括
"天赋统治权"和"民赋统治权"，"天赋统治权与民赋统治权的理据有所不同。
通过提供存在依据，天赋予统治权；通过给出政治合法性的认知根据，民赋
予统治权。孟子将天视为政治合法性的基础，或者存在依据，而人民的福祉
则是断定一个统治者是否失去统治权或者被罢黜的原因，或者是政治合法性
的认知理据"⑤。

试比较孟子与美国独立运动领导人之一托马斯·杰（Thomas Jefferson）
关于革命的观点。无论孟子或杰斐逊都强调民众支持的重要性，但由此而

---

① 杨国荣：《孟子的哲学思想》，华东师范大学出版社 2009 年版，第 161 页。

② 欧阳博：《论孟子仁政说的君主观念》，《孟子研究新视野》，臧克和、顾彬、舒忠主编，
华龄出版社 2013 年版，第 61 页。

③ Schwartz Benjamin, In Search of Wealth and Power: Yen Fu and the West, Cambridge: Harvard
University Press, 1964, p.11.

④ 欧阳博：《论孟子仁政说的君主观念》，《孟子研究新视野》，臧克和、顾彬、舒忠主编，
华龄出版社 2013 年版，第 62 页。

⑤ A. T. Nuyen, The "Mandate of Heaven"：Mencius and the Divine Command Theory of Politi-
cal Legitimacy, *Philosophy East & West,* Vol.63, No.2, 2013, p.124.

产生的结果却不尽相同。杰斐逊对革命的理解并不源于《尚书》，而来自约翰·洛克（John Locke）的《政府论》（下）。杰弗逊在他具有煽动性的演讲中说道："革命是自然和合理的——但这是在对政治专制的监察角度来说的，而非对社会经济不公的反应。作为启蒙运动之子，杰弗逊认为周期性武装叛乱是维持自由民主必不可少的要素"①。

（四）治国之道中的国际关系与战争评判标准

孟子所处的时代正是战国时期各国战争纷乱之时，国与国之间分分合合诸多矛盾并起，因此对国与国之间关系的讨论在孟子治国理论中占据了十分重要的地位。"作为战国时期最坦率的和平主义者，孟子极力要求封建领主维护孔子所提倡的道德教训。他英勇地试图纠正统治者的思想，从而把他变成一位圣人的统治者"。②尽管春秋战国时期的"国"与现代"国家"的意义已经相去甚远，但对我们今天处理国际关系以及对战争的评判都具有十分重要的借鉴意义。贝淡宁在《战争，和平及中国国家软实力：儒家策略》(*War, Peace, and China's Soft Power: A Confucian Approach*）一文中就将孟子在社会秩序方面的"天下为公"的理想与战争之间的关系进行了对比，并试图由此来探索中国国家软实力中的儒家策略。"天下为公"投射出一种理想社会，每个人的需要都能得到满足，而战争不属于这个社会，正如孟子提出的"焉用战?"（《孟子·尽心下》）

关于战争，孟子对"霸权"和"王权"的区别展开过详细的论述。孟子曰："以德行仁者王，以力假仁者霸。"（《孟子·公孙丑》)，在孟子看来，霸权是打着仁慈正义的名号用武力攻打别国。这种战争是不正义的战争。这一论述如今仍作为道德标准被中国学者用来评价外国政策，尤其是涉及需要道德评

① Elizabeth J. Perry, Chinese Conceptions of "Rights": From Mencius to Mao—and Now, *Perspectives on Politics,* Vol.6. No.1, 2008, p.40.

② Sungmoon Kim, Trouble with Korean Confucianism: Scholar-Official Between Ideal and Reality, *Dao*, Vol.8, 2009, p.32.

判的战争（用现代语言来说，"正义的战争"）。孟子对为获取利益而发动侵略性的战争持否定态度，并指出"征服性战争不仅不能带来短期胜利，对卷入战争的任何一方都是灾难性的，包括胜利者的亲人"①。

《孟子》中有这样的段落：孟子无畏地拜见梁惠王，指责他"王好战"。孟子曰："不仁哉梁惠王也！仁者以其所爱及其所不爱，不仁者以其所不爱及其所爱。"公孙丑问曰："何谓也？""梁惠王以土地之故，糜烂其民而战之，大败，将复之，恐不能胜，故驱其所爱子弟以殉之，是之谓以其所不爱及其所爱也。"（《孟子·尽心下》）

孟子所谓的第一种正义之战就类似于现代概念中的自卫战。一个国家由德才兼备的统治者管理。统治者仁政爱民，国家幸福稳定。如果这个国家在遭受他国武力入侵的情况下发动战争，那么这种战争是正义的。

> 滕文公问曰："滕，小国也，间于齐、楚。事齐乎？事楚乎？"
>
> 孟子对曰："是谋非吾所能及也。无已，则有一焉：凿斯池也，筑斯城也，与民守之，效死而民弗去，则是可为也。"（《孟子·梁惠王下》）

以上对话表明孟子认为战争的成功主要取决于民意的支持。人民只有在他们心甘情愿参与战斗的时候才能被动员起来。暗示了对不情愿当兵的平民强制进行征兵是无效的（或者说道德上是不令人满意的）。

"第二种正义之战类似于现代的人道主义干预，孟子称这样的战争为'征'，并且这样的战争会带来世界和平和具有人道主义情怀的政府。"② 因为，一场正义的战争不是为了征服，而是为了行仁政。但在孟子那里，"征"需要满足以下四个条件：

其一，"征"的目的必须是试图解放受暴君压迫的人民。"民为暴君所

---

① Daniel A. Bell, War Peace, and China's Soft Power: A Confucian Approach, *Diogenes*, Vol.221, 2009, pp.32–33.

② Daniel A. Bell, War Peace, and China's Soft Power: A Confucian Approach, *Diogenes*, Vol.221, 2009, p.33.

虐，皆欲仁者来正己之国也。"其二，人民必须用某种具体的方式来表明他们欢迎以及支持新的统治者，且这种欢迎必须是持久而非暂时的。真正的挑战是在最初的热情退却后依然能保持对入侵部队的支持。人民会用大量的丰厚的饮食来款待最初取得战争胜利的军队，但当他们后来暴虐地对待老弱病残，毁坏古老的寺庙以及人们敬仰的祖先的血脉时，他们还会赢得人们的支持吗？其三，"征伐必须由至少有潜在美德的统治者发动。人们可以假设孟子不厌其烦地给一些有缺点的君主进言仅仅是因为他相信他们的内心里有美德的种子，或者至少他们有足够强的判断力来对具有实际意义的强调美德的建议做出回应"①。因为孟子坚信"只有一位拥有道德权威的人才能合法的发动这样的战争"②。其四，"正义讨伐之师的领袖必须以道德的名义来获得世界支持"③。《孟子》有言："汤始征，自葛载"（《孟子·滕文公下》）尽管全世界都赞同他的理由。当他行军到东方时，西方的部落抱怨；当他行军到南方时，北方的部落又抱怨了。他们说："为什么不先到我们这儿来呢？"

孟子关于公元前 314 年齐国进攻无为的燕国的思考是很有教育意义的。

沈同以其私问曰："燕可伐与？"

孟子曰："可。子哙不得与人燕，子之不得受燕于子哙。有仕于此，而子悦之，不告于王而私与之吾子之禄爵；夫士也，亦无王命而私受之于子，则可乎？何以异于是？"齐人伐燕。或问曰："劝齐伐燕，有诸？"

曰："未也。沈同问'燕可伐与'？吾应之曰'可'，彼然而伐之也。彼如曰'孰可以伐之'？则将应之曰：'为天吏，则可以伐之。'今有杀人者，或问之曰'人可杀与'？则将应之曰'可'。彼

---

① Daniel A. Bell, War Peace, and China's Soft Power: A Confucian Approach, *Diogenes*, Vol.221, 2009, p.34.

② Luke Glanville, Retaining the Mandate of Heaven Sovereign Accountability in Ancient China, *Journal of International Studies*, Vol.39, 2015, p.34.

③ Daniel A. Bell, War Peace, and China's Soft Power: A Confucian Approach, *Diogenes*, Vol.221, 2009, p.34.

> 如日'孰可以杀之'？则将应之日：'为士师，则可以杀之。'今以
> 燕伐燕，何为劝之哉?"[1]

孟子认为燕国的确应该被攻打，但是他却坚持说他自己并没有鼓励齐国去进攻燕国，因为这样不合乎情理。孟子认为只有上天选定之人才有道德权威去发动战争，就像只有"众将之帅"（Marshal of the Guards）才有权利去诛杀凶手。谁是上苍选定之人？谁才有资格发动战争？孟子说一位真正能够施行仁政的君主，就连邻国的百姓都像尊重父母一样敬仰他。孟子认为，这样的君主才会无敌于天下，才是"神赋官员"（Heaven-appointed officer）。孟子认为周武王就是一位仁君，他发动了正义的讨伐战争，伐暴安民，受到被压迫人民的拥护、欢迎。孟子称，一位无敌于天下的仁君，无须高压政治，便能够把百姓吸引、归顺到自己身边，让他们从善而学习之，从而实现大一统。"诚如是也，民归之，由水之就下，沛然谁能御之?"（《孟子·梁惠王上》）这样的仁君也能够发动正义的"讨伐战争"，除暴安民。

然而，孟子却认为在君主统治的领域不存在所谓"仁爱"，这似乎与他将"仁爱"与"善"视为人之本性的观点相悖。虽然，孟子是认同除暴安民的讨伐战争，但是"他却不能选出这样一位'神赋官员'来担此重任"[2]。正如亚瑟·威利所说，孟子关于只有"神赋官员"才有权利去进攻燕国的坚决主张，无异于是说没有人有权利进攻燕国。此外，威利认为孟子也一定意识到他对于当时沈同所问问题"燕可伐与"（《孟子·公孙丑下》）的肯定答复，可能会被理解为是建议齐国进攻燕国[3]。孟子可能当时并不相信齐宣王是拥有道德权威发动战争的，但是他的确以缄默不语的方式默认了讨伐燕国之战。

---

[1] Luke Glanville, Retaining the Mandate of Heaven Sovereign Accountability in Ancient China, *Journal of International Studies*, Vol.39, 2015, p.335.

[2]   Luke Glanville, Retaining the Mandate of Heaven Sovereign Accountability in Ancient China, *Journal of International Studies*, Vol.39, 2015, p.335.

[3] Arthur Waley, *Three Ways of Thought in Ancient China*, London: George Allen & Unwin, 1939, p.153.

遗憾的是，除了对针对平民进行大规模屠杀的争论外，关于战争的道德评判，贝淡宁认为：“孟子没有明确地把他对于正义之战的观念运用到战争的正义行为上。”①

另外，西方社会对战争性质的判断不同于中国。在正义与非正义战争理论方面最具影响力的美国学者迈克尔·沃尔泽（Michael Walzer）曾明确指出人权是战争时期道德的基础，“个人对生命和自由的权力是判断一场战争的性质的最重要基础”②。这事实上是与中国自古以来注重作为群体的民众与西方注重个性表现的传统有关。

（五）权利与民主（君民关系）

现代意义上的“权利”从本质上来说是一个政治概念，一般是指法律赋予人实现其利益的一种力量，涉及政治、经济、文化等各个方面的利益。“在过去的两千年，中国的政治思想、政策和抗议已经把社会第一要务让给了经济安全的发展。”③因此，在中国政治话语中的“权利”显然具有不同于英美国家政治话语中该词的含义。

虽然孟子从未在其观点中明确定义过“权利”的概念，但是他确实强调了经济福利与合法统治之间的联系。哈佛大学政府系教授、燕京学社社长裴宜理（Elizabeth J.Perry）考察了孟子等儒家思想家，将这种对“权利”的观念与“天命思想”相联系，并且正是“天命思想”赋予了人们可以用叛乱去推翻不道德的统治者与政府，并且让那些有此贤能的人们去取而代之。正因“天命思想”实际上是将王权置于某个君主以外的地方，因而君主统治的合法性会时刻受到怀疑，也正因此，当孟子的弟子问统治者要如何才能获得王

---

① Daniel A. Bell, War Peace, and China's Soft Power: a Confucian Approach, *Diogenes*, Vol.221, 2009, p.37.

② Walzer Michael, *Just and Unjust War*, New York: Basic Books, 1992, p.54.

③ Elizabeth J. Perry, Chinese Conceptions of "Rights": From Mencius to Mao-and Now, *Perspectives on Politics*, Vol.6, No.1, 2008, p.37.

权的时候，孟子回答道："天予之，人予之"，而随后又解释道："民为贵，社稷次之，君为轻。是故得乎丘民而为天子。"由此可以看出，孟子实际上是将君权统治的合法性置于民众的意见之下。

《孟子》中有这样的故事，当一个焦急的国王问孟子，他应该做什么来守住王位，孟子简单地说："保民而王。"在这个故事中，孟子通过对如何守住王位这个问题的回答，指出君权应向人民负责这一观点。"在孟子看来，尽管主体在具体境遇中可以灵活变通（权），但这种变通同时又必须以某些普遍原则为依据。"[1] 正是儒家这种保护和促进百姓生计的政治观念成为了维护国家稳固的基石。

二、孟子与其他百家政治思想在英语世界的传播

（一）从"宪政主义"看孟子和荀子的政治理论

传统的研究方法倾向于将孟子和荀子的政治理念分为理想主义与现实主义两派，将孟子归为儒家的理想主义派，而将荀子纳入现实主义派。就君权的来源来说，孟子认为王位的继承应当以个人的美德作为评判标准，当君王统治不合民意时就应当退位让贤，而荀子却对孟子在君权统治方面的这种理想主义大加批判，他站在统治阶级的立场上，认为应当以礼治国，同时以法对人的行为进行约束。二者在君权统治的策略方面存在诸多观点相悖的地方，而在香港城市大学金圣文（Sungmoon Kim）教授认为，若从儒家"宪政主义"的角度出发，两者政治理论其实是有相同之处的。[2]

首先让我们看看在传统的研究视域下对孟子和荀子的君权思想解读。

---

[1]　杨国荣：《孟子的哲学思想》，华东师范大学出版社 2009 年版，第 91 页。

[2]　Sungmoon Kim, *Confucian Constitutionalism: Mencius and Xunzi on Virtue*, Ritual, and Royal Transmission, *The Review of Politics*, Vol.73, 2011.

冯友兰先生可能是最早按照理想主义与现实主义对孟子和荀子的思想进行划分的，并且他在自己的著作《中国哲学简史》中的第七章命名为"儒家的理想主义派：孟子"。

1. 传统视角

（1）理想主义孟子——德治

孟子有言："人之有道也，饱食、暖衣、逸居而无教，则近于禽兽。圣人有忧之，使契为司徒，教以人伦：父子有亲，君臣有义，夫妇有别，长幼有序，朋友有信。"[①] 而肖恩（Shaun O'Dwyer）也指出，"孟子坚持称应由德才兼备的人来实行统治，认为这样的人懂得如何从人的利益出发管理、改造大自然，以及通过向人们灌输五伦关系及其相应的责任、美德来改造人性。"[②] 由此可以看出，孟子"德治"的治国理念奠基于他的"性善"论，"孟子这种人性本善的思想，其流传和影响深远，不仅由于任何社会从维系社会内部和谐都倡导人们向善的道德需要，而且由于孟子对这种思想从理论上作比较深刻的论证，即作了与人之常情的经验类似的心理描述"。[③] 并且以人为本位来对自然和社会进行改造和管理。"君仁莫不仁，君义莫不义，君正莫不正。一正君而国定矣。"[④] 从这些对孟子的传统阐释中可以看出，孟子眼中的君主所拥有的是道德的权威，区别于当今世界现代国家统治阶级所拥有的法律权威。"强调道德的作用，把政治伦理化，这是孟子的重要观点，也是其思想的一个突出特点。道德是政治的道德，追求道德能够取得政治的利益；政治是道德的政治，政治是道德的直接引申和推衍。孟子认识到了道德在社会治理中特殊的作用，认识到了道德与政治之间的有机联系。但他夸大了道德的作用，孟子与孔子等儒家思想家的这一思想在历史上对于加强政治

---

① 杨伯峻：《孟子译注》，中华书局 1960 年版，第 125 页。

② Shaun O'Dwyer, *Epistemic Elitism, Paternalism, and Confucian Democracy*, Dao, Vol.14, 2015, pp.35–36.

③ 王树人、喻柏林：《传统智慧再发现》，作家出版社 1996 年版，第 59 页。

④ 杨伯峻：《孟子译注》，中华书局 1960 年版，第 180 页。

统治、稳定社会秩序曾经起了积极的作用。"①

"在孔子那里，伦理与政治是不分的，显然是学派初创期朴素的综合性质，那么，到了孟子时期，则是有意识的，合乎其自身逻辑地从其伦理学说中推导出其政治思想，从而使其政治主张具有浓厚的道德色彩。"② 事实上，孟子将这种拥有道德型权威的君主观念追溯到上古时期，认为这种理想的君主早已有之。尧帝禅位于舜，舜又禅位于禹，天子的王位就这样由圣人传递给圣人。在孟子看来，这是一种最理想的政治模式，如果统治者实行仁政，就可以得到民众的衷心拥护；如果不顾民众的生存现状，推行暴政，就将会失去民心而变成独夫民贼，被民众推翻。但在孟子看来，不能随意将天下拱手让给别人，舜和禹成为君王并非由上一任君王主管决定，而是来自上天的授意，正所谓"天命"。这里的"天"不仅代表自然界的天，不仅代表一种至高无上的外在自然力量，同样也包括了具有道德意义的"天"，这种上天授予君王的权力就会受到民众的拥戴。"'天'是指一种超越了人的，并且不为人所预料和控制而必须承受的一种力量。也是一种会出现会消失并且会循环出现的一种机遇。是一种得之即成、失之即败的条件，但是却不能控制的。"③

"孟子的政治哲学基源于他的道德情感思想的延伸……这些情感恰恰是人美好的本质……对孟子而言，正是人性中最原始的美德使得'情感政治'才能实现。"④ 孟子的这套圣人为政的理论建立在他的"性善论"基础之上，所谓"性善"是指每个人的内心中生来就带有趋向"善"的潜能，不仅存在于每个普通民众的内心，同样，君王的内心也存在着这种"性善"的本质。在此基础上，统治者有恻隐心并且从仁爱之心出发来行仁政，治理国家易如

---

① 张奇伟：《孟子思想的现代价值》，臧克和、顾彬、舒忠主编，华龄出版社 2013 年版，第 125 页。

② 詹瑜：《周秦伦理文化及其现代启示》，陕西人民出版社 2007 年版，第 159 页。

③ James, Jr. Behuniak, *Naturalizing Mencius, Philosophy East & West*, Vol.61, No.3, 2011, p.502.

④ Chan Wing-cheuk, *Philosophical Thought of Mencius, Dao Companion to Classical Confucian Philosophy*, Vol.3, 2014.

反掌。孟子对君子的认识包括仁和礼两个要素，这也和孔子一脉相承，但是孟子更加注重发展和扩充"仁"的实质，提出了"性善论"，将"性善论"作为"仁"的内在依据。"君子"是孟子的理想人格的集中体现，"四端"说是孟子伦理道德的基础。"孟子坚定地宣传注重道德的儒家思想（这里的儒家思想可能是他的再创），从而突出儒家思想中的道德理想与国家现实目标之间的张力，这表现在'仁''义'与'利'等其他内容的二元对立上。"①

同时，孟子的仁政观念不仅体现在一国之内，要求君主以德治国、以民为本，同时也表现在对外关系上。孟子早在两千多年前就对"霸权"和"王道"进行了详细的论述。孟子说："以德行仁者王，以力假仁者霸。"（《孟子·公孙丑上》）如果仅仅只是军事实力的提升而不注重对政治德性的提升，那这样的国家或统治者只会让人生厌，而无法令人从心底里产生敬仰的情绪。而相反，如果一个国家不仅在经济军事上不断向前迈进，并且同时给予政治道德观念和模式以同样程度的重视，那么就一定会成为一个真正意义上的强国。

孟子的这个推论看似非常合理，然而，人性本善只是确保了每个人都有向善与为善的可能，但不能保证每个人都是必然为善，孟子就是混淆了这一点，将仁政构想建立在统治者的恻隐之心和"推恩"的道德培养法之上，这无疑是陷入了理想主义，毕竟，没有人能够确保统治者随时都有虚无缥缈的同情心。

孟子的治国思想中也包含以礼治国，在孟子的政治思想和道德思想中，"首先，它并没有过多地涉及社会政治学体系中的'礼'。据孟子说，它是由圣人之王所创造的，但是道德实践才是最重要的。更准确地说，在由自然状态向文明状态转变的过程中，'礼'才是最关键的。在这一观点的支撑下，通过巩固道德实践，我们建立了关于'礼'的强大政治机构。其次，'礼'的礼仪主要是一种道德美德，内在意识和实践，把一个古老的、

---

① Sungmoon Kim, *Trouble with Korean Confucianism: Scholar–Official Between Ideal and Reality, Dao,* Vol.8, 2009, p.35.

原始的人变成一个真正的社会人。最后，孟子所说的自然人的道德荒芜，只是因为他们的道德意识尚未觉醒。"[1] 孟子治国思想中的"礼"，对统治者不具备现代法律意义上的约束力，其"礼"的实现，依靠统治者人性中的善。

"孟子所讲的潜在的规定是自发地在上天的授权下形成的，即道德价值根源之自觉心能够使一个人实践'礼'，其目的是为了社会性地表达或实现道德美德的'礼'，然后，'礼'的道德实践也会使社会政治制度化。儒家的美德是保障政府机构的安全产品，它们主要是指公民道德，美德不仅使人们维持社会交际，也有助于维持社会政治制度。这种对儒家政治社会制度层面的关注，使得孟子成为不仅仅是关于人性和道德修养的道德哲学家，也是儒家宪政思想的政治思想家。"[2]

综合而言，孟子圣人为政的主张是将统治的合法性建立在统治者个人身上，并且在此基础上，国家政治生活的发展主要靠统治者自身的修身，并通过自己的道德来稳固统治的根基。孟子这种主张所要达成的政治目的就是正己化人，同时人的教化需要"一个人创造性地发展不仅要依赖他已具备的，关于既定社会规范的认识，也要依赖他的内在方向感"[3]。儒家将对人的关怀推及政治，进而将教化生命作为政治的根本目的。萧公权先生也提出了类似的见解，"近代论政治之功用者不外治人与治事之二端。孔子则持'政者正也'之主张，认定政治之主要工作，乃在化人。非以治人，更非治事。故政治与教育同功，君长与师傅共职"[4]。换而言之，儒家期待的政治不是单一的统治与被统治的关系，而是渗入了更多的人文情怀，是一种极其具有人道色彩的互相感化的关系。

---

① Kim, Sungmoon, "Before and After Ritual–Two Accounts of Li as Virtue in Early Confucianism", *SOPHIA*, Vol.51, 2012, p.201.

② Kim, Sungmoon, "Before and After Ritual–Two Accounts of Li as Virtue in Early Confucianism", *SOPHIA*, Vol.51, 2012, p.202.

③ 杜维明:《仁与修身:儒家思想论集》，三联书店 2013 年版，第 47 页。

④ 萧公权:《中国政治思想史》，辽宁教育出版社 1998 年版，第 62 页。

（2）现实主义的荀子——礼治

儒家思想中，通常将荀子视为孟子的对立面，荀子主张礼治的同时又主张进行法治，礼法并提，以法为礼的依据，我们可以将这种礼法结合的政治思想概括为"礼治"。

荀子站在统治阶级立场上，首先强调尊崇礼义、实行礼治，并对此进行了较为深刻的阐述。荀子从人性谈起，指出了"礼"对治理国家的重要作用。他认为，人生来就有欲望和需求，要满足人的需求，就必须按照礼的规范"定伦"、"明序"，保持物与欲相协调。

不仅如此，荀子还指出："隆礼贵义者其国治，简礼贱义者其国乱。"（《荀子·议兵》）从中可以看出荀子对"礼"的重视。"礼"是我国古代政治生活中的重要概念，孔子就反复提到"礼"，讲"克己复礼"，主要是指恢复周朝的等级和伦理制度。而荀子在此基础上更进一步，他把礼作为治国的重要标尺，并且提出了一整套具体规范，比如在社会分工等方面，他明确提出："兼足天下之道在明分。岁虽凶败水旱，使百姓无冻馁之患，则是圣君贤相之事也。"（《荀子·富国》）荀子在这里讲的"明分"，就是礼治的具体化，用礼规范社会，建立"长幼有差""贵贱有等"的社会秩序，实现国家的有效治理。

另外，荀子在论述礼治的同时，还对依法治国作了深刻阐述。他的著作里，有许多关于法治的精辟论述。如："赏有功，罚有罪，非独一人之为也，彼先王之道也，一人之本也，善善、恶恶之应也，治必由之，古今一也。"（《荀子·强国》）又如"治之经，礼与刑"（《荀子·成相》）。还有"循法则、度量、刑辟、图籍"（《荀子·荣辱》）等。当然，荀子讲的法治，与现在的法治是有区别的。荀子说的法治，主要是指按礼法进行赏罚，也就是一切用礼规范，否则，就要受到惩罚。他还认为，人生而有欲，有欲必有追求，有赏则思立功，立功则得赏，得赏则更思立功，功和赏互为因果，这样会激励人奋发进取。反之，如果有欲而不思进取，采取不正当手段沽名钓誉，就会危害社会，就必须遭到惩罚。

在这个意义上，荀子推崇的是一种隆礼重法的政治思想。这种治国理论在当时看来，无疑是非常有现实意义的，具有一定的可操作性。

2. 从宪政主义解读孟子与荀子

（1）宪政重新解读

宪政具有两方面的内涵，其一是作为一种政治理念，另一方面是作为一个制度体系显现出来。在根本上，是指代一种政治学说——主张国家或统治者的权力来自于法律并且被法律约束。现代的宪政思想虽来源于西方，但事实上从孟子和荀子的思想中，我们也可以找到一丝宪政的萌芽，或者说在它们之间，存在着一种"遥远的相似性"。

如果说在孟子和荀子的思想中早已显现出宪政思想的萌芽，这似乎是一个值得讨论的问题，我们不禁要问，宪政主义在中国儒家政治思想中真的存在吗？就儒家所倡导的统治方式而言，学界普遍认为中国儒家政治基本上是属于"人治"。

在这里首先需要对何为"人治"进行界定。对照儒家经典中对治国理论的描述"其人存，则其政举，其人亡，则其政息"（《礼记·中庸》），这是哀公问政时孔子的回答。由此可以看出，在儒家看来，国家政治关键在于统治者，只要统治者道德修养水平高，就会有昌明的政治环境，统治者的道德因素决定着政治的成败和国家的兴亡。如此看来，儒家所提倡的"为政在人"就正是一种典型的人治主义。

儒家，尤其是孟子所倡导的这种"人治"，从制度基础上来讲，其较少依靠法制或宪法进行活动，而是以"仁政""天命说"以及"性善说"为其基础，从本质上来讲，这实际上就是将人的活动与国家的活动和发展相联系起来。从这点来看，似乎与宪政的要求有所差距。但从结果上来说，孟子民贵君轻的思想、君权由天授命在一定程度上可以说是赋予和维护公民的权利和自由。而就荀子来说，荀子本身提倡法治，以法律作为民主的基础和保障，可以说这就在更大的程度上与宪政主义联系了起来。

因此可以说，孟子和荀子在很大程度上都建立并发展了以法为重要理政方式的政治理论，无论孟子还是荀子的主张都可以看作中国古代宪政的两个不同路径，一个偏好德治，一个偏好礼治。香港城市大学金圣文教授也指出："尽管孟子和荀子对于禅让的看法存在巨大差别，但他们的这种争执都是围绕着君臣之间的创造性张力以及什么才是对王权的最佳理解（个人还是体制）展开的，都属于儒家宪政主义的范畴。"①

（2）德治宪政——孟子

尽管孟子所提倡的治国之道是以德为主，强调德治与仁政，但事实上他也从未忽略法治的重要性。在他看来，德治强调对精英的培养与对人内心的教化，因而贝淡宁将孟子的这种"德治"归纳为"具有中国儒家特色的典型民主制"，强调应由德才兼备的人来进行统治。但这种"德治"仅仅是一种软性的社会规约，要使其在社会管理及维持社会稳定方面起到有效作用，就还需要法治宪政加以补充。事实上尽管孟子的德治思想中法治一面历来不受关注，在他的著作中也鲜有关于法治的直接记载，但是仔细阅读《孟子》一书，还是涉及了立法、守法和执法等具体的方面。

在谈到孟子宪政思想的时候，我们不得不关注这样一个问题——如何限制君主的权力。这个问题是任何有君主的国家都存在的问题，也是孟子思想中的困境。

孟子多次提及限制君王权力，如与齐宣王有这样一段经典的讨论：

齐宣王问卿。孟子曰："王何卿之问也？"

王曰："卿不同乎？"曰："不同。有贵戚之卿，有异姓之卿。"

王曰："请问贵戚之卿。"曰："君有大过则谏，反覆之而不听，则易位。"（《孟子·万章下》）

这里孟子弘扬大臣的职责和权力而限制君主权力无限地膨胀，这也是孟子仁政思想的内容之一，体现出一定程度的民主政治色彩。孟子"民贵君轻"的"仁政"思想是对孔子思想的继承和发扬，同时也长期维护了封建生活的

---

① Sungmoon Kim, Confucian Constitutionalism: Mencius and Xunzi on Virtue, Ritual, and Royal Transmission, *The Review of Politics*, Vol.73, 2011, p.398.

发展和稳定。

然而，孟子一方面认为民贵君轻，赞同君若无道，人民有权利推翻统治或者诛杀暴君。另一方面在《孟子》一书中找不到证据来支撑孟子的这个观点。比如，废黜（或杀死）暴君桀和纣从而改朝换代，建立商朝和周朝的不是下民，而是汤王和武王（两者分别是夏朝和周朝的诸侯）。同样，如果诸侯因为施行暴政而不再符合天命，下民虽可以群起而抗之，但却没有重新任命新君主的权力，因为这种权力是世臣所独有的，尤其是他们中的道德高尚者。

从以上的分析不难看出，实际上孟子对君主权力的限制有一定的认识，但是没有将限制君主的权力扩散到广大人民群众身上，只有统治阶级才能限制君主权力，这虽然有一定的局限性，但是对当时的社会环境来说，已经是一个巨大的进步了，我们可以说孟子的思想中是存在当代政治萌芽的。

（3）礼治宪政——荀子

上文中我们已经提到，荀子所推崇的是一种隆礼重法的政治观。一般看来，统治者是无法凌驾于"礼"之上的，而相反，统治者往往会受到"礼"所带来的系统性约束。同时，在另一个层面上，"礼"也赋予了统治者道德和政治上的权威，以便于更好地达到统治的目的。荀子的礼治宪政思想就正是由此而体现出来，可以说荀子发现了"无为而治的真正力量不是来源于君主们的个人品质，而是道德政治体制"[1]。

尽管荀子认为法是由人制定的，治理国家的关键是人而不是法，他还是承认了"法"的重要性，这并不是说"法"不重要，而是说法的施行无法离开人对其的运用。

荀子重法，重到什么程度呢？他不但主张"明礼义以化之，起法正以治之，重刑罚以禁之"，而且认为"法者，治之端也"。[2]

---

[1] Sungmoon Kim, Confucian Constitutionalism: Mencius and Xunzi on Virtue, Ritual, and Royal Transmission, *The Review of Politics*, Vol.73, 2011, p.395.

[2] 傅晓华：《略论先秦"人治"与"法治"思想的争论实质》，《云梦学刊》2004 年第 2 期，第 33 页。

法的作用就是在事前对人的行为进行约束和规范，荀子认为人的行为本质上是由身体欲望主导的，除非受到约束和规范，否则这种欲望就会使人陷入无尽的挣扎。究其原因，是因为关于荀子对孟子的"性善论"有着不同的看法，他不同意善良和道德是作为本性存在于人的内心的，而正相反，他认为在人的本性中充满着欲望和邪恶，只有通过后天的教育教化以及法的规约，才能遏制人内心的恶，使人的言行举止逐渐趋向善发展。荀子这种"性恶论"的观点，与西方的传统观点相一致。西方哲学对人性的判断建立在基督教的核心思想"原罪说"之上，西方的传统文化认为，除了上帝，人人都是有罪的。这不就是"人之初，性本恶"吗？

简而言之，对荀子来说政治权力能否从一个圣君转移到另一个圣君并不那么重要，因为王道的延续实际上体现于礼乐刑政之中。正因为在荀子看来，人的本性是恶的，也就是说每个人生来就有罪，所以谁都不可以相信。事实上中国的政治思想中究竟有没有存在过宪政主义其实根本不是个问题，真正的问题是，在儒家这种道德和政治环境中究竟建立起了什么样的宪政主义，是怎样去有效限制和赋予政治权力的。

本章从传统研究方式对孟子和荀子的解读出发，分别把孟子和荀子提出的德治和礼治思想中发展而来的德治宪政主义和礼治宪政主义重新建构，以此证明儒家宪政主义萌芽确实存在。尽管孟子和荀子对于君王如何治国的看法存在巨大差别，但他们的这种争论都是围绕着王权在根本上到底属于君王个人还是一个体制展开的，这些都属于儒家宪政主义的范畴。虽然构成儒家宪政主义的一些并不可少的重要概念和观点（如天命、圣君和贤臣）在当下的社会政治和文化环境中已不再适用，但其主张国家权力来自并被德和礼所约束的特点，还是有积极意义的。

（二）孟子和韩非子的政治理论

儒家思想是古代中国政治思想的核心，而法家思想在中国历史上也曾有过非常重要的地位。以韩非子为代表的法家思想家非常蔑视儒家，原因在于儒家强调宽容和道德统治，刚好站在了强调以法来对人的道德行为进行约束和教导的法家的对立面。

但在另一个层面上，韩非子也并非是否定道德规范在社会和谐、物质富足的盛世中的地位。只是在他所处的那个诸雄割据的战国时期，儒家思想所提倡的建立在存在于人内心中的道德及"善"的本性的这种统治方式并不适用，可能会引发更大的灾难。因而韩非子十分注重在道德及"善"的领域之外强调法的重要性，在道德教化无法起作用的地方用法来加以补充。韩非子指出，社会真正需要的是通过严厉的律法刑法来加强国家权力，并且他一再强调道德观念不应该阻碍这一过程，法律应该取代道德约束，实行中央政府高度集权，法律面前，人人平等。

不出所料，这种强权思想在战乱年代有着巨大的影响力。残暴的秦始皇采用了韩非子的主张，从而统一了六国。日本明治维新前，西方列强以武力打开了日本的大门。日本统治者摒弃了儒家思想，开始大力弘扬法家思想，提倡"发展国力，增强军力"以及"奖罚分明"。中国近代"百年屈辱"后，法家思想再次在中国政坛上引起了注意。中国领导人吸收法家思想，注重增强国力从而抵抗外敌、避免内乱。

但事实上，任何一家的思想都无法在所有社会情形或背景中都能够适用，我们在看待无论是儒家还是法家或是其他家的政治思想的时候，都要将其与社会现实和背景结合起来，将它们放在切实的历史环境中去考察。就法家来说，与儒家思想最大的不同在于，他们主张在道德上丝毫不考虑其他国家。法家学派认为，"任何一个社会都是为了统治其他的社会"①。

也许有人会质疑：社会在变化，每个历史时期、每个国家的情况都不同，研究生活在几千年前的孟子的政治思想有何价值？毫无疑问，古代社会和当今社会差距很大。但是，倪乐熊曾指出战国时期和当代国际系统有五点共同特征："（1）没有比国家更高的真正的社会权威存在；（2）更高的社会权

---

① Athur Waley, *Three Ways of Thought in Ancient China*, London: George Allen & Unwin, 1939, p.252.

威是形式化的，而非实体化（战国时期的周天子，当今时代的联合国）；（3）一旦发生冲突，任何意见都是以国家利益或民族利益为出发点；（4）对国际关系起决定作用的是'丛林法则'；（5）实现国家利益都打着全世界道德准则的幌子。"① 集权主义专制统治下，国家作为最高的社会权威，国家利益是一切政治活动的出发点，着眼于国家利益的活动都被视为合乎道德准则的行为。这也许与儒家的治世思想有所出入，但是任何一家的思想放到实际的社会情景中，都有它合乎情理的部分。黄俊杰将儒家经学阐释学视为政治科学。在他看来，"帝王政治体系关注统治者，而儒家政治哲学关注人民，在现实世界中很难实现儒家价值观。儒家学者不能实现自己的政治抱负，就常常通过注经来表达政治理想。这种类型的阐释是道德研究，更多的是道德对错，而不是政治统治"②。

第四节　英语世界《孟子》其他思想研究

一、英语世界《孟子》教育思想研究

"人们常说孟子是孔子之后又一位伟大的教育家。确实，孟子所说的种种教学方法，如由博返约、率性而教、引而不发等等"③，孟子关于教育有独特深入的认识，教育的本源可以回归到对人的教育，那么，对人和人性的认识是其中必不可少的成分。孟子的性善论对教育对象的认识极具参考意义，此外，孟子的"四端说"与教育的内容紧密相关，那么孟子的教育思想具有

---

① Ni Lexiong, *The Implications of Ancient Chinese Military Culture for World Peace, in Bell, D. A.* (ed.) *Confucian Political Ethics*, Princeston: Princeston University Press, 2001, pp.203–205.

② Huang Chun–chieh, Contemporary *Chinese Study of Confucian Hermeneutics, Dao: A Journal of Comparative Philosophy*, Vol.IV, No.2, 2005, pp.354–355.

③ 赵昌平：《孟子：人性的光辉》，上海古籍出版社 2008 年版，第 98 页。

哪些特点呢？

关于教育，孟子伦理思想中的诸多观点具有丰富的教育内涵。虽然孟子没有直述教育的目的，"修身，齐家，治国，平天下"的思想既是一种美好的人生理想，同时指向个人教育的现实目标。对个人而言，孟子相信人天性善良，教育可以激发个人内心的"善"，帮助个人成为"君子"，一个有仁、义、礼、智、孝的道德之人。在国家层面，孟子以及儒家思想将教育同政治联系到一起，儒家学术注重实践，侧重教育、教化、修齐治平的实践来转化政治权力体系。在孟子的思想中，教育可以提升民众的道德水平，帮助统治者更好地治理国家。此外，孟子认为教育的终极目标是社会和谐，教育可以促进社会进入"天下为公"的理想状态。

性善论是孟子思想的基石，其中"善"具有双层含义，既表示人本性的一种可能，同时也指向"善"的一种行为。因此，"善"既是先天设定的，也可以通过后天培养。教育则是后天培养"善"的一种途径，孟子认为"教育的主要目的是把人教育成为有道德的人"[1]，所以教育在孟子的思想中更加侧重道德教育。它不仅包括教授知识，更加注重对道德的培养。中国著名哲学家李泽厚（Marthe Chandler）关于孟子的道德教育有详细的论述，道德教育的核心是培养"心"，"心"可以被理解为"端"，它是孟子思想中四项美德（仁、义、礼、智）的来源。李泽厚指出"孟子认为人有许多自然冲动和欲望，除了物理欲望以外，他将一些道德冲动定义为'恻隐之心''羞恶之心''辞让之心'和'是非之心'。如果他们的身体和生理冲动得到适当的培育并且没有受到损害，那么人们就会拥有长而健康的生活。如果道德冲动没受到损害，并且得到适当的培养（教育或引导），他们将发展成为儒家价值观中的仁、义、礼、智。"[2] 换句话说，"心"作为道德冲动，是道德或美德

---

[1] A. T. Nuyen, Can Morality Be Taught? Aquinas and Mencius on Moral Education, *Aquinas, Education and the East,* Vol.4, 2013, p.108.

[2] Marthe Chandler, "Meno and Mencius: Two Philosophical Dreams", *Philosophy East & West*, Vol.53, No.3, 2003, p.376.

的起源，对"心"的培养便是教育的过程，那么怎样培养"心"才能使其发展为美德呢？

在孟子的思想中，教育主要通过内部的自我修养与外部的教育两个方面展开，孟子更加注重自我修养的教育方式，努恩（Anh Tuan Nuyen）指出："相对于指导式教学，阿奎那注重发现式的学习。同样的，相对于他人教授，孟子更加重视个人'内部'的学习和对内心的追寻，关于自我修养，孟子不仅强调培育自我修养，也强调个体自己对自我修养进行培养，自我修养的提升是一个自然的过程。"[1] 可以看出孟子认为"心"向美德的转变在于个人自身对"心"的培养。杜维明也讲道"个人和社区通过家庭乃至全球共同体在各个层面上丰富的合作。自我修养根植于家庭、村落、国家和世界。归属感通过不断的精神实践去超越自我主义、裙带关系、眼界狭小、民族优越感和人类中心说来预见，个人为中心以及与他人的关系使得个人成为各种关系的中心。"[2]"自我修养是家庭、国家和宇宙的秩序的根；同时，自我的修养只能通过他自身拥有的与家庭、国家和宇宙的联系来实现。"[3] 自我修养是自然的过程，这一关于教育方法的教育思想也可以在孟子的文章中有迹可循，孟子讲述过拔苗助长的故事，宋人本想通过拔苗让农作物长得快一点，结果却适得其反："宋人有闵其苗之不长而揠之者，芒芒然归，谓其人曰：'今日病矣！予助苗长矣！'"。（《孟子·公孙丑上》）通过类比，可以看出教育也需要注重自然的过程，遵循规律。另外，孟子还将人类比为植物，指出人的成长和教育应该同植物一样更加自然。"在孟子的人性观中，人具有生物性、情感性和智力性，是整个自然世界中的一部分。孟子强调人如同自然

---

[1] A. T. Nuyen, Can Morality Be Taught? Aquinas and Mencius on Moral Education, *Aquinas, Education and the East,* Vol.4, 2013, p.108.

[2] Tu Weiming, The Global Significance of Local Knowledge: A New Perspective on Confucian Humanism, *Sungkyun Journal of East Asian Studies,* Vol.1, No.1, 2001, p.26.

[3] Mark A. Berkson, Conceptions of Self/No–self and Modes of Connection–Comparative Soteriological Structures in Classical Chinese Thought, *Journal of Religious Ethics*, Vol.33, No.2, 2005, p.320.

界中的其他生物，从最初的种子或婴儿开始，在适当的关爱下，成为健康成熟的人。"①

孟子的教育思想基于性善论，孟子的教育观属于道德教育，"道德教育就是将一个人的情感能力的性情完美化"②。教育可以使个人成为道德之人，并且促进国家的和谐。其教育思想对当代的教育具有重要的参考意义。贝蒂容（Betty Yung）指出，儒家思想中的某些要素在民主教育方面能够起到较好的推动作用。他在《儒学能给民主教育增值吗?》（*Can Confucianism add value to democracy education?*）一文中讨论了儒家，尤其是孟子思想在民主教育方面的启示。他指出"儒家思想中的某些元素可能有利于和适宜培养公民更好地生活在一个有儒家色彩的民主国家"③。

"在孟子的体系里，教化是根本的也是中心，而经济只是实施教化的物质保障。通过教化，启发善端，使人人明于'人伦'，各个安于自己天命的地位，从而维持等差互爱的社会和谐，便是孟子治疗社会弊病的根本方略。"④

二、其他思想研究

英语世界关于《孟子》美学思想的研究较少，目前仅有一篇论文《孟子美学和它的位置》（*Mencius' Aesthetics and Its Position*），由胡家祥教授发表于《中国哲学前沿》（*Frontiers of Philosophy in China*）。在这篇文章中，胡家祥对孟子美学的分析主要还是立足于孟子的道德观念以及孟子对"善"这一人类本性的追求，可以说他将孟子的美学最终归结为"理想人格之美"这

---

① Marthe Chandler, "Meno and Mencius: Two Philosophical Dreams", *Philosophy East & West*, Vol.53, No.3, 2003, p.378.

② Manyul Im, Emotional Control and Virtue in the Mencius, *Philosophy East & West*, Vol.49, No.1, 1999, p.13.

③ Betty Yung, Can Confucianism Add Value to Democracy Education, *Procedia Social and Behavioral Sciences*, Vol.2, 2010, p.1926.

④ 赵昌平：《孟子：人性的光辉》，上海古籍出版社 2008 年版，第 98 页。

个落脚点和支撑点上。至于具体的伦理道德表现，之前已经多有提及，因此这里不再详述。这里主要来讲讲胡家祥教授对孟子的所谓"理想人格之美"的表现。胡教授认为，孟子的美学贯穿于孟子对伦理道德讨论的始终，因而也是孟子思想一个十分重要的组成部分，而这一部分在以往的孟子研究中多有忽略。对此他指出："孟子美学，作为他观点的重要部分，应该得到更进一步的讨论，研究者们也应该研发一种系统，超越简单的列举概念或主题。"① 他明确用"峨眉雪"一词归纳了孟子的美学，指出孟子心中的理想人格应当如峨眉雪一般，在此基础上，他也归纳了这种理想人格之美的两个特征：其一在于，作为一种人格形象的"美"；其二在于，不仅包含了内在美德，同时也展现出令人印象深刻的外在形式的"大"，在这个基础上，可以将"美"看作孟子伦理道德观念的标志。

此外，在西方世界还有其他从诸多角度探讨孟子伦理学的文章，由于观点较为驳杂，难以归类，下文仅对其做概括性描述，不作为重点。

1. 有从管理学角度探讨孟子思想对公司管理、人际关系和经济发展等的启示，如 CA Rarick 的《孟子的管理学——中国亚圣学说管理学的内涵》(*Mencius on Management: Managerial Implications of the Writings of China's Second Sage*)。

2. 有左派理论家就孟子伦理学如何为社会主义理想提供借鉴意义展开讨论，如贝淡宁在《儒家学说与社会主义和解》一文中就认为将社会主义传统与儒家传统相结合的左派儒学在中国大陆最有发展前途。儒家传统作为一种包容的人文主义，本身就需要研究，这是批判性重估其现代意义的必要前提。②

3. 也有理论家从《孟子》文本中挖掘墨子思想的，如托马斯·瑞迪斯(Thomas Radice) 发表于《海外汉学期刊》(*Asian Philosophy An Internation-*

① Hu Jiaxiang, Mencius' Aesthetics and Its Position, *Front. Philos, China*, Vol.1, No.1, 2011, p.42.
② [美] 杜维明：《道学政——论儒家知识分子》，钱文忠、盛勤译，上海人民出版社 2000年版，第 182 页。

al Journal of the Philosophical Traditions of the East）（2011）的文章《在〈孟子〉中探寻墨家思想》（*Manufacturing Mohism in the Mencius*）。在这篇文章中，托马斯·瑞迪斯抽析了《孟子》文本中的墨子思想，并在其与孟子思想的比较中最终得出墨家的"兼爱"思想中也包含了所谓的孝道，这在战国时期亦是十分重要的思想之一。

4. 由 Jane Geaney 发表于《中国哲学杂志》（*Journal of Chinese Philosophy*）（2000）的文章《〈孟子〉阐释学》（*Mencius's Hermeneutics*）从阐释学角度分析了《孟子》及《孟子》的翻译文本，认为正是在对其的翻译中蕴含了意向论的阐释方式。

5. 基德·史密斯（Kidder Smith）的《孟子：行动扬弃命运》（*Mencius : Action Sublating Fate*）一文发表于《中国哲学杂志》（*Journal of Chinese Philosophy*）（2006）。其中，史密斯从行为模式的角度分析了孟子所倡导的行为逻辑。他认为，孟子所设定的行为方式必然是高于人们心中的标准，并且只有这样它才能够发挥作用。

6. 李景林则在发表于 *Frontiers of Philosophy in China*（2010）上的《孟子的"辟杨墨"与儒家仁爱观念的理论内涵》（*Mencius' Refutation of Yang Zhu and Mozi and the Theoretical Implication of Confucian Benevolence and Love*）一文中着重分析了孟子"辟杨墨"的观念，并认为孟子对这一理念的诠释成为后儒所遵循的基础，甚至规定了儒家乃至整个中国文化其本地价值实现方式。

7. 由艾伦·K.L.陈（Alan K. L. Chan）主编的《孟子：文本与阐释》（美国火奴鲁鲁夏威夷大学出版社 2002 年版）是一本收录了诸多文章的合集，其中包括讨论孟子的人性观的四篇文章：R. T. Ames 的《孟子与人性概念过程》、Irene Bloom 的《孟子人性观中的生态与文化》、Donald J. Munro 的《孟子与新世纪道德伦理》以及 Sor-Hoon Tan 的《家与国——孟子伦理中的关系压力》。

8. 江文思（James Behuniak，J. R.）在《孟子与庄子的性格与愿望》

（*Disposition and Aspiration in the Mencius and Zhuang zi*）一文中认为，在"宗教意识"方面，孟子和庄子都将"气"作为世界的"构成能源"之一，同时，它们也都与作为人的性格相关，指向了一种理想的人类生活形态。

9.韩振华在名为《夫子徂西初记——〈孟子〉》的文章中主要考察了《孟子》一书及孟子思想在西方的传播，并指出，《孟子》的译介和传播促使了中西文化交流的发展。

第四章
他山之石：英语世界《孟子》哲学思想与
诗学概念研究

第一节　此"君"非彼"君"

一、何为"君子"？

"君子"一词并不是产生之时便有着如此丰富的含义的。君，会意字，从尹，从口。《说文解字》中说："尹，治也。"《左传·定公四年》中也有"以尹天下"的记载。说明先秦典籍中的"君"，表示一国之中，能够发号施令，治理国家的人，即"君主"。而到了周朝，由于灭商以及东征的胜利，周天子开始分封授爵，建立藩屏，拱卫周畿。随着封地建国制度的实行，诸侯们（王族、功臣等）的子嗣也通过嫡长子世袭制获得权力，跻身统治阶层，成为"君子"。在宗法制度下，"君子"从小便获得了优质的教育资源，不仅能通五经贯六艺（礼、乐、射、御、书、数），还有机会聆听以君子人格培养为根本的一整套道德教育（三德：至德、敏德、孝德；三行：孝行、友行、顺行），这使他们由内而外展现出翩翩"君子风范"，成为那个时代嘉言懿行的代表。后来，"君子"的概念从社会阶层定位转变为道德哲学范畴，仅仅指道德学问高的人。狄百瑞认为这种转变在于："鉴于君子作为统治精英一员发挥出的传统职能，我们不难理解为何《论语》从一开始就反映出君子优先考虑的治理、领导和为公众服务等问题。治理的关键，即维护和平秩序（齐）的关键，在于让人信赖的领导。而领导的关键则在于展现出使百姓受益的美德。"①"君子"的内涵，被不断地发掘和扩大，已从最开始的形容个人的秉性修为，扩大到了要具备社会责任感和治世的能力，"君子"一词的社会意义也逐渐突出。"君子这个范畴具有重要的社群意义，它也必定涵行了明显的人际范畴（international category），仁与君子作为成圣事业中两个重点，它们的交叉重叠说明了这一事实：仁者的许多特点也是君子的明显特征。政治体制的任务就是在众多的人中判断出拥有超常能力的人。"②

君子的身份地位具有一种道德品质的内涵，经历了长期变化和演变，《论语》中"君子"是"德、位"合一，孔子以后的儒家却更加强调"德"，而逐渐去掉了"位"的古义，成为"德"的代表，这是儒家对中国传统伦理思想的伟大贡献。君子都严于律己，在举止和着装上都有自己的要求。"孔子认为，之所以重视维护高标准的风度举止和着装要求、在物品使用上锱铢必究，不仅仅是因为这些做法具有道德和审美价值，更重要的是因为他们具有社会意义。但是，孔子之所以把君子说成特别仔细和克制的人，在是非方面一丝不苟、不敢越雷池一步，并不是因为他期待普通人能像君子那样三思而后行或者克己复礼，而是因为他的听众是社会上受人瞩目的人物，这些人可能会对他人产生更为深远的影响。"③

"君子"一词在《孟子》中出现了82次④，这82处将完整的君子形象塑造得惟妙惟肖。《孟子》中的"君子应仁"以及"古君子有舍生而取义者"，这些关于君子之思想发展了孔子的观点，在儒家道德修养体系乃至整个儒学

① 　[美] 狄百瑞：《儒家的困境》，黄水婴译，北京大学出版社2009年版，"前言"第30页。
② 　[美] 安乐哲：《自我的圆成：中西互镜下的古典儒学与道家》，彭国翔编译，河北人民出版社2006年版，第130页。
③ 　[美] 狄百瑞：《儒家的困境》，黄水婴译，北京大学出版社2009年版，"前言"第29页。
④ 　杨伯峻：《孟子译注》，中华书局1960年版，第380页。

理论体系中都具有典型意义。"在《论语》中提及'小人'和'君子'时,对二者都有很多的对比,在这种对比中,'小人'不仅是交往上和道德上进展缓慢的个体,而且由于他们的自私行为,他们是造成团体瓦解的持续根源。"①"君子"代表了孟子理想的人格观,君子性善,为善去恶,不与小人同。"君子比而不别。比德以赞事,比也;引党以封己,利己而忘君,别也。"(《国语·晋语八》)君子的具体含义可以作以下解读:

第一,内圣之道。不惧威逼利诱,是君子在面对诱惑或身处困境时,应该凸显的独立人格精神和主体意识,"舍生取义"等观点充分体现了儒家君子人格所体现的道德至尚、功利为轻的生命精神。

第二,强调"为政",即为官之道。孟子认为"得道者多助,失道者寡助。"(《孟子·公孙丑下》),仁政是天下归心的唯一途径。而民本思想又是仁政的根本。所以孟子主张"民为贵,社稷次之,君为轻。"(《孟子·尽心下》),因为"水可载舟,亦可覆舟",赢了民心,才算赢了天下。此外,他还提倡通过尊贤、廉政等措施来加强统治集团的凝聚力和免疫力,通过礼仪文明、忠诚孝道教化民众,通过"制民之产"("井田制"的内容之一)、"不违农时"指导人们进行农业生产等经济活动。孟子一生周游列国,立志于向君主们推行仁政,在他的主张中,处处闪烁着"以人为本"的思想光辉。

第三,强调"为人",即处世之道。孟子认为人活于世,必须遵循做人的道德和准则。"不以规矩,不成方圆。"在孟子看来,无论是治国理政,还是待人接物,君子都应该有一套标准的"处事哲学"。例如"言人之不善,当如后患何?"(《孟子·离娄下》)告诫人们不要在背后对别人品头论足。再如"老吾老以及人之老,幼吾幼以及人之幼。"不管有无血缘关系,君子应该用同理心、责任心和爱心去爱身边所有的人。而在和别人意见不一,发生争执的时候,能安静地聆听别人的立场,也能自信地表达自己的声音,即"君子和而不同"。

---

① [美]安乐哲:《通假:一条儒家的意义生成之路》,载[美]姜新艳主编:《英语世界中的中国哲学》,中国人民大学出版社 2009 年版,第 11 页。

　　这三方面恰恰体现出了从个人、个人与他人之间的关系以及社会这三个层面对君子的要求。在此基础上，孟子提出了更具体的对君子的要求，同时也是他对理想人格的要求：仁、义、礼、智、忠、信、文、质等。

　　儒学的"君子"是道德人性修养的最高境界，修己以成为"君子"，然后治人也。"仁"是儒家伦理的核心概念，君子的道德人格实现标准就是"君子以仁存心，以礼存心"；"克己复礼为仁，一日克己复礼，天下归仁焉"。

　　成中英认为孟子将"义"看作廉耻之始的观点也有着重要意义：强调了一个人在同侪以及在社会关系中的内在尊严。能够在这个意义上行义就是能够维护一个人的内在尊严和地位，这也能通过他自身的意识来维持。正义本质上是维护人的尊严，同时也是维护社会的尊严。很明显，一种道德权利和义务的理论正基于此而得以建立。①

　　通过君子之仁、君子之道、君子之乐，我们更清晰地感受到儒学所推崇的理想人格。那么在生活中，我们如何践行"君子观"，实现"君子的理想"呢？孟子笔下的"君子"之魂，依然值得两千多年后的世人内化于心，外化于行。也就是所说的"仰不愧于天，俯不怍于人。"（《孟子·告子下》）

　　"情"的另一基本含义，涉及人的内在情感。《孟子》曰："仁民而爱物。""仁""亲""爱"，分别体现着不同的情感内容。这些品质正是作为一个"君子"应具备的品质，换言之，只要具备了这些品质，就可以被称作是"君子"了。同时，这些不仅在孟子的时代作为理想人格所应具备的品质而存在，同时在我们所处的今天，这些品质对伦理建设和道德规范来说有十分珍贵的参考价值，特别是它对于现代道德典范的培养来说有重要的参考价值，是因为现代社会之中有关人的评价与这些特质是不谋而合的。"老吾老以及人之老，幼吾幼以及人之幼。"（《孟子·梁惠王上》）由己及人的推理，包含伦理价值内容（仁义），正是情感制约着道德活动，是一种精神追求。

　　总之，孟子认为，四端存于内心，而君子的德行，心和性一体，和四端密

① 参见成中英：《论"正义"的古典模式与现代模式之整合》，载［美］姜新艳主编：《英语世界中的中国哲学》，中国人民大学出版社 2009 年版，第 58 页。

不可分。《史记》说:"孟子序诗书,述仲尼之意。"在儒家学说中,孔孟思想是同宗同源,一脉相承的,然而在对"君子"的看法上,孟子不仅继承了孔子"君子怀德""克己复礼"的主张,更创造性地对"君子观"作出了新的阐释。

仁义之心,是君子存于天地的根本。孔子认为,君子以仁德为根本,而孟子则一针见血地强调如果没有仁,就"非人也"(《孟子·公孙丑上》)。人禽之别、圣凡之异,就在于能否心存"仁爱",遵从"道义"。不管是孔子宣扬的"杀身成仁",还是孟子提倡的"舍生取义",都足以见得"仁义",是儒学推崇的人格思想之一。所以"穷则独善其身,达则兼济天下"。君子作为个人道德修为的楷模,当秉承天地良知,善养浩然之气。

仁义之心,是君子施以善行的源泉。孟子认为"恻隐之心,仁之端也"(《孟子·公孙丑上》)。君子与小人的根本区别就在于君子有一颗"不忍之心",即仁爱之心。比如看见溺水的孩童,倒地的老妪,乞讨的穷人,君子会立刻施以援手,这种与生俱来的善意就是"仁"。《孟子·公孙丑上》中也提到"子路,人告之以有过,则喜。禹闻善言,则拜。大舜有大焉,善与人同,舍己从人,乐取于人以为善。自耕稼、陶、渔以至为帝,无非取于人者。取诸人以为善,是与人为善者也。故君子莫大乎与人为善"。回顾历史的长河,尧舜禹那些身居高位却依然葆有"仁义"之心的君王,无不做到了闻过则喜,从善如流,与人为善。如果我们能向这些谦谦君子学习,"赠人玫瑰,手留余香",善意的流动,一定会在潜移默化中带动社会中更多的有志之士完成道德自觉,这也是君子道德的最高境界。

仁义之心,是君子恩泽万物的大爱。孔子讲仁爱,只限于人人相亲的普遍价值,例如"己所不欲,勿施于人","以礼待人"。但是孟子将这份大爱,赠予万物,即"仁人爱物"。为了劝诫齐宣王推行仁术,这份大智慧,亦是仁义之至!

孟子的关于人民的智慧和重要性的论断对丰富我们当今政治哲学还是有很显著的影响的。许多当代的思想家关注孟子关于人类本性的观点,并且把它当成发展儒家人权概念的资源。当我们在儒家传统思想当中无法发现明确讨论权利的例子或概念时，通常就会以孟子对于伦理和人类本性问题的思考作为例证，如孟旦（Donald J. Munro，美国汉学家，密歇根大学教授）提出的人类生来平等的理论也和孟子的思想不无关系。通过之前的传统理论，我们还能够发现这样的一个观点：不管一个人被别人如何粗鲁地对待，他都应该而且能够被上帝所召唤去见证他们的道德价值。这些观点都为完善基本权利的概念提供了一个清晰有力的基础。早期的儒家学者主要还是依据一系列的美德和礼仪规范的一套系统来描述是与非，好与坏。用实现各种善的本能形成一套权利和法律的系统，然而，儒家强调仁而不是现代西方的关于公平的看法。他们对公平有一个清楚的认知，公平是基于一个人所被给予的社会地位和所处的社会环境，简单地说就是这个人所具有的美德，但是他们的公平感是独特的，并且需要和对应的现代西方关于公平的概念很仔细地区分开来。正如同孟旦已经表明的，早期的大部分的儒家学者，都很明确地认同人类拥有平等的价值和尊严，拥有作出和坚持道德选择的能力以及承担和分担批评、表扬和责任的能力。上述思想和其他的关于道德的论述在一起构成了儒家的观点，这与现代西方的自由观点是非常不同的。大体上来说，我们可以说人类拥有尊严和道德价值，因为他们天生的道德本性，作为家庭和大社会里的一员，以及他们拥有使自身向善的方向发展的能力，等等。

　　与其希望能够在儒家传统思想中发现、发展西方自由的概念，倒不如尽我们最大的努力去描述儒家关于权利的基础和概念的与众不同。从这个角度来看，"儒家传统特别是孟子关于哲学的见解，对于提升我们对人类权利这一概念的理解有巨大的贡献"[①]。只要对丰富的、多样的和仍然充满活力的儒家思想有些许学习、理解和认同的话，就能够发现这是一种多么幼稚和不可信的断言；和许多伟大的传统一样，儒家思想呈现出了一种引人注目的能力，能够转变自身以及参与者的思想。那些认为儒家思想不能发展和适应权利的任何概念的观点一定是意识到，西方传统对基本权利缺少完整的认知。

---

① 　Irene Bloom, *Mencius*, edited and with an inrodution by Fhilip J. Ivanhoe. New York: Columbia University Press, 2011, Introduction p.xiii.

权利或者说自由的概念，都是现代社会发展的产物。不管如何表明这些发展是顺着一条唯一的路线，现在都没有一个概念性的理由能够阻止儒家思想以及道家、佛教、印度教的传统思想去跟随他们自己的相关的或相似的思想。

二、"君子"的翻译

"'君子'一词出现频率在《孟子》中一共出现了82次"[①]。在《孟子》各英译版本中，"君子"一词在英语世界的对应翻译也各有不同。通过参阅刘殿爵（D.C.LAU）、大卫·辛顿（David Hinton）、卜爱莲（Irene Bloom）、理雅各（Jams Legge）、万白安（Bryan W. Van Norden）以及赵甄陶等共六个《孟子》英译版本，其中，对"君子"的译法共有二十五种，常见的"君子"翻译有"gentleman""the noble-minded""the superior man"，还有一些出现较少甚至只出现过一次的特殊翻译，例如：ruler，sage，a man in authority，a man of position 等。出现较多不同译法的原因是"君子"在《孟子》中具有多重内涵，在每个句子中所侧重的含义略有不同，现将对"君子"翻译整理如下，并试图解释不同译法的原因：

（一）译为"gentleman"

在六个《孟子》英译版本中，gentleman 是对应"君子"的翻译出现频率最高，数量最多的词。首先，在六个版本中，除大卫·辛顿英译版本外，其他五个版本中对"君子"的翻译均有涉及 gentleman。其中，刘殿爵和万白安译本中除去一些特殊情况外，通篇采用 gentleman 作为对"君子"的翻译。刘殿爵版本中，出现了5次 a man in authority，其余77处对"君子"的译法均为 gentleman。例如：君子之德，风也；小人之德，草也。（《孟子·滕文公上》）刘殿爵把"德"译为"virtue"[②]。万白安版本中，有一处对

---

① 杨伯峻：《孟子译注》，中华书局 1960 年版，第 380 页。

② D. C. Lau, Mencius, London: Penguin Group, 1970, p.54.

"君子"的译法译为"Kongzi"（出现在"君子之厄于陈蔡之闲，无上下之交也"。在该句中，"君子"就指"孔子"）。其余81处对"君子"的译法均为gentleman。例如："君子远庖厨也"。（《孟子·梁惠王上》）万白安译为：Gentleman cannot bear to see animals die if they have seen them living. If they hear their cries of suffering, they cannot bear to eat their flesh. Hence, gentlemen keep their distance from the kitchen.[1] 赵甄陶版本中对"君子"的译法较多，如：gentleman, a man of position, ruler, man of virtue, officials, people above, men in authority, sage 等，但其中gentleman出现的频率最高。卜爱莲和理雅各英译《孟子》版本中对"君子"的翻译也都出现过gentleman，但出现频率较低。卜爱莲主要将"君子"译为the noble person 或者the noble man。理雅各主要将"君子"译为the superior man，gentleman 在其译本中只出现过一次。

总的来说，gentleman 是《孟子》英译中对"君子"翻译的对应词出现频率最高的词。在西方，gentleman 多指地位高贵，举止得体，且具有高贵品德的人。而在《孟子》中，"君子"的含义大致有三层：第一，指道德高尚之人，即道德、学问修养极高的人。第二，《孟子》中"君子"也可指国君、官职。第三，指其他，如指对人的尊称，正派人，搞政治的人，圣人等。从词的含义上看，"君子"和gentleman 都有指有品德修养的人。二者在指有道德修养的人的这一层含义上具有共通之处，都是在描绘一种理想的人格。此外，二者还都可指对人的尊称。如"君子之不教子，何也?"（《孟子·离娄上》）此处的"君子"特指父亲，是对父亲的尊称。翻译时用gentleman。但此时其含义发生了变化，应将这一词放在整个句子或文章的语境中去理解。例如"小人用壮，君子用罔"（《易·大壮·九三》）和"惟截截善谝言，俾君子易辞"（《尚书·秦誓》）中的"君子"都是指贵族统治阶级。直到孔子在《论语》中对"君子"作出了新的阐释，使"君

---

① Van Norden, Bryan W., *Mengzi: with Selection from Traditional Commentaries, Indianapolis*: Hackett Publishing. Company, Inc., p.9.

子"具有了德行上的意义。"君子"的意义开始发生了变化，不再由等级和血缘决定，更多由道德品质的修养来决定。"君子以仁存心，以礼存心。"gentleman 的发展也经历了一种由贵族精神到平民修养上的延伸阶段。而这种精神和修养又表现在具体的品质上。"君子应该有这样的举止：对待他人，尤其是女性，谦卑有礼；为人勇敢忠义，一心一意牢记使命，不困于形式；任劳任怨，不畏悲戚，更为重要的，是行事上能够坦坦荡荡。"① 一个真正的"君子"在道德修养方面应该首先能够做到不断地反思自我，不断地求诸自我。君子还应该"一言以为知，一言以为不知，言不可不慎也"。(《论语·子张》) 待人有礼，尊重他人属于君子的道德修养中"礼"的范畴。"礼"是孔子思想的核心，礼是一种社会秩序。礼表现在君子的待人接物上，反映在语言、动作、习俗等日常生活中。"礼"被君子看作是衡量言行举止的标尺。忠诚属于"义"的范畴，义是君子的价值取向规范。特别是当"义"和"利"对立时，如何取舍是判断一个人是否是君子的重要价值取向。君子作为一种人格的典范，不只是一种理想，他是具有实践价值的，君子的力量是行动的力量，君子始终把践行放在首要的位置，注重把"义"落实到行动上。

（二）与"noble"相搭配的译法

在六个英译版本对"君子"的译法中，与"noble"相搭配的译法较多，大卫·辛顿将"君子"译为 the noble-minded，在其译本中出现的译法有：the noble-minded，a noble-minded man，noble-minded people，the noble-minded leader，the noble-minded ruler。例如：1."君子不以其所以养人者害人。"(《孟子·梁惠王下》) 大卫将其译为：I have heard that the noble-minded will not use what nurtures the people to harm the people.② 2."故君子有不战，战必胜矣。"(《孟

① Rothblatt, Sheldon. Book Reviews of "The English Gentleman, the Rise and Fall of an Ideal", by Philip Mason. *Victorian Studies*. 1984. 27(3): 395.

② David Hinton, Mencius Berkeley: Counterpoint, 1998, p.38.

子·公孙丑下》）译为：Hence the noble-minded ruler never goes to war；if he does，victory is a simple matter。[1] 卜爱莲的《孟子》英译版本中"君子"译法为 the noble person 或 the noble man。例如："吾闻之君子：不以天下俭其亲。"（《孟子·公孙丑下》）卜爱莲将其译为：I have heard that the noble person would not for anything in the world stint when it came to his parents。[2]

根据朗文当代英语词典最新修订版，对"noble"的定义有：adj.1. 由于无私和崇高的道德品质值得表扬和赞赏。（deserving praise and admiration because of unselfishness and high moral quality）2. 外表壮丽或值得赞扬。（admirable in appearance; grand）3. 属于贵族的。（of or belonging to the nobility）4. n. 皇室之外的具有最高权势的社会阶层的人。a person of the highest and most powerful social class outside the royal family。[3] 从 noble 的含义上看，noble 也具有指贵族阶级和具有高尚品德的人。此种翻译是可取的，但它在意义上的表达与"君子"的意义相比略有不同。首先，"君子"含义中既可指社会等级上的贵族，也可以指统治阶级的。例如：在"君子创业垂统，为可继也。"（《孟子·梁惠王下》）这句话中，"君子"就是指皇室中的统治阶级。这里若翻译成与 noble 相关的搭配就不恰当。此外，"君子"在德行上的意义丰富，"仁""义""礼""智""信"缺一不可，人格化与实践性相互统一，而国外对 noble 的阐释并不多，从含义的深度上和广度上看，这种类型的译法不能与"君子"相对应。

（三）与统治阶级或官职相关的译法

此种分类下译法较多，但出现频率较低。这类翻译有：man in authority，lords，officer，ruler，prince，men of a superior grade，the men of station，

① David Hinton, Mencius Berkeley: Counterpoint, 1998, p.64.
② Bloom, Irene, Mencius, New York: Columbia University Press, 2011. p.43.
③ *Longman Dictionary of Contemporary English* (New Edition). World publishing coroperation. 1987: 702.

governor，the superior man，a man of position 等。

《孟子》中"君子"的第二层含义就是指国君、官职。首先，就指国君而言，有这几种译法：ruler，governor 等。如"以天下之所顺，攻亲戚之所畔；故君子有不战，战必胜矣"。赵甄陶等就将此句译为 Hence a good ruler may prefer not to fight，but if he fights at all，he will certainly succeed。[①] 其次，除了指代国君，《孟子》中的"君子"还指代官职。

（四）其他译法

此种分类下译法较少，且每种译法只出现过一到两次。这类翻译有：Confucius，sage，a sovereign sage，good man，scholar，Kongzi，man of virtue，people above 等。

出现这几种特殊译法的原因是在"君子"出现的句子中，有一些特殊句子中的"君子"既不是指具有高尚品德的人，也不是指统治阶级或者官职，而是具有其他含义。例如：君子之厄于陈蔡之闲，无上下之交也（《孟子·尽心下》）。在这句话中，"君子"就是指孔子，因此，大卫·辛顿将其译为Confucius。他的译文为："When Confucius suffered such hardship in Ch'en and Ts'ai，it was because he had no friends among rulers and ministers.[②] 卜爱莲也译为 Confucius：The reason Confucius was in distress between Chen and Cai was that neither their rulers nor their misters communicated with him.[③] 万白安将其译为 Kongzi：Kongzi ended up in a dire situation while traveling from Chen to Cai simply because superiors and subordinates did not communicate."[④] 又如："夫君子所过者化，所存者神，上下与天地同流。"（《孟子·尽心上》）此句中"君

① 赵甄陶等译：《大中华文库：孟子》（汉英对照），杨伯峻今译，湖南人民出版社1999年版，第79页。

② David Hinton, Mencius. Berkeley: Counterpoint, 1998, p.262.

③ Bloom, Irene, Mencius, New York: Columbia University Press, 2011, p.159.

④ Van Norden, Bryan W., *Mengzi: with Selection from Traditional Commentaries, Indianapolis*: Hackett Publishing. Company, Inc. p.188.

子"具有圣人的含义，圣人的影响极大，他所到之处，人民无不被感化，并永远受其精神影响。赵甄陶将其译为："Where a sage passes people are influenced. Where he stays what he achieves is still more wonderful."[1] 此处将"君子"译为"sage"就非常的恰当。

"君子"在《孟子》中出现82次，内涵各不相同，这是汉语言的魅力所在，因为语境的不同，语义也会随之变化，再加上汉语丰富的修辞手法，赋予了"君子"更为多样化的解释。而除了《孟子》英译版本以外，"君子"在其他中国典籍的英译过程中又有其他译法。例如，安乐哲把《中庸》里的"君子"译为 exemplary person。在儒家文化中，君子与小人是一对相反概念，君子的概念往往译为"nobility"和"gentleman"，由此可见，君子最初是指居高位的世袭贵族，而后才逐渐成为对有德行的人的统称。小人的英文字面意思，译作"small"，而其内涵往往被西方译者译为"pretty and mean person"，君子代表了个人的人格不断发展和成长的过程。而这种成长是"通过对于公共生活中出现的社会和政治义务的回应"[2] 来实现的。成长的结果就使得君子的品性和举止成为他人效仿的典范，成为公共的榜样，这就是 exemplary person 的由来，从中也体现了安乐哲对"君子"的含义的理解，与其他学者稍有不同，自有特点。

语言只有在文化这块肥沃的土壤之上才可以茁壮成长。"孔子本人也敏锐地意识到语言的'本体性'——语言（名）所具有的令（命）这个世界生成的能力。"[3] 从另一个层面而言，广而言之，《孟子》不仅属于中国，也属于全世界，孟子的理论适合于"天下"，其言论在西方社会中嘤鸣求友，并广泛地影响着西方学者们。

---

[1] 赵甄陶等译：《大中华文库：孟子》（汉英对照），杨伯峻今译，湖南人民出版社1999年版，第297页。

[2] ［美］安乐哲、［美］郝大维：《切中伦常：〈中庸〉的新诠与新译》，彭国翔译，中国社会科学出版社2009年版，第87页。

[3] ［美］安乐哲：《通假：一条儒家的意义生成之路》，载《英语世界中的中国哲学》，［美］姜新艳主编，中国人民大学出版社2009年版，第12页。

第二节 此"心"与彼"心"(感官之心与认知之心)

一、孟子"心"学

孟子有云"心之官则思",在中国哲学思维中,"心"是身心一体,即代表物质肉体也掌管精神思维,具有不可或缺的功能。历代思想家对"心"的认识从生理器官延伸到表达人的思维精神、意识道德等方面。古往今来,儒家对"心"性问题的探讨从未停止,反映了人类了解自我,探索宇宙奥秘的精神追求是对解释人类社会现象的思考,儒学思想家把这种功能定位于心。

根据《孟子》,"夫滕,壤地偏小,将为君子焉"(《孟子·滕文公上》)。孟子将心学视为人和其他动物区别开的神圣要素。然而,简单地研究心是不够的;人必须运用它,运用"心"意味着思考、反思或专注。孟子在描述什么成就一个伟大的人时,解释道:"心之官则思。"(《孟子·告子上》)孟子关于心的指导功能是思维,他认为这是心最大的功能和价值。

二、"心"的翻译

中国传统哲学与西方哲学会通过不同的视角来描述一些抽象的概念,"心"的概念对于西方来说,意义只在于它作为器官的作用,而很少承载精神上的内涵,这一点和中国哲学中"心"所代表的抽象概念有所不同。"在亚洲/西方的相遇中,西方哲学家和神学家经常使用一些抽象的概念,诸如'上帝'、'绝对'、'精神'、'理性'等等,去解释中国的感受性。'心'常被译为'精神','理'常被译成'理性'。这里的设想这和许多其他形而上的和宇宙论的地位——在任何时间和地方都是适用的。"①孟子作为孔子后学,不仅发展和继

①　[美]郝大卫(郝大维):《"分析"在中国的意义》,载《英语世界中的中国哲学》,[美]姜新艳主编,中国人民大学出版社 2009 年版,第 199 页。

承了孔子的"仁学"思想，还在此基础上创立了对后世影响颇深的"心"学体系。宋明理学又将其赋予哲学的思辨，使之成为哲学思想的重要组成部分。孟子的"心"学，对历代社会发展以及中国思想观念的形成起着举足轻重的作用。"心指人心。它又包含两层意义：其一指人的思维器官及其思维能力。如孟子所言：'心之官则思，思则得之，不思则不得。此天之所予我者。'（《孟子·告子上》）只有人才具备思的能力；其二指'仁心'，它又被称为'性'，也就是先验的道德良知，如孟子所说'仁，人心也'（《孟子·告子上》）。而所谓'尽心'就是通过反思而扩充心中的道德意识，从而使人达到'赞天地化育'、'与天地参'的境界，如'存其心，养其性，所以事天也'。"[1] 通过对《孟子》全书中出现的"心"字进行查找，共搜索出 117 个结果。（杨伯峻译注版）"心"作为孟学核心概念，集中体现了孟子"心"学的内涵，《孟子》全文约计三万五千三百七十多字（是《论语》的 2.7 倍多），"心"作为一个实词，在《孟子》中出现了 117 次，远远高于"天"（80 次）、"性"（37 次）、"祭祀"（9 次）等字，又低于孟子主张的"仁"（157 次）。在此基础上加上 1 次"心志"，1 次"心思"，2 次"中心"，我又统计出的"心"字在《孟子》一书中一共出现了 121 次，包含"心"字作为词组出现的 4 次。这反映出"心"作为中国哲学道德理论的核心思想，贯穿《孟子》一书，孟子的"人禽之辩""君子小人之辩""王霸之辩""义利之辩"，第一次系统阐述了心性学说，构建了心学体系，奠定了孟子在心学史的地位。那么"心"这个核心术语，在英语世界是如何转换的呢？根据刘殿爵、赵甄陶、里雅各、万白安、卜爱莲、辛顿、杜百胜等七个英文译本，以及杨伯峻《孟子译注》的研究，"心"字的翻译主要有以下几种：

（一）Heart

综合七个译本，七位译者中，刘殿爵、辛顿、万白安、赵甄陶等四位译者对"heart"一词的使用超过其他词汇。由此可见，在对"心"字的翻译

---

[1]　程相占：《文心三角文艺美学——中国古代文心论的现代转化》，山东大学出版社 2002 年版，第 26 页。

上，heart 一词的使用频率最高。Heart 一词在字典中的英语解释为 The organ inside the chest which controls the flow of blood by pushing it round the body.The heart when thought of as the center of a person's feelings, esp. of kind or sincere feelings.[1] 在不同的语境中，"心"有不同含义：费尽心力的、替百姓打算的、心悦诚服、好心、心思、心情、心理、费心力、道德观念和行为准则、动心、思想、思想意志、良心等等。

例一："以力服人者，非心服也，力不赡也；以德服人者，中心悦而诚服也"（《孟子·公孙丑上》）。

刘译：When people submit to force they do so not willingly but because they are not strong enough. When people submit to the transforming influence of morality they do so sincerely, with admiration in their hearts.

辛译：If you use force to gain the people's submission, it isn't a submission of the heart. It's only a submission of the weak to the strong. But if you use integrity to gain the people's submission, it's a submission of the sincere and delighted heart.

赵译：People submit to force not because they do so willingly, but because they are not strong enough.

万译：If one makes others submit with power, their hearts do not submit. Power is in adequate to make their hearts submit. If one makes others submit with virtue, they are pleased in their hearts and genuinely submit.

卜译：When one uses Virtue to make people submit, they are pleased to the depths of their hearts, and they sincerely submit.

杜译：allegiance which is gained by the use of force is not an allegiance of the heart—it is the allegiance which comes from imposing upon weakness, allegiance which is gained by the exercise of virtue is true allegiance. It is the response

---

① *Longman Dictionary of Contemporary English*, Longman World Publishing Corporation 1987, p.485.

of joy felt deeply in the heart.

译者	译文
刘译	willingly、sincerely①
辛译	heart②
赵译	willingly、sincerely③
里译	heart④
万译	heart⑤
卜译	heart⑥
杜译	heart⑦

据杨伯峻《孟子译注》，此处的"心"表示心悦诚服的意思⑧。辛顿、里雅各、万白安、卜爱莲、杜百胜五个译本都使用了"heart"一词，而刘殿爵和赵甄陶都采用了"willingly"和"sincerely"的译法。

例二："有恒产者有恒心，无恒产者无恒心"（《孟子·滕文公上》）。

辛译：With a constant livelihood, people's minds are constant. Without a constant livelihood, people's minds are never constant.

万译：Those who have a constant livelihood have a constant heart, those who lack a constant livelihood lack a constant heart.

卜译：That when they have a constant livelihood, they will have con-

---

① D. C. Lau, *Mencius*, London: Penguin Group, 1970, p.36.

② David Hinton, Mencius. Berkeley: Counterpoint, 1998, p.52.

③ 赵甄陶等译：《大中华文库：孟子》（汉英对照），杨伯峻今译，湖南人民出版社 1999 年版，第 69 页。

④ James Legge, *The Works of Mencius*, New York: Dover Publication, Inc., 1970, p.196.

⑤ Bryan W. Van Norden, *Mengzi: with Selection from Traditional Commentaries*, Indianapolis: Hackett Publishing. Company, Inc., 2008, p.43.

⑥ Irene Bloom, *Mencius*, edited and with an inrodution by Fhilip J. Ivanhoe. New York: Columbia University Press, 2011, p.33.

⑦ W. A. C. H. Dobson, *Mencius: A New Translation Arranged and Annotated for the General Reader.* Toronto: University of Toronto Press, 1963, p.136.

⑧ 杨伯峻：《孟子译注》，中华书局 1960 年版，第 75 页。

stant minds, but when they lack a constant minds, there is no dissoluteness, depravity,deviance, or excess to which they will not punishment.

杜译：With a constant livelihood the people have a constant mind. Without a constant livelihood the people will not have a constant minds.

译者	译文
刘译	heart①
辛译	mind②
赵译	heart③
里译	heart④
万译	heart⑤
卜译	mind⑥
杜译	mind⑦

此处的"心"意思是"道德观念和行为准则"。道德观念作为精神层面的一种意念，必然要结合"心"这个感官。综合七个译本，刘殿爵、赵甄陶、里雅各以及万白安四位译者都选择了"heart"一词，其余三位译者采用了"mind"的译法。

例三：夫泚也，非为人泚，中心达于面目。（《孟子·滕文公上》）

刘译：The sweating was not put on for others to see. It was an outward ex-

① D. C. Lau, Mencius, London: Penguin Group, 1970, p.54.

② David Hinton, Mencius, Berkeley, Counterpoint, 1998, p.84.

③ 赵甄陶等译：《大中华文库：孟子》（汉英对照），杨伯峻今译，湖南人民出版社 1999 年版，第 107 页。

④ James Legge, *The Works of Mencius*, New York: Dover Publication, Inc., 1970, p.240.

⑤ Bryan W. Van Norden, *Mengzi: with Selection from Traditional Commentaries*, Indianapolis: Hackett Publishing. Company, Inc., 2008, p.66.

⑥ Irene Bloom, *Mencius*, edited and with an inrodution by Fhilip J. Ivanhoe. New York: Columbia University Press, 2011, p.51.

⑦ W. A. C. H. Dobson, Mencius, A New Translation Arranged and Annotated for the General Reader. Toronto: University of Toronto Press, 1963, p.35.

pression of their innermost heart.①

辛译：That sweat on their faces isn't a show for their neighbors: it's a reflection of their deepest feeling.②

赵译：The sweat was not exuded for others to see. but was an expression of his inmost heart.③

里译：The emotions of their hearts affected their faces and eyes.④

万译：What was inside their hearts broke through to their countenances ? ⑤

卜译：The sweat was not because of what others would think but was an expression in their faces and eyes of what was present in their innermost hearts.⑥

杜译：Sweat broke out indeed, not on account of what others might think but as a sign on the face of feelings felt deep in the heart.⑦

根据杨伯峻《孟子译注》，"中心"意指"衷心的悔恨"，这种从内心萌生出的感觉和心脏这个器官产生联系。综合各译本，刘殿爵、赵甄陶、里雅各、万白安、卜爱莲以及杜百胜六位译者都选择了"heart"一词。

例四：言举斯心加诸彼而已。(《孟子·梁惠王上》)

刘译：All you have to do is take this very heart here and apply it to what is over here.

辛译：Which describes how this heart can be applied elsewhere.

---

① D. C. Lau, Mencius, London: Penguin Group, 1970, p.35.

② David Hinton, Mencius, Berkeley, Counterpoint, 1998, p.97.

③ 赵甄陶等译：《大中华文库：孟子》(汉英对照)，杨伯峻今译，湖南人民出版社 1999 年版，第 125 页。

④ James Legge, *The Works of Mencius*, New York: Dover Publication, Inc., 1970, p.260.

⑤ Bryan W. Van Norden, *Mengzi: with Selection from Traditional Commentaries*, Indianapolis: Hackett Publishing. Company, Inc., 2008, p.75.

⑥ Irene Bloom, *Mencius*, edited and with an inrodution by Fhilip J. Ivanhoe. New York: Columbia University Press, 2011, p.60.

⑦ W. A. C. H. Dobson, Mencius, A New Translation Arranged and Annotated for the General Reader. Toronto: University of Toronto Press, 1963, p.107.

赵译：This shows how King Wen of the Zhou Dynasty extended his kindness to others.

万译：This means that he simply took his feeling and applied it to that.

卜译：Now your kindness is sufficient to extend the animals but the benefits do not reach the people.

杜译：Your Majesty should extend the mind you possess to these other things.

译者	译文
刘译	heart[1]
辛译	heart[2]
赵译	kindness[3]
里译	heart[4]
万译	feeling[5]
卜译	kindness[6]
杜译	mind[7]

根据《孟子·梁惠王上》，可知孟子是在示意宣王要将"老吾老以及人之老，幼吾幼以及人之幼"的"心"扩大到对其他人的爱，而这里的"心"就可理解为"好心""热心"，其中刘殿爵、辛顿、里雅各三位译者将此句中

---

[1] D. C. Lau, Mencius, London: Penguin Group, 1970, p.12.

[2] David Hinton, Mencius, Berkeley: Counterpoint, 1998, p.13.

[3] 赵甄陶等译：《大中华文库：孟子》(汉英对照)，杨伯峻今译，湖南人民出版社 1999 年版，第 19 页。

[4] James Legge, *The Works of Mencius*, New York: Dover Publication, Inc., 1970, p.143.

[5] Bryan W. Van Norden, *Mengzi: with Selection from Traditional Commentaries,* Indianapolis: Hackett Publishing. Company, Inc., 2008, p.11.

[6] Irene Bloom, *Mencius*, edited and with an inrodution by Fhilip J. Ivanhoe. New York: Columbia University Press, 2011, p.10.

[7] W. A. C. H. Dobson, *Mencius: A New Translation Arranged and Annotated for the General Reader.* Toronto: University of Toronto Press, 1963, p.11.

的 "心" 译为 "heart"，赵甄陶和卜爱莲都采用了 "kindness" 的译法，万白
安和杜百胜两位译者分别选择了 "feeling" 和 "mind" 一词。

（二）Mind

Mind 在字典中的英文解释为 the part of a person which thinks/the ability
to think[1]. Mind 在文中的主要意思有：心理、思想、脑力、心思等。在不同
的语境下，Mind 也可以有不同的解释方式。

例一：或劳心，或劳力；劳心者治人，劳力者治于人。（《孟子·滕文公上》）

刘译：There are those who use their minds and there are those who use their
muscles. The former rules, the latter are ruled.

辛译：Some use their minds to work, and some use their muscles. Those who
use their minds govern, and those who use their muscles are governed.

译者	译文
刘译	mind[2]
辛译	mind[3]
赵译	mind[4]
里译	mind[5]
万译	heart[6]
卜译	mind[7]

---

[1] *Longman Dictionary of Contemporary English*, Longman World Publishing Corporation, 1987, p.660.

[2] D. C. Lau, *Mencius*, London: Penguin Group, 1970, p.59.

[3] David Hinton, Mencius. Berkeley: Counterpoint, 1998, p.91.

[4] 赵甄陶等译：《大中华文库：孟子》（汉英对照），杨伯峻今译，湖南人民出版社 1999 年版，第 117 页。

[5] James Legge, *The Works of Mencius*, New York: Dover Publication, Inc., 1970, p.249.

[6] Bryan W. Van Norden, *Mengzi: with Selection from Traditional Commentaries*, Indianapolis: Hackett Publishing. Company, Inc., 2008, p.70.

[7] Irene Bloom, *Mencius*, New York: Columbia University Press, 2011, p.56.

续表

译者	译文
杜译	mind①

据杨伯峻《孟子译注》，此句的解释为"有的人做脑力劳动，有的人做体力劳动；脑力劳动者统治人，体力劳动者被人统治。"此处的"心"表示脑力，故"劳心"译为消耗脑力②。符合中国古代人们把"心"看作思维工具，符合"用心去做"的说法。此处对应的翻译，刘殿爵、里雅各、赵甄陶、辛顿、卜爱莲以及杜百胜等六个译本都采用了"mind"一词，只有万白安采用了"heart"的译法。

例二："王笑曰：'是诚何心哉？'"。（《孟子·梁惠王上》）

刘译：What was really in my mind. I wonder?③

辛译：What was going on in this heart of mine?④

赵译：What was really in my mind then?⑤

里译：What really was my mind in the matter?⑥

万译：The king laughed, saying, "What was this feeling, actually?" ⑦

卜译：What kind of mind was this, after all?⑧

---

① W. A. C. H. Dobson, *Mencius: A New Translation Arranged and Annotated for the General Reader.* Toronto: University of Toronto Press, 1963, p.117.

② 杨伯峻：《孟子译注》，中华书局 1960 年版，第 128 页。

③ D. C. Lau, *Mencius*, London: Penguin Group, 1970, p.10.

④ David Hinton, *Mencius*. Berkeley: Counterpoint, 1998, p.11.

⑤ 赵甄陶等译：《大中华文库：孟子》（汉英对照），杨伯峻今译，湖南人民出版社 1999 年版，第 17 页。

⑥ James Legge, *The Works of Mencius*, New York: Dover Publication, Inc., 1970, p.140.

⑦ Bryan W. Van Norden, *Mengzi: with Selection from Traditional Commentaries,* Indianapolis: Hackett Publishing. Company, Inc., 2008, p.9.

⑧ Irene Bloom, *Mencius*, edited and with an inrodution by Fhilip J. Ivanhoe. New York: Columbia University Press, 2011, p.8.

杜译：The King smiled and asked, "What were my motives?"①

据杨伯峻《孟子译注》，此处的"心"表示心理②，宣王不忍宰杀眼前的牛，而将其用羊代替，当被孟子问及这样做的原因时，宣王表示连自己也不懂这是什么心理。七个译本中，刘殿爵、赵甄陶、里雅各以及卜爱莲四位译者都使用了"mind"一词。

例三：不得于言，勿求于心；不得于心，勿求于气。（《孟子·公孙丑上》）

辛译：Don't search the mind for what you can't find in words, and don't search chi for what you can't find in the mind.

赵译：If you fail to win by words, do not resort to your thoughts, if you fail to win by your thoughts, do not resort to your vital energy.

万译：What you do not get from doctrines, do not seek for in your heart. What you do not get from your heart, do not seek for in the qi.

卜译：What you do not get in words, do not seek in mind; what you do not get in the mind, do not seek in qi.

杜译：Do not seek in mind for that which cannot be put into words. Do not seek in the physical realm, for what which is not in the mind.

译者	译文
刘译	heart③
辛译	mind④
赵译	thought⑤

① W. A. C. H. Dobson, *Mencius: A New Translation Arranged and Annotated for the General Reader.* Toronto: University of Toronto Press, 1963, p.10.

② 杨伯峻：《孟子译注》，中华书局 1960 年版，第 19 页。

③ D. C. Lau, *Mencius,* London: Penguin Group, 1970, p.18.

④ David Hinton, *Mencius.* Berkeley: Counterpoint, 1998, p.47.

⑤ 赵甄陶等译：《大中华文库：孟子》（汉英对照），杨伯峻今译，湖南人民出版社 1999 年版，第 61 页。

续表

译者	译文
里译	mind①
万译	heart②
卜译	mind③
杜译	mind④

此句出自《公孙丑上》中，孟子对告子说的话，根据杨伯峻《孟子译注》，此处的"心"，应当作"思想意志"来理解，"在孟子看来，'心'既具有道德意识，即'仁，人心也'，又能够进行思维，即'心之官则思'。心的这两种功能正是道德得以形成的基础。"⑤ 七位译者中，辛顿、里雅各、卜爱莲以及杜百胜四位译者都选择了"mind"的译法，赵甄陶版译文则直接采用了"thought"一词。刘殿爵与万白安两位译者都选择了"heart"的译法。

例四：作于其心，害于其事。作于其事，害于其政。(《孟子·滕文公下》)

刘译：For what arises in the mind will interfere with practice.⑥

辛译：Born of the mind, such things crippled our endeavor and then our endeavors crippled government.⑦

赵译：When heresies originate in men's minds, they will harm men's deeds.⑧

---

① James Legge, *The Works of Mencius*, New York: Dover Publication, Inc., 1970, p.188.

② Bryan W. Van Norden, *Mengzi: with Selection from Traditional Commentaries*, Indianapolis: Hackett Publishing. Company, Inc., 2008, p.37.

③ Irene Bloom, *Mencius*, edited and with an inrodution by Fhilip J. Ivanhoe. New York: Columbia University Press, 2011, p.30.

④ W. A. C. H. Dobson, *Mencius: A New Translation Arranged and Annotated for the General Reader.* Toronto: University of Toronto Press, 1963, p.85.

⑤ 参见李亚彬：《道德哲学之维——孟子荀子人性论比较研究》，人民出版社 2007 年版，第 130 页。

⑥ D. C. Lau, *Mencius*, London: Penguin Group, 1970, p.41.

⑦ David Hinton, *Mencius*. Berkeley: Counterpoint, 1998, p.114.

⑧ 赵甄陶等译：《大中华文库：孟子》(汉英对照)，杨伯峻今译，湖南人民出版社 1999 年版，第 145 页。

里译：Their delusions spring up in men's minds, and do injury to their practice of affairs.①

万译：If they arise in one's heart, they are harmful in one's activities. If they arise in one's activities, they are harmful in governing.②

卜译：Those who espouse deviant views must be prevented from putting them into effect, for what is effected in the mind causes harm in affairs, and what is implemented in affairs causes harm to government.③

杜译：But they begin in the mind, and cause harm to the practice of things. When they begin to cause harm to the practice of things they cause harm to government.④

根据杨伯峻《孟子译注》，此句译为"（那种荒谬的学说），从心里产生出来，便会危害工作；危害了工作，也就危害了政治。"⑤"心"在这里是"心里，内心"的意思。此外，"心"作为"思维"、"思想"的时候，除了 mind 之外，还有一些译作 thoughts 一类的词。

译者	译文	原文
刘殿爵	use their minds	岂无所用其心哉？（《滕文公上》）
赵甄陶	use their brains	岂无所用其心哉？（《滕文公上》）
赵甄陶	a sense of compassion	人皆有不忍人之心（《公孙丑上》）
赵甄陶	do not resort to your thoughts	不得于言，勿求于心（《公孙丑上》）

① James Legge, *The Works of Mencius,* New York: Dover Publication, Inc., 1970, p.283.

② Bryan W. Van Norden, *Mengzi: with Selection from Traditional Commentaries*, Indianapolis: Hackett Publishing. Company, Inc., 2008, p.85.

③ Irene Bloom, *Mencius*, edited and with an inrodution by Fhilip J. Ivanhoe. New York: Columbia University Press, 2011, p.70.

④ W. A. C. H. Dobson, *Mencius: A New Translation Arranged and Annotated for the General Reader.* Toronto: University of Toronto Press, 1963, p.58.

⑤ 杨伯峻：《孟子译注》，中华书局 1960 年版，第 157 页。

（三）其他

根据上下文语境，"心"也可以有不同的理解。如：

译者	译文	原文
赵甄陶	extended his kindness to others [p19]	言举斯心加诸彼而已。
刘殿爵	you find satisfaction [p12]	抑王兴甲兵，危士臣，构怨于诸侯，然后快于心与？
赵甄陶	If you have something on your conscience [p63]	行有不慊于心，则馁矣。
赵甄陶	they do so willingly [p36]	以力服人者，非心服也，力不赡也。
赵甄陶	As long as they come with the intention to learn [p331]	苟以是心至，斯受之而已矣。（《尽心下》）
万白安	When I was in Xue, I was concerned about precautions [p53]	当在薛也，予有戒心。（《公孙丑下》）
刘殿爵	express fully one's filial love [p46]	非直为观美也，然后尽于人心。（孝心）（《公孙丑下》）
赵甄陶	full expression to one's filial piety [p89]	非直为观美也，然后尽于人心。（孝心）（《公孙丑下》）
赵甄陶	Such a parental wish is common [p133]	父母之心，人皆有之。（《滕文公下》）
刘殿爵	Can what is in man be completely lacking in moral inclinations? [p127]	虽存乎人者，岂无仁义之心哉？（《告子上》）
赵甄陶	He has lost these virtues [p255]	其所以放其良心者，亦犹斧斤之于木也。（《告子上》）
辛顿	I've devoted myself entirely [p5]	寡人之于国也，尽心焉耳矣。（《梁惠王上》）
杜百胜	I do devote my entire mind [p27]	寡人之于国也，尽心焉耳矣。（《梁惠王上》）
杜百胜	what were my motives [p10]	是诚何心哉？（《梁惠王上》）
刘殿爵	always first tests his resolution [p143]	故天将降大任于斯人也，必先苦其心志，劳其筋骨，饿其体肤，空乏其身，行拂乱其所为，所以动心忍性，增益其所不能。（《告子下》）
赵甄陶	on the alert for looming disasters [p299]	独孤臣孽子，其操心也危，其虑患也深，故达。（《尽心上》）

续表

译者	译文	原文
杜百胜	The great man is one who never loses his child–like touch [p188]	大人者，不失其赤子之心者也。（《离娄下》）

总的来说，以刘殿爵、赵甄陶、里雅各、万白安、卜爱莲、辛顿以及杜百胜等的译本为参考，"心"主要翻译成 heart 和 mind。除了《孟子》英译版本以外，"心"在其他中国典籍的英译过程中也有其他译法。例如，安乐哲将《中庸》里的"心"译为"heart and mind"，"'心'这个字是心脏主动脉的象形字，它与'heart'及其所表示的情感的含义直接相关。我们翻译为'emotions'或'feelings'的'情'这个字，是这个'心'和音旁'青'这个字的复合。"[①] 同时，"心"的含义又不仅限于此。"'心'常常译为'mind'。有很多指涉'思维'不同程态（modalities）的中国字中也都包含'心'的部首。……'心'既包含'思考'（thinks）的理智的向度，又包含'感受'（feels）的情感的向度"[②]。出于这两种考虑，安乐哲认为"在古代中国的世界观中，认知上的'心'（mind）不能与情感意义上的'心'（heart）相脱离。为了避免这种两分，我们宁可不那么优雅地将'心'翻译成'heart and mind'，意在提醒读者没有脱离情感的理性思考，也没有缺乏认知内容的原始情感。"[③] 这种译法采用了异化的翻译策略，反映了安乐哲对于"心"的含义的理解，从翻译学的角度来说也具有极大的参考价值。翻译不仅要体现原文的语言形式还要体现原文的文化意象和文化价值，因此，异化的策略往往是较好的选择。孟子在孔子心论的基础上突出讨论了心的功能。"孟子认为，心是人体的特殊器官，其特点是能'思'，也就是具有思维、认知的功能。他说：

① ［美］安乐哲、［美］郝大维：《切中伦常：〈中庸〉的新诠与新译》，彭国翔译，中国社会科学出版社 2009 年版，第 100 页。

② ［美］安乐哲、［美］郝大维：《切中伦常：〈中庸〉的新诠与新译》，彭国翔译，中国社会科学出版社 2009 年版，第 100 页。

③ ［美］安乐哲、［美］郝大维：《切中伦常：〈中庸〉的新诠与新译》，彭国翔译，中国社会科学出版社 2009 年版，第 101 页。

'心之官则思，思则得之，不思则不得也。此天之所与我者。'(《孟子·告子上》)，因而可以说能思之心是成圣的基础。"①

三、"心"的跨时空转换

语言是思维的物质外壳，"心"字的中英文转换的不同解码，不仅是语言层面的转换，更多地体现了中西思维模式的巨大差异，具体到孟子中的比较哲学核心术语，我们可以从一词多义、词性转换、借代等修辞手法等几方面进行分析。

第一，一词多义。与单义词对照，有两个或两个以上意义的词叫多义词。多义词之间的各个义项虽然互不相同，但并不是相互孤立的，而是彼此联系的。这些意义是由同一个本义，通过引申、派生或者衍生而来的意义。为什么会存在一词多义现象呢？这与人类社会生产的发展和对外界的认知变化是密切相关的。人类为了用有限的头脑和精力，输入无穷的信息和知识，就必然要找到一种经济快捷的方式。既不能造成认知的混乱，又不能一味增加记忆的负担，为了解决词性的有限性和词义的无限性这一矛盾，一词多义便"诞生"了。人们以对事物已经形成的认知为基础，在与外在世界的不断感知和实践中，积累经验，总结规律，将新事物与已有的认知不断比对，形成关联。这符合人类对事物的认知规律，也反映了人类的智慧。总之，一词多义是语言发展的必然结果，这种现象在历史悠久、博大精深的汉语中尤其普遍。具体来说，汉语中的一词多义现象，主要源于多义词素、词性转换和修辞方法等原因。一个新的合成词，可以由两个多义词素构成，也可以由一个多义词素和一个单义词素构成。如果这个词所表达的意义与多义词素的其他义项完全不相关，则不相干的词素义会一直处于隐形状态。但是当出现新的表达需求时，并且需要隐形状态的词素义参与表达时，这个词的隐形义将被激活为显性

① 程相占：《文心三角文艺美学——中国古代文心论的现代转化》，山东大学出版社 2002 年版，第 129 页。

义，由此便衍生出更多的多义词，如"心"既可表达身体器官又可解释为思维。

第二，词性转换也会形成一词多义。在英汉语言的对比研究中，我们发现同一个汉语词，可能具有多个词性，如"领导"，"他是我们的领导，他领导我们过上了好日子。"而英语词也能通过词形变化，发生词形的转换。如"Lily is my friend.She is very friendly."这种词性转换既减轻了人们的记忆负担，让词汇学习有规律可循，饶有趣味，又成为译者们英汉互译时借助的重要手段。最后，通过借代、通感、比喻、委婉和避讳等修辞手法，也创造了很多多义词。

汉语中一词多性多义的现象也是尤其明显，在《孟子》原文中，"心"字的词性就不止一种。

例一：我亦欲正人心。（《孟子·滕文公上》）

刘译：I, too, wish to follow in footsteps of the three sages in rectifying the hearts of men.[1]

辛译：I want to rectify people's minds and put an end to twisty words, resist dangerous conduct and drive reckless ideas away.[2]

赵译：I also want to follow the example set by the above–mentioned sages in rectifying the hearts of the people.[3]

里译：I also wish to rectify men's hearts.[4]

万译：I, too, desire to rectify people's hearts.[5]

卜译：I, too, want to correct people's mind.[6]

---

[1] D. C. Lau, *Mencius*, London: Penguin Group, 1970, p.41.

[2] David Hinton, *Mencius*, Berkeley, Counterpoint, 1998, p.115.

[3] 赵甄陶等译：《大中华文库：孟子》（汉英对照），杨伯峻今译，湖南人民出版社1999年版，第157页。

[4] James Legge, *The Works of Mencius*, New York: Dover Publication, Inc., 1970, p.284.

[5] Bryan W. Van Norden, *Mengzi: with Selection from Traditional Commentaries*, Indianapolis: Hackett Publishing. Company, Inc., 2008, p.86.

[6] Irene Bloom, *Mencius*, edited and with an inrodution by Fhilip J. Ivanhoe. New York: Columbia University Press, 2011, p.71.

杜译：I, too, wish to set aright the minds of men.①

例二：天下不心服而王者，未之有也。（《孟子·离娄下》）

刘译：You never gain the Empire without the heartfelt admiration of people in it.②

辛译：No one is emperor over all beneath Heaven unless it submits with subdued hearts.③

赵译：There has never been a man who unified the world without making the world people sincerely convinced of his goodness.④

里译：It is impossible that any one should become ruler of the people to whom they have not yielded the subjection of the heart.⑤

万译：It has never happened that someone becomes King without hearts of the world first submitting to him.⑥

卜译：It had never happened that one to whom the people of the world have not yet submitted in their hearts has become a true king.⑦

杜译：There has never been a True King who failed to obtain that allegiance which comes from the heart.⑧

如在例一"我亦欲正人心"中，"人心"在刘殿爵、赵甄陶和万白安的译版中都使用的 heart，以体现 heart 作为名词的意思；而在例二"天下不心

① W. A. C. H. Dobson, *Mencius: A New Translation Arranged and Annotated for the General Reader.* Toronto: University of Toronto Press, 1963, p.58.

② D. C. Lau, *Mencius,* London: Penguin Group, 1970, p.51.

③ David Hinton, *Mencius,* Berkeley: Counterpoint, 1998, p.145.

④ 赵甄陶等译：《大中华文库：孟子》（汉英对照），杨伯峻今译，湖南人民出版社 1999 年版，第 181 页。

⑤ James Legge, *The Works of Mencius*, New York: Dover Publication, Inc., 1970, p.323.

⑥ Bryan W. Van Norden, *Mengzi: with Selection from Traditional Commentaries*, Indianapolis: Hackett Publishing. Company, Inc., 2008, p.107.

⑦ Irene Bloom, *Mencius*, New York: Columbia University Press, 2011, p.89.

⑧ W. A. C. H. Dobson, *Mencius: A New Translation Arranged and Annotated for the General Reader. Toronto*: University of Toronto Press, 1963, p.185.

服而王者，未之有也"中，"心服"在刘殿爵版译文中被译作"heartfelt ad-
miration"，译者在名词 heart 的基础上加上后缀 –felt，实现其词性的转换，以
体现"真诚的归服"之意。类似的情况在其他译文中也有出现。

例三：父母之心，人皆有之。(《孟子·滕文公下》)

刘译：Every parents feel like this.①

辛译：Parents all feel this way.②

赵译：Such a parental wish is common to all human beings.③

里译：This feeling of the parents is possessed by all men.④

万译：All parents feel like this.⑤

卜译：As parents, all human beings have this mind.⑥

杜译：All men have this feeling for parenthood.⑦

例四：恻隐之心，人皆有之；羞恶之心，人皆有之；恭敬之心，人皆有
之；是非之心，人皆有之。(《孟子·告子上》)

万译：Humans all have the feeling of compassion. Humans all have the feel-
ing of disdain. Humans all have the feeling of respect. Humans all have the feeling
of approval and disapproval. The feeling of compassion is benevolence. The feel-
ing of disdain is righteousness.

卜译：The mind of pity and commiseration is possessed by all human be-

---

① D. C. Lau, *Mencius*, London: Penguin Group, 1970, p.66.

② David Hinton, *Mencius*, Berkeley, Counterpoint, 1998, p.105.

③ 赵甄陶等译：《大中华文库：孟子》(汉英对照)，杨伯峻今译，湖南人民出版社 1999 年版，
第 133 页。

④ James Legge, *The Works of Mencius*, New York: Dover Publication, Inc., 1970, p.268.

⑤ Bryan W. Van Norden, *Mengzi: with Selection from Traditional Commentaries*, Indianapolis:
Hackett Publishing. Company, Inc., 2008, p.79.

⑥ Irene Bloom, *Mencius*, edited and with an inrodution by Fhilip J. Ivanhoe. New York: Columbia
University Press, 2011, p.64.

⑦ W. A. C. H. Dobson, *Mencius: A New Translation Arranged and Annotated for the General
Reader.* Toronto: University of Toronto Press, 1963, p.103.

ings, the mind of shame and dislike is possessed by all human beings, the mind of respectfulness and reverence is possessed by all human beings, and the mind that knows right and wrong is wisdom.

杜译：Every man has a sense of pity, a sense of shame, a sense of respect, a sense of right and wrong.

译者	译文
刘译	heart[1]
辛译	heart[2]
赵译	feeling[3]
里译	feeling[4]
万译	feeling[5]
卜译	mind[6]
杜译	sense[7]

例三中"父母之心"，刘殿爵、辛顿和万白安三位译者使用的是 feel 的动词原形来翻译汉语里名词的"心"；在例四中的"恻隐之心"，里雅各、万白安和赵甄陶是在动词 feel 的基础上加上 -ing 后缀，以体现"恻隐之心"中"心"作为名词的意思。而刘殿爵和辛顿两位译者都将此处的"心"翻译为"heart"。

---

[1] D. C. Lau, *Mencius*, London: Penguin Group, 1970, p.72.

[2] David Hinton, *Mencius*, Berkeley: Counterpoint, 1998, p.202.

[3] 赵甄陶等译：《大中华文库：孟子》（汉英对照），杨伯峻今译，湖南人民出版社 1999 年版，第 251 页。

[4] James Legge, *The Works of Mencius*, New York: Dover Publication, Inc., 1970, p.402.

[5] Bryan W. Van Norden, *Mengzi: with Selection from Traditional Commentaries*, Indianapolis: Hackett Publishing. Company, Inc., 2008, p.149.

[6] Irene Bloom, *Mencius*, edited and with an inrodution by Fhilip J. Ivanhoe. New York: Columbia University Press, 2011, p.124.

[7] W. A. C. H. Dobson, Mencius: *A New Translation Arranged and Annotated for the General Reader.* Toronto: University of Toronto Press, 1963, p.113.

例一：君之视臣如手足，则臣视君如腹心。（《孟子·离娄下》）

刘译：They will treat him as their belly and heart.

辛译：If a sovereign treats the people like his hands and feet, they'll treat him like their stomach and heart.

万译：If a ruler looks upon his ministers like his hands and feet, then the ministers will look upon their ruler like their hearts and belly.

在"视君如腹心"中，七位译者分别使用"heart""belly"或"stomach"表示"心腹"之意，其中赵甄陶、里雅各、万白安、杜百胜、刘殿爵五位译者都将其翻译为"belly and heart"，而卜爱莲和辛顿将其译为"stomach and heart"，以此比喻臣民对君主的信任之深。

译者	译文
刘译	heart[①]
辛译	heart[②]
赵译	heart[③]
里译	heart[④]
万译	heart[⑤]
卜译	heart[⑥]
杜译	heart[⑦]

---

① D. C. Lau, *Mencius*, London: Penguin Group, 1970, p.50.

② David Hinton, *Mencius,* Berkeley: Counterpoint, 1998, p.142.

③ 赵甄陶等译：《大中华文库：孟子》（汉英对照），杨伯峻今译，湖南人民出版社 1999 年版，第 175 页。

④ James Legge, *The Works of Mencius*, New York: Dover Publication, Inc., 1970, p.318.

⑤ Bryan W. Van Norden, *Mengzi: with Selection from Traditional Commentaries*, Indianapolis: Hackett Publishing. Company, Inc., 2008, p.104.

⑥ Irene Bloom, *Mencius*, edited and with an inrodution by Fhilip J. Ivanhoe. New York: Columbia University Press, 2011, p.86.

⑦ W. A. C. H. Dobson, *Mencius: A New Translation Arranged and Annotated for the General Reader*. Toronto: University of Toronto Press, 1963, p.16.

例二：夫子言之，于我心有戚戚焉。(《孟子·梁惠王上》)

刘译：You described it for me and your words struck a chord in me.[1]

辛译：It was you who explained it, and only then did I come to this realization.[2]

赵译：What you say has touched my heart.[3]

里译：When you, master, spoke of those words, the movements of compassion began to work in my mind.[4]

万译：But when you discussed it, my heart was moved.[5]

卜译：Yet when you spoke of it, my mind experienced a kind of stirring.[6]

杜译：But when you spoke just now, what you said struck a familiar chord.[7]

在"于我心有戚戚焉"(《孟子·梁惠王上》) 中，刘殿爵和杜百胜版译文，都并未明确将"心"字译出，而是采用了"your words struck a chord in me"以及"stuck a familiar chord"样的比喻，来体现内心豁然开朗之意。

例三：今茅塞子之心矣。(《孟子·尽心下》)

刘译：Now your heart is blocked by grass.[8]

辛译：That's how it is with your heart, choked with underbrush.[9]

---

① D. C. Lau, *Mencius*, London: Penguin Group, 1970, p.10.

② David Hinton, *Mencius*, Berkeley: Counterpoint, 1998, p.12.

③ 赵甄陶等译：《大中华文库：孟子》(汉英对照)，杨伯峻今译，湖南人民出版社 1999 年版，第 17 页。

④ James Legge, *The Works of Mencius*, New York: Dover Publication, Inc., 1970, p.141.

⑤ Bryan W. Van Norden, *Mengzi: with Selection from Traditional Commentaries*, Indianapolis: Hackett Publishing. Company, Inc., 2008, p.10.

⑥ Irene Bloom, *Mencius*, edited and with an inrodution by Fhilip J. Ivanhoe. New York: Columbia University Press, 2011, p.8.

⑦ W. A. C. H. Dobson, *Mencius: A New Translation Arranged and Annotated for the General Reader.* Toronto: University of Toronto Press, 1963, p.10.

⑧ D. C. Lau, *Mencius*, London: Penguin Group, 1970, p.94.

⑨ David Hinton, *Mencius*, Berkeley: Counterpoint, 1998, p.263.

赵译：And now your heart is clogged with weeds.[1]

里译：Now, the wild grass fills up your mind.[2]

万译：Your heart is now becoming overgrown with brush and weeds.[3]

卜译：Now wild grasses are stopping up your mind.[4]

杜译：Your mind, Sir, is overgrown with grass![5]

"今茅塞子之心矣"（《孟子·尽心下》），在杨伯峻版《孟子译注》中译作"茅草把你的心堵塞了"[6] 以此来比喻"心界局限"的含义。

语言和文化是互相影响，相互依存，同步发展的。一方面，语言是文化的载体和重要表现形式，是人区别于动物的重要标志。另一方面，文化对语言有制约作用。换言之，人们在利用语言系统完成交际任务时，离不开赖以生存的文化系统。尤其在进行语言翻译时，译者要完成的与其说是表层的语际转换，不如说是一次深层的跨文化交际，即意义重于形式，因为文化信息的传递才是翻译的实质。比如《孟子》是一部人类历史上里程碑式的思想著作，理论的深刻性和前瞻性让它的光芒不囿于一时一地，而是能跨越时空和种族，为全世界的人类带去福音。所以译者纷纷把目光投向这部作品。当我们翻译《孟子》时，要想尽量真实地还原作者的本意，需要回归到那个特定的历史时期，对特定历史现象或语言表达进行系统而深入的了解，然后条分缕析地参透其学说的丰富内涵，最后结合该词所在的上下文语境进行翻译，如此，才能重现原文的"风貌"，完成内涵的"对接"。真正的翻译必须实现

---

① 赵甄陶等译：《大中华文库：孟子》（汉英对照），杨伯峻今译，湖南人民出版社 1999 年版，第 325 页。

② James Legge, *The Works of Mencius*, New York: Dover Publication, Inc., 1970, p.487.

③ Bryan W. Van Norden, *Mengzi: with Selection from Traditional Commentaries*, Indianapolis: Hackett Publishing. Company, Inc., 2008, p.189.

④ Irene Bloom, *Mencius*, edited and with an inrodution by Fhilip J. Ivanhoe. New York: Columbia University Press, 2011, p.160.

⑤ W. A. C. H. Dobson, *Mencius: A New Translation Arranged and Annotated for the General Reader.* Toronto: University of Toronto Press, 1963, p.91.

⑥ 杨伯峻：《孟子译注》，中华书局 1960 年版，第 331 页。

文化的交流而不仅仅是语言的交流。"与词语的意义不同，处境（situation）的意义在人们对处境的理解中与导向这种处境的必然性行为中起着激发和促进作用。而且如果一个词语被用于指涉某个处境，它就赋予词语以意义。因此，义与处境相一致并作为处境的特征：在一种处境中正确与正义地行动，也就实现了首先作为该处境意义的'义'，然后看到该处境中的价值、应当性（oughtness）也就是作为正义的'义'，最终采取相应的行为，而行为的'义'就在于此。因此我们可以提出，一种处境可以在两个层次上被理解：它的意义和体现这意义所要求的行为（亦即根据处境意义的应当性来行为，我们可称之为处境意义的实际完成）。因此义提供了一种处境自身意义中的理解，并且根据这样的理解提出了一种行为规范。"①

《孟子》原文中，不同的语境对"心"字的翻译就有所差别。

例一："夫我乃行之，反而求之，不得吾心。"（《孟子·梁惠王上》）

刘译：For though the deed was mine, when I looked into myself I failed to understand my own heart.

辛译：It was I who did these things, but when I turned inward in search of motives, I couldn't fathom my own heart.

赵译：I did the thing, but when I asked myself why I had done it, I could not discover my motive.

万译：I was the one who did it. I examined myself and sought to find my heart but failed to understand it.

卜译：When I tried reflecting, going back and seeking my motive, I was unable to grasp my own mind.

杜译：It was precisely as you describe it, though on thinking it over later, I could not recall my state of mind at the time.

---

① 成中英：《论"正义的古典模式"与现代模式之结合》，载《英语世界中的中国哲学》，[美] 姜新艳主编，中国人民大学出版社 2009 年版，第 56 页。

译者	译文
刘译	heart
辛译	heart[1]
赵译	motive[2]
里译	mind[3]
万译	heart[4]
卜译	mind[5]
杜译	mind[6]

　　结合《梁惠王上》的上下文语境，可知宣王"不得吾心"指的是不知自己为什么要用羊来代替牛，是不明白自己产生这种心理活动的原因，因此"心"亦可理解为"动机，心理"。里雅各同卜爱莲和杜百胜这两位译者一样，将此语境中的"心"翻译成"mind"。

　　例二：梁惠王曰："寡人之于国也，尽心焉耳矣。"（《孟子·梁惠王上》）

　　刘译：King Hui of Liang said, "I have done my best for my state."[7]

　　辛译：I've devoted myself entirely to the care of my nation.[8]

　　赵译：I have devoted myself heart and soul to the government of my state.[9]

---

① David Hinton, *Mencius,* Berkeley: Counterpoint, 1998, p.12.

② 赵甄陶等译：《大中华文库：孟子》（汉英对照），杨伯峻今译，湖南人民出版社 1999 年版，第 17 页。

③ James Legge, *The Works of Mencius*, New York: Dover Publication, Inc., 1970, p.141.

④ Bryan W. Van Norden, *Mengzi: with Selection from Traditional Commentaries*, Indianapolis: Hackett Publishing. Company, Inc., 2008, p.10.

⑤ Irene Bloom, *Mencius*, edited and with an inrodution by Fhilip J. Ivanhoe. New York: Columbia University Press, 2011, p.8.

⑥ W. A. C. H. Dobson, *Mencius: A New Translation Arranged and Annotated for the General Reader.* Toronto: University of Toronto Press, 1963, p.10.

⑦ D. C. Lau, *Mencius*, London: Penguin Group, 1970, p.5.

⑧ David Hinton, *Mencius*, Berkeley: Counterpoint, 1998, p.5.

⑨ 赵甄陶等译：《大中华文库：孟子》（汉英对照），杨伯峻今译，湖南人民出版社 1999 年版，第 5 页。

里译：We use our heart to the utmost for our state.[1]

万译：We use our heart to utmost for our state.[2]

卜译：I this solitary man, devotes his entire mind to the state.[3]

杜译：King Hui of Liang said, "as far as governing my state is concerned, I do devote my entire mind to it."[4]

结合《梁惠王上》的上下文语境，可知梁惠王是在和孟子探讨治国问题时说出了"我对于国家，真是费尽心力了"这样的由衷之言。此处的"心"则可以理解为"心力，脑力"。

例三：非直为观美也，然后尽于人心。(《孟子·公孙丑下》)

刘译：It is only in this way that one can express fully one's filial love.

辛译：It isn't a question of beauty, but of expressing all that's in our hearts.

赵译：It is only in this way that one can give full expression to one's filial piety.

杜译：From the Son of Heaven down to commoners this was so, not merely for the sake of appearance, but to satisfy a need felt deep in the heart.

译者	译文
刘译	love[5]
辛译	heart[6]
赵译	piety[7]

---

[1] James Legge, *The Works of Mencius*, New York: Dover Publication, Inc., 1970, p.3.

[2] Bryan W. Van Norden, *Mengzi: with Selection from Traditional Commentaries*, Indianapolis: Hackett Publishing. Company, Inc., 2008, p.3.

[3] Irene Bloom, Mencius, edited and with an inrodution by Fhilip J. Ivanhoe, New York: Columbia University Press, 2011, p.3.

[4] W. A. C. H. Dobson, Mencius: A New Translation Arranged and Annotated for the General Reader, Toronto: University of Toronto Press, 1963, p.27.

[5] D. C. Lau, *Mencius*, London: Penguin Group, 1970, p.46.

[6] David Hinton, *Mencius*, Berkeley: Counterpoint, 1998, p.70.

[7] 赵甄陶等译：《大中华文库：孟子》(汉英对照)，杨伯峻今译，湖南人民出版社 1999 年版，第 89 页。

续表

译者	译文
里译	heart①
万译	heart②
卜译	heart③
杜译	heart④

结合《孟子·公孙丑下》的上下文语境，可知孟子说这句话是为了告诉充虞，讲究棺椁，不仅是为了美观，而是要这样，才算尽了孝子之心。由此可见，此处的"心"，可理解为"孝心"。在七个译本中，辛顿、里雅各、万白安、卜爱莲、杜百胜五位译者都选择了"heart"一词，而刘殿爵和赵甄陶这两位译者分别将其翻译为"one's filial love"和"one's filial piety"。

综上所述，只有充分地探究语境及推测上下文，才能很好地理解单个字的含义。不同的社会环境与思维方式决定了人们对于同一事物的理解方式与思维模式的差异。较之东方的混沌思维，西方的思维方式非常注重秩序性，因而，在评价同一事物时，东方人惯于用一种模糊式的思维方式，而西方人则惯于用一种精确的思维方式。较之西方思维方式，东方思维的整体性较强，但欠缺对事物细节认识的深刻。诚然，中国古代的小农经济制度下的人们惯于自给自足的生活方式，思维相对闭塞，农耕经济贴近自然，中国人的混沌思维便形成于自然。西方则相反，西方人偏重狩猎、捕鱼，而这些活动偏向技能，他们便注重培养和发展个人技能，因而，理性思维更加明显。中

---

① James Legge, *The Works of Mencius*, New York: Dover Publication, Inc., 1970, p.221.

② Bryan W. Van Norden, *Mengzi: with Selection from Traditional Commentaries*, Indianapolis: Hackett Publishing. Company, Inc., 2008, p.55.

③ Irene Bloom, *Mencius*, edited and with an inrodution by Fhilip J. Ivanhoe. New York: Columbia University Press, 2011, p.43.

④ W. A. C. H. Dobson, *Mencius: A New Translation Arranged and Annotated for the General Reader.* Toronto: University of Toronto Press, 1963, p.48.

国重农业，人依赖自然环境，生产劳动和社会协作决定人们之间联系的亲疏，因而人们也就倾向于在人际交往中投入更多情感与感性，因而人与人之间的关系会复杂很多。情感与思维，这看似对立的两个概念，它们之间的关系究竟是怎样呢？

人类的一切活动受命于人体不同部位，大脑控制思维，感官产生情感。在人体中，作为掌控思维与意识的器官——大脑，体积比重虽轻但支配着人体的各项活动。尤其控制人的思维活动，使之不断进化，逐渐形成的思维能力是人和动物最本质的区别。因而，在人类社会的发展中，大脑作为身体器官，受制于生理结构。而情感复杂多变，甚至乱作一团，但思维清晰明白，有理可循，情感是不明所以，难以言表，"一切尽在无言中""只可意会不可言传"正是情感的真实写照，思维则容易阐释，溢于言表。从独特性看，思维是一种特殊能力，而情感则不然，当然，这并不意味着在日常生活与人际交往中，我们可以弃情感不顾而只依赖理性的思维。我们不能忽略情感功能，它能补思维之缺陷，思维与情感应是相辅相成，只有两项活动完美结合，共同运转，才能给人类社会发展提供不竭动力与源泉。

在西方哲学史上，最早提出"mind"即心灵的是古希腊哲学家阿那克萨戈（Anaxagoras），此后，人们对于具有一定神学特征的"soul"即心灵这一概念的认同感愈加减弱。中国文学史上有关"心"的观念论述早现于先秦诸子的著作里，心即认识和道德意识。随着人们认知领域不断扩大和认知水平的逐渐提升，心的含义逐渐丰富。在中国古代人思维观念里，心是可以思维的物质器官，如"心智""用心去思考""用心去做"这样的说法，体现了一种理解事物的方式。孟子常常用"心"概括有关思维与情感的事物。值得提出的是，在刘、赵的《孟子》英译本中，二人皆对"心"做了具体语境使用的处理，以增强西方读者的理解和认同。如译文中的高频词"heart"和"mind"，"heart"主旨"心脏"，现代西方医学认为，心与思维的功能各不相干，二者是独立而存的。心仅仅是人体的一种重要物质器官，不具有思维品质。"mind"即思维，与心只存有间接联系。因此在刘、赵的英译本中，与思维有关的"心"大都处理为"mind"。只有当"心"指心脏器官时才译为"heart"。

例一：心之官则思。(《孟子·告子上》)

刘译：The organ of the heart can think.[①]

辛译：It is the heart which thinks, and so understands.[②]

赵译：The mind is an organ of thinking.[③]

里译：To the mind belongs the office of thinking.[④]

万译：But the function of the heartis to reflect.[⑤]

卜译：The faculty of the mind is to think.[⑥]

杜译：It is the function of the mind to think.[⑦]

张祥龙在《先秦儒家哲学九讲》中提出："之所以会认为'心之官则思'，多半是因为中国古人不把思想、觉识和身体对立起来"[⑧]。将心脏作为身体的一个重要部分，与人的感官、性情，以及思维相联系起来。杨伯峻对此句的注释为"心这个器官职责在思考"。符合中国古代人将人体的心当作思考器官的思维模式。

例二：孟子曰："尽其心者，知其性也，知其性，则知天矣。存其心，养其性，所以事天也。"(《孟子·尽心上》)七个译本的翻译如下表：

---

① D. C. Lau, *Mencius,* London: Penguin Group, 1970, p.75.

② David Hinton, *Mencius*, Berkeley: Counterpoint, 1998, p.209.

③ 赵甄陶等译：《大中华文库：孟子》(汉英对照)，杨伯峻今译，湖南人民出版社 1999 年版，第 263 页。

④ James Legge, *The Works of Mencius*, New York: Dover Publication, Inc., 1970, p.418.

⑤ Bryan W. Van Norden, *Mengzi: with Selection from Traditional Commentaries*, Indianapolis: Hackett Publishing. Company, Inc., 2008, p.418.

⑥ Irene Bloom, *Mencius*, edited and with an inrodution by Fhilip J. Ivanhoe. New York: Columbia University Press, 2011, p.130.

⑦ W. A. C. H. Dobson, *Mencius: A New Translation Arranged and Annotated for the General Reader.* Toronto: University of Toronto Press, 1963, p.59.

⑧ 张祥龙：《先秦儒家哲学九讲·从〈春秋〉到荀子》，广西师范大学出版社 2010 年版，第 214 页。

译者	译文
刘译	heart[1]
辛译	mind[2]
赵译	kind heart[3]
里译	mental constitution[4]
万译	heart[5]
卜译	mind[6]
杜译	mind[7]

杨伯峻对此句的注释为"充分扩张善良的本心，这就是懂得了人的本性。懂得了人的本性，就懂得了天命。保持人的本性，培养人的本性，就是对待天命的办法"[8]。"天、性、命是那个时代大家共同关心的问题。《中庸》找的是'情'的未发之中，《性自命出》找的是'情'之气态，而孟子找的则是'心'，这是《孟子》的独创之处。"[9]

例三：孟子曰："大人者，不失其赤子之心者也。"（《孟子·离娄上》）

刘 译：Mencius said, "a great man is one who retains the heart of a new-born babe."[10]

---

[1] D. C. Lau, *Mencius,* London: Penguin Group, 1970, p.84.

[2] David Hinton, *Mencius,* Berkeley: Counterpoint, 1998, p.235.

[3] 赵甄陶等译：《大中华文库：孟子》（汉英对照），杨伯峻今译，湖南人民出版社1999年版，第291页。

[4] James Legge, *The Works of Mencius,* New York: Dover Publication, Inc., 1970, p.449.

[5] Bryan W. Van Norden, *Mengzi: with Selection from Traditional Commentaries*, Indianapolis: Hackett Publishing. Company, Inc., 2008, p.171.

[6] Irene Bloom, *Mencius*, edited and with an introduction by Fhilip J. Ivanhoe. New York: Columbia University Press, 2011, p.144.

[7] W. A. C. H. Dobson, *Mencius: A New Translation Arranged and Annotated for the General Reader.* Toronto: University of Toronto Press, 1963, p.143.

[8] 杨伯峻：《孟子译注》，中华书局1960年版，第301页。

[9] 张祥龙：《先秦儒家哲学九讲·从〈春秋〉到荀子》，广西师范大学出版社2010年版，第212页。

[10] D. C. Lau, *Mencius,* London: Penguin Group, 1970, p.51.

辛译：Mencius said，"great people never lose their child's heart."①

赵译：Mencius said，"a great man is one who keeps his heart as pure as a newborn baby's."②

里译：Mencius said，"the great man is he who does not lose his child's heart."③

万译：Mencius said，"Great people do not lose the hearts of their 'children'."④

卜译：Mencius said，"the great person is one who does not lose the child's mind."⑤

杜译：The great man is one who never loses his child-like touch.⑥

"赤子之心"在杨伯峻《孟子译注》的注释里为"婴儿的天真纯朴的心"⑦，意思是有德行的人，就是那种保持赤子本心的人。

"比较思想的第二个阶段（现在仍处在它的初始时期）之出现是由于某些比较学者认识到这种无批判性的种族中心主义的翻译根本没用。这种认识的达成部分地是由于人们发现在文化发展的重要阶段，尽管有许多相同之处，但中国人常关心的问题和挑战与盎格鲁——欧洲人是非常不同的。最近，部分比较学者很严肃地试图找到对翻译更有助的不同观念。正是那些'未播种的种子'和'丢弃的废料'最终会激发一个人去更负责任地表述出异国文化的不同性。不幸的是，中西思想比较的成功希望被下面这样一种事实威胁：大多数西方汉学家仍旧在一种错觉下工作，认为他们在中国语言和中国文化方面的专长足以使他们能将古代中国文本翻译成西

---

① David Hinton, *Mencius,* Berkeley: Counterpoint, 1998, p.144.

② 赵甄陶等译:《大中华文库：孟子》(汉英对照)，杨伯峻今译，湖南人民出版社 1999 年版，第 179 页。

③ James Legge, *The Works of Mencius,* New York: Dover Publication, Inc., 1970, p.322.

④ Bryan W. Van Norden, *Mengzi: with Selection from Traditional Commentaries*, Indianapolis: Hackett Publishing. Company, Inc., 2008, p.106.

⑤ Irene Bloom, *Mencius,* edited and with an inrodution by Fhilip J. Ivanhoe. New York: Columbia University Press, 2011, p.88.

⑥ W. A. C. H. Dobson, *Mencius: A New Translation Arranged and Annotated for the General Reader.* Toronto: University of Toronto Press, 1963, p.188.

⑦ 杨伯峻:《孟子译注》，中华书局 1960 年版，第 189 页。

方语言。但是，除了对原始资料和被译语言有所理解之外，一个人也必须掌握相关的专业性词汇。例如，如果一个汉学家想对中国哲学文本进行公正的理解和把握，他必须有哲学训练，或者与经过这种训练的人合作。"①

在笔者选取的七个译本中，包含里雅各、万白安、辛顿、杜百胜和卜爱莲在内的五个典籍外译范本，五位译者从传递孟子思想的角度出发，译文在很大程度上忠实原文，在选词炼句上，也尽可能地缩小了中西方思维模式的差异。如在"或劳心，或劳力"这样的说法上，尽管西方人认为指挥做事的是大脑而非心脏，但是五位外籍译者在翻译的时候，还是选用了"heart"或"mind"，以求忠实原文，将"心"的含义翻译出来，符合中国古代认为"心"才是思维器官的传统思维方式。"而孟子讲的'心'，本身就是人认识性与天的发端或源头。所以'尽其心者，知其性也。知其性，则知天矣'，最根本的东西是靠尽心来得到的，这和《性自命出》很不一样。"②刘殿爵和赵甄陶的译本都很好地对孟子"心"学进行了诠释，如在"欲贵者，人之同心也"中，两位译者分别采用了"desire"和"wish"，将老百姓希望尊贵的心理，诠释为一种欲望和祝愿，更能为人们所理解和接受。两位译者中，刘殿爵的译本更是通俗易懂，考虑到了普通读者的需求，如将"尽心焉耳矣"，直接译为"done my best"，不拘泥于"heart"或"mind"的使用，在字词上的取舍恰到好处。

第三节　女性主义视域下的《孟子》研究

"臣民"的内涵不同于西方理解中的"公民"，但从个体的权利与义务方面来说，二者既享有规定的权利，也需要履行相应的义务。这是中西方关于

---

① 郝大卫：《"分析"在中国的意义》，载《英语世界中的中国哲学》，[美] 姜新艳主编，中国人民大学出版社 2009 年版，第 199—200 页。
② 张祥龙：《先秦儒家哲学九讲·从〈春秋〉到荀子》，广西师范大学出版社 2010 年版，第 213 页。

"民"的共同之处。本节研究《孟子》中女性的地位，也必然谈到女性的权利与义务。其中一个最重要的概念就是女权主义。关于儒家学说中对于女性的态度的讨论逐渐增加，女性主义学者也常常在儒学国际会议中发出自己的声音，由此，艾文贺认为，女性主义者关心的问题已和儒家的观点达成了更合理、充分的立场。"艾文贺由此得出结论，儒家和女性主义者之间以在这些共同关心的问题的基础上进行有意义的对话，并达到更合理、更充分的立场。"① 杜维明的文章代表着儒学思想家对女性主义者的正面回应。"我们认为那些用来定义主导西方思维方式的所谓'男性化'特征：分离性、自律性、自足性以及与之成对比中国传统的'女性化'特征：同情性、养育性、关怀性，至少向我们提示了一个原因，为什么如此定义的西方哲学一直未能将中国的哲学传统视为真正的'哲学'而加以认真对待。即使在某种程度上，西方传统给予中国哲学的这一席之地也是通过西方思想的学科范畴和标准来规定的。吉利根式的以性或性别为基础的女性伦理观念，表面上看似乎与儒家—道家的审美认识相一致。"②

一、女性主义的缘起与发展

（一）女性主义的概述

女性主义（feminism），作为一场建立男女平等世界范围的思潮，学界有着多层面和多维度的定义和内涵。艾德丽安·里奇（Adrienne Rich）认为女权主义的实现需要彻底地割裂同父权制之间的联系。"性别的不同主要体现在外在特征的不同，而不是种类的不同。性别歧视是一个关注程度差异的

---

① 李晨阳：《儒家与女性主义：克服儒家的"女性问题障碍"》，载《英语世界中的中国哲学》，[美] 姜新艳主编，中国人民大学出版社 2009 年版，第 565 页。

② [美] 安乐哲：《和而不同：比较哲学与中西会通》，温海明编，北京大学出版社 2002 年版，第 163—164 页。

问题，男女差异表现在'重点差异'方面。"[①] 性别之别并非种类之别，只是外在特征的差异和区别。儒家的性别差异并非性别歧视或者男女不平等，只是一种程度差异、分工差异。

（二）女性主义的发展历程及意义

女权主义源自西方，五四运动以后传入中国，被称为女权主义。在中国的发展仅有一百多年的历史，从女权主义在中国启蒙到新中国成立之初，女权主义在我国的发展一直进步缓慢，缺乏理论性的指导，但是西方的女权主义却兴起得很早，并有了一波又一波的女权主义运动。

我们首先关注"女权主义"概念的界定。对于"女权主义"概念，学者们众说纷纭，主要是因为女权主义从产生之初就不断地分化与整合，本身也存在太多的流派，具有代表性的有以下几位人物的观点：特里萨·比林顿·葛雷戈将女权主义看作为一场建立男女平等世界的运动；艾德丽安·里奇则认为女权主义的实现需要彻底地割裂同父权制之间的联系；格里尔从鼓吹性解放到强调贞节；弗里丹在其书《女性的奥秘》中呼吁两性之间休战讲和等。女权主义在西方经过了三百多年的发展历史，当前女权主义强调两性权利和两性平等。总而言之，女性主义的含义并不是一成不变的，它是随着时代的发展，也不断被赋予新的意义，女性的地位随着时代的发展也在不断提高。

西方女权主义的启蒙可以追溯到 18 世纪，首先在法国兴起；1791 年，郭吉斯（O.Gouges）的女权宣言主张男女平等，但此阶段的影响范围有限；女权主义在西方真正发展起来应该追溯到 19 世纪中叶，女性主义（Feminism）一词，最早出现在法国，意味着妇女解放，后传到英美，逐渐流行起来。1848 年，是女权主义史上的一个里程碑。在此后的岁月中，西方妇女开始通过有规模的组织进行斗争，争取自己的地位和权利，大致经历了三个阶段，历史上称为"女权主义的三次浪潮"。

---

① ［美］安乐哲：《和而不同：比较哲学与中西会通》，温海明编，北京大学出版社 2002 年版，第 163—178 页。

第一次浪潮大致在 1792 年至 1960 年，代表人物是伍尔夫和波伏娃。弗吉尼亚·伍尔夫（Virginia Woolf）被誉为 20 世纪现代主义与女性主义的先锋，西蒙娜·波伏娃（Simone de Beauvoir）是女权主义运动的创始人，著有《第二性》，被奉为"女权运动"的圣经。这一阶段以各种可能的途径关注平等要求，唤起女性的自由独立意识。

此阶段，西方各流派将"男女平等"理解为"权利平等"，企图通过淡化两性的差异来为妇女争取更多的权利与机会。在此期间女性争取到了选举权，但女权主义体系尚未成熟。在这个阶段，女权主义发展最快的两个国家是英国和美国，也经历了巨大的改变：1920 年，美国妇女获得选举权（宪法 19 修正案）；半个多世纪以后，女权主义运动在英国兴起，其主要诉求之一也是妇女的选举权。女权主义在欧美的发展，取得了丰硕的成果，引起了社会各界的广泛关注。

第二次浪潮始于 20 世纪 60 年代，代表观点是认为社会不平等的"权力"结构会侵蚀平等的"权利"，因此"权利"的获得并不一定能实现真正的男女平等。这一阶段关注的不仅仅是平等要求，更加强调性别的差异和性别的独特性，最重要的是把触角伸向了意识形态领域，试图建立一套女性主义理论。

第三次浪潮起始时间说法不一，据研究，"女权主义的第三次浪潮"一词最早出现应在 20 世纪 80 年代。女权主义聚焦在以两性平等、两性权利互动为特点的性别研究，发展也从极端逐步趋于理性。这一时期的女权主义的一个很突出的特点就是多元化复调式。

二、《孟子》中的女性地位

儒家对女性的阐释借助于女性的伦理观，并建立在一定的社会基础之上。在儒家传统文化中，女性被归为弱势群体，既无法接受教育，也无法入仕为官。女性的主要义务就是相夫教子。儒家对女性的阐释形成了根深蒂固认识，时至今日，这种女性观念仍然存在。下面从三个方面来分析《孟子》中的女性地位：

（一）从人伦关系层面探究女性地位，"夫妇关系"同"君臣关系""父子关系"共同成为儒家思想中"礼"的重要内容

"父子有亲、君臣有义、夫妇有别、长幼有序、朋友有信。"孟子对各类人际关系的特征进行说明。"夫妇有别"表明由于性别的差异，夫妻双方在家庭和社会的角色以及义务具有差异。孟子把握住了五种社会关系的核心特征，这五种社会关系涵盖了整个社会的人伦关系，从道德和义务层面对人的行为进行约束，形成一个国家的道德体系。"夫妇有别"是夫妻规范的界定，夫妇关系是家庭关系的基本内容。在孟子思想中，"齐家、治国、平天下"是君子的最高人生理想。可见，作为"齐家"的重要内容，夫妇关系处在整个社会人伦关系的基础地位。

性别概念强调的是男女性别的生理差异和社会功能的差异，但性别之间具有互补性，女性并不低于男性。而在夫与妇的关系上，孟子强调"夫妇有别"。在孟子的叙述中，其实并未对男女做界限十分清晰，有明显高下的论述。但儒家要通过"礼"来维护秩序，就不可避免地遇到这个问题。于是，孟子通过"男女有别"来界定这一点。我们通过对"别"两个方面的考量，可以大概了解孟子对女性地位的思考和判断。

1."别"之责任区分

贝淡宁在《儒家政治伦理》（*Confucian Political Ethics*）中说孟子在描述五种人伦关系时，说他强调的"男女有别"二者关系上的"别"，主要指的是男与女或夫与妇二者之间角色功能的差异，也就是男女在家庭中的责任区分，而不是性别歧视。"男主外，女主内"是对"夫妇有别"的进一步细化，在中国传统思维中，男性主要是在外通过劳动维持家庭生计，女性的责任是相夫教子。这背后体现出性别差异而出现分工的差异以及社会角色和地位的差异。这一观点更好地佐证了孟子这里所说的"夫妇有别"的观点。劳动分工和角色差异并不意味着男女在权利和义务上的完全分离。两者在某些时候会出现角色的重叠，这尤其体现在男性方面，特别是在家庭决策时，男性通

常做主导，女性处在顺从地位。这也间接说明女性在男女关系中属于弱势一方。这只是男女义务上的区别，而非权利。在孟子看来，女性的地位并不是绝对低下的，女性能够对男性进行制止，并非一味顺从。"与其妾讪其良人，而相泣于中庭，而良人未之知也，施施从外来，骄其妻妾。"（《孟子·离娄下》）齐人通过在墓地偷吃祭品来假装富贵，这在他妻子和妾的眼中是一种耻辱，进而对其进行指责。这体现出女性的权利，同时也表明男性肩负更重的使命，需要成为家庭经济支柱，改善物质生活水平。

儒家强调"男女有别""夫妇有别"，但这种分工的差异可以促进社会的和谐，从宏观角度来看，作为和谐社会的参与者，男女在社会关系上大体还是平等的。这有点像太极中的阴阳，他们之间有必然的互补关系。儒家同时在家里面也给了母亲很高的地位。从儒家正面的意义来理解，"男女之间的区别不是理解为一个受制于另一个，而是一种和谐的关系。"[1]中国文化主流的自我表述恰恰总是避免西方那些用来定义"男性"哲学的特征，而推崇那些用来定义"女性"伦理的主题。例如，儒家观念中最主要的美德"仁"，就强调人的相互关联和相互依存："夫仁者，己欲立而立人，己欲达而达人。"（《论语·雍也》）"从表面上看，儒家和道家哲学的奠基者们是用所谓的'女性语言'来表达他们的观点的。……我们可以毫不过分地说，中国文化的发展染上了强烈的女性性别（gender）特征的色彩。"[2]

男女关系发生变化是在汉朝时期，董仲舒借用《易经》中的"阴阳"说，将男女关系变成一种等级关系，女性为"阴"，男性为"阳"。易经中的阴阳本是阴阳调和、平等互补的关系，中国传统文化中将男女性别同"阴"、"阳"相联系，认为男为阳、女为阴，"阳主阴从"。这种观点将女性地位置于男性之下。此外，该类观点有别于"男女有别"和"男主外、女主内"的思想，后两种观点均强调男女劳动分工和社会角色的差别，而并非强调社会

---

① Lin Yuantang, *My Country and My People*, NewYork: The John Day Company, 1939, p.139.

② ［美］安乐哲：《和而不同：比较哲学与中西会通》，温海明编，北京大学出版社2002年版，第162页。

地位的不均衡。由此可见，在汉代之前的儒家学说并没有提出男性地位优于女性。早期儒家思想中的男女社会地位是平等的，差异体现在劳动分工以及权利和义务方面。但细究孟子思想中的女性观，也存在难以解释的地方，主要表现为三个方面，首先，男女在受教育权上具有很大不同，男性以考取功名进入仕途为事业追求，从小就有接受教育的机会。但传统思想强调"女子无才便是德"，认为文化知识对女性没有意义。其次，儒家文化强调"三从四德"，这便是对女性行为和道德的约束，突出了男性的主导地位，女性则处于顺从地位。最后，"三纲五常"也是儒家思想的重要道德理念，"夫为妻纲"是其内容之一，强调妻子必须顺从丈夫，这更加鲜明地指出二者社会地位的差异。

杜维明（TuWeiming）在区别孟子人伦关系和儒家三纲时说，孟子思想中的夫妻关系主要特点是相互性。他"就是根据优先意识或等级秩序来规定父子、君臣、长幼、朋友这四种关系，在结构和功能上的明显区别……其中，关于男女的婚姻关系有如下两点：1）强调婚姻关系的重要性，即是强调夫妻及他们相互间的义务，而不是他们罗曼蒂克的情爱；2）妻子在家庭人际关系形成中的参与是得到充分认可和积极鼓励的，妇女同男人一样可以积极实现她的道德特性，因此，在男女之间的关系上，需要有功能形式上存在差别，而在本质上却是一致的结构。"①孟子论述男女应有之礼，母亲对出嫁的女儿说道："'往之女家，必敬必戒，无违夫子！'以顺为正者，妾妇之道也"，告诫女儿，到了夫家，一定要恭敬，一定要谨慎，不要违背丈夫！把顺从当作正理，是妇人家遵循的道理。可见，孟子在理解妻子对丈夫的职责时，将其视作一种固定的等级关系，只给等级较低者有限的考虑空间与活动空间。②"儒家解决男女性别冲突的方法有三层：功能分离，承认等级，以

① ［美］杜维明：《儒家思想新论——创造性转换的自我》，曹幼华、单丁译，江苏人民出版社1996年版，第146—154页。
② ［美］安乐哲：《和而不同：比较哲学与中西会通》，温海明编，北京大学出版社2002年版，第179页。

及理想化的告诫，即男人与女人彼此在他们的关系中融入爱与尊重。"①

2."别"之劳动区分

我们还可以从儒家学说中性别观认识到一些特殊的知识——从劳动区分看性别区分。儒家思想将男性地位凌驾于女性之上，性别的不均衡引发出各类问题，给社会的平等发展带来不利影响。尽管当代社会自由平等已成为主旋律，但男女差异甚至性别歧视的问题依旧突出，现代女性相对于传统女性获得了更多的权利与自由，但在家庭以及职场中，女性常常属于弱势一方。因此，在经济独立和政治权利上，女性并未享受到真正意义上的平等。这就需要我们探讨儒家思想中性别观的合理性问题。

据贝淡宁的观点，儒家的性别观强调的是有别，生理性别差异与劳动分工的区别关联。另外，儒家思想强调家庭美德的弘扬，将自己家庭同其他社会关系进行区分。因此，儒家思想体现出一种劳动区分。虽然劳动区分同性别差异之间存在关联，但是二者之间并不存在决定性关系。人的天资与爱好也同劳动区分有直接联系，贝淡宁似乎忽视了《孟子》中两者的作用。当美国宾夕法尼亚大学的博德惠斯特尔（Birdwhistell）将孟子所说的"男女"范畴从家庭中抽离出来，置于农业与统治——这两个更为广阔的范畴时，似乎找到了答案。博德惠斯特尔认为，在农业和统治两个领域中的社会习俗在《孟子》一书中受到了关注，她论述了孟子排斥的两种男子气质的形式，一种为神农的追随者所拥护，其特点是把男性从事烹饪、织布或其他的女性工作视为可接受的，这种男性被统治者认为是对等级制度和耕地工作的违背。孟子对此是无法接受的，因为他认为每一个人都有其应有之位，例如妇女就应做饭、织布，农民就应耕地，而统治者的任务就是专门治理好国家。男子气质的另一种形式是男性是一种完全以自我为中心的人，不会关注遵守适当社会关系的需要，以梁惠王为代表，他仅仅关注个人的利益与好处，而忽视他人的利益与好处。例如，他为从自己与臣民之间获得适当的关系，盲目扩

---

① ［美］安乐哲：《和而不同：比较哲学与中西会通》，温海明编，北京大学出版社2002年版，第179页。

大领土而未能关注臣民的需要导致了臣民的苦难。

那么，孟子理想的男子气质是什么样的呢？答案是男性典范将一些被视为女性的特征据为己有，这种特征呈现出拥有同情、关心，进而影响统治者及其臣民。"统治者应体现母性，统治者应像人民的父母一样来执政，除此之外，还需要有一种孝顺儿子和尽职妻子的特质，从而引导一种新的政治体制。"①

从塞西莉亚对博德惠斯特尔的论述中，我们可以看到孟子在树立男性典范时将"女性特质"置于较高的地位，认为女性的天性是有助于男性达到"完美"的境界，有利于统治者达到最佳执政，变相地划分了男性与女性天资和性格差异。我们并未从中看到有任何贬低女性的成分，反而看到了来自孟子眼中的女性优势。"在中国的男权社会里，妇女有些时候却是在家里有着至高的权力。但是，第一，这种权力的普遍性有值得讨论的余地。第二，妇女的这些权力在整个社会中远不能跟男性的权力相比。或许我们可以说，传统中国社会里妇女在家庭内部的权力有点儿像西方现代社会里女性所拥有的权力，后者确实存在，但是它最终还是服务于男权社会里的男性。"②

（二）从女性与君子、政府的关系看孟子中的女性地位

"中国人倾向于视生活为艺术而非科学。他们表达了一种对'现世'的关心，把与直接生活体验相关的具体细节作为抽象观念的思维基础。他们以承认具体个人及具体历史事件的独特性和重要性开始，同时强调这个个人或事件与其所处的具体背景的各个方面的相互关联性。"③

在儒家思想中，君子是一种最为理性的人格形象，是儒家为世人树立的

① Birdwhistell, Joanne D., *Mencius and Masculinities Dynamics of Power*, Morality and Maternal Thinking Albany : State University of New York Press, 2007, p.158.

② 李晨阳：《儒家与女性主义：克服儒家的"女性问题障碍"》，载《英语世界中的中国哲学》，[美] 姜新艳主编，中国人民大学出版社 2009 年版，第 557 页。

③ [美] 安乐哲：《和而不同：比较哲学与中西会通》，温海明编，北京大学出版社 2002 年版，第 159 页。

道德模范和行为标杆，但成为君子也是一件极其困难的事情。君子的女性观同儒家的女性观一致，对女性存在藐视，认为女性无法成为君子。君子的人生理想是"齐家、治国、平天下"，但女性不能接受教育，不能入仕参与政事。所以，君子似乎是与女性没有丝毫关系的。孟子认为家庭就如同国家或者政府，那么践行家庭美德与治理国家都是一样的事务。虽然女性无法参与政事，但可以践行家庭美德，两者的意义是一致的。此外，修身养性对于即使身居高位的君子也是极其重要的，而女性也同样具有修身养性的能力。所以，从这个意义上讲，女性是可以追求成为君子的。主要的途径就是修身养性，不断提升自己的道德修养。孟子说："人皆有四端。"（《孟子·告子上》）那么无论是男性还是女性，都具有四端，四端通过良好的培养可以发展成为四种美德。君子就是具有完善美德之人，因此，女性可以通过修身养性成为君子。可以看出，在孟子的思想中，男性和女性在道德层面上是平等的。

由此可见，在道德潜能和修养上，女性是有权利接近政治的。但在儒家传统文化中，相对男性，女性在智力和能力上均有不足，与君子的要求相差较远，有人指出，孟子论述了成为君子所需要的意志品质，他将大丈夫指代君子，这说明成为君子的群体只能是男性。而对女性成为君子的描述却不明显。女性被视为男性的附属，更适合操持家务，相夫教子。在夫妻关系上，儒家对女性的约束和规范很多，但对于男性，基本上没有任何要求，由此可见，二者差异巨大。

女性是道德能力的弱者，需要教育或约束，否则就会扰乱父权社会秩序，即使是在对性的追求上，儒家也认为，女性身体极其危险，因为她们充满诱惑，引诱男人性欲过剩，造成社会混乱。而婚姻则是女性追求"性"的唯一正当途径。在孟子的表述中，因为儒家的父权社会，圣人、"伟人"或者"君主"只是就男人而言的，从孟子对于"男人"和"他"的阐释或评断方式来看，我们便可以判定孟子"身体"的性别为男性，孟子认为气充于体，联结起精神的感官体系。站在女性的角度来讲，身体是物质性的，也是人类的本体基础，他们同样存在于"接受的"法则中。[1] 说明孟子的阐述也存在着将女性等同为物质的思考，这一点，与西方女性主义所批判的灵肉二元论是相似的。"在中国古代文献中，妇女常常被描述成聪明伶俐、政治上成熟且道德方面高尚的人。这跟我们所熟知的中国妇女的那种总是受压迫、无权无势、被动无声的形象，形成很大的反差。"[2]

《孟子》对女性地位的认识还体现在其他方面，孟子认为女性难以依靠自己生存，她必须通过依附男性安身立命。所以，追求成为君子是不可能的事情。此外，孟子曰："君子有三乐，而王天下不与存焉"。(《孟子·告子下》)孟子是一位伟大的教育家，但是他的学生中并没有女弟子，这也表明男女地位差异在《孟子》中，几乎找不到专门针对女性的言论或描述，就连寥寥被提及的几位女性也只是作为男性的附属身份特征如母亲、妻妾而被一笔带过。比如，《孟子》中唯一一次提到过的"齐人之妻妾"出现在《离娄下》中，"齐人有一妻一妾而处室者，其良人出，则必餍酒肉而后反"。根据现代儒家学者的考证研究，发现"齐人之妻"只是一个虚构的人物，在现实生活中根本不存在。在儒家教育思想中，虽然并没有完全被剥夺受教育的权利，但是无论是从受教育的内容、方式还是目标来看，女性都受到很多限制。比如，男性可以在大众学堂接受教育，而只有经济条件非常好、父母思想非常开明的家庭的女性才能请先生到家里进行单独授课。即便如此，这样的情况也并不多见。再从受教育内容来看，"三从"(未嫁从父、出嫁从夫、夫死从子)、"四德"(妇德、妇言、妇容、妇功)等是女性必须学习的课程。最后从受教育目标来看，儒学认为女性无论如何都是达不到"君子"的标准，成为"君子"，更加不赞同女性参政。由此可以看出，儒家思想中男性和女性是不平等的，甚至在某种程度上，儒学是排斥女性的。

---

① 文洁华：《美学与性别冲突》，北京大学出版社 2005 年版，第 82 页。

② 李晨阳：《儒家与女性主义：克服儒家的"女性问题障碍"》，载《英语世界中的中国哲学》，[美] 姜新艳主编，中国人民大学出版社 2009 年版，第 559 页。

（三）从"礼"和"仁"看孟子中的女性地位

"男女授受不亲"最早见于《礼记·内则》，其具体细节为："男女，非祭、非丧，不相授器，其相授，则女受以筐，其无筐，则皆坐，奠之（放在地上），而后取之。"《孟子·离娄上》中记载了关于这句话的故事。"淳于髡曰：'男女授受不亲，礼与？'孟子曰：'礼也。'曰：'嫂溺，则援之以手乎？'曰：'嫂溺不援，是豺狼也。男女授受不亲，礼也；嫂溺援之以手者，权也。'"

关怀伦理的创立者是吉利根。吉利根认为，男人认为道德应从权利的角度来看，女性认为应该从责任和照顾来看待道德。女性对道德问题的看法不同于男性视角，但是女性和男性在道德上的视角一样有效，一个可行的伦理将会建立在关怀和责任的基础上。[①] 被称为"女性伦理学"的关怀伦理学（Care Ethics）由美国哲学家内尔·诺丁斯（Nel Noddings）提出最初及主要理论模型。1984 年，他在《学会关心——教育的另一种模式》（*Caring: A Feminine Approach to Ethics and Moral Education*）一书中提到，关怀伦理强调情感的作用，认为情感在道德中至关重要，甚至可以用关怀来替代权利和法律，我们对他人的关怀就是情感道德的共鸣。"当代女权主义者格利姆肖（Jean Grimshaw）所列出的有关于在那些追求'女性伦理观'轮廓的女权主义者那里反复出现的主题之一就是强调同情、养育和关怀等价值观。而且，女性被认为更看重而且更普遍地体现了这些价值。"[②]

自汉武帝时期推行"罢黜百家，独尊儒术"以来，儒学一直在我国封建社会处于统治地位。儒学是一种学说，也被有的学者认为是一种宗教。从宗教制度来看，在对待女性的态度上，儒学（或儒教）与西方国家其他宗教形式（如基督教、伊斯兰教）类似。兴起于 20 世纪 80 年代的女权主义关怀伦

---

① Cecilia. Wee, Mencius, the Feminine Perspective and Impartiality, *Asian Philosophy*, Vol.13, No.1, 2003, p.5.

② ［美］安乐哲：《和而不同：比较哲学与中西会通》，温海明译，北京大学出版社 2002 年版，第 162 页。

理在思想主张上与儒学完全相反。儒学强调家长制，而关怀伦理反对的恰恰就是这种家长制。从客观上来讲，孔孟的确未曾在其著作中高度赞扬女性，他们所倡导的"仁爱"也与女性并无实质性联系。然而，孟子自幼丧父，孟子的成长离不开母亲的言传身教，历史上也留下了"孟母三迁"的故事。显然孟子不会对女性的地位、价值持否定态度。所以我们可以说，女性的多方面的素质塑造了孟子的哲学和政治观点，换言之，在孟子的观点中，女性主义是一种隐蔽的学说。[①]博德斯惠特尔将具有关怀、同情特质的人归并为"孟子式男子"。她认为，理想的孟子式男子是模仿（理想）母亲的人，他是某个养育、关心他人的人，并对他的交往对象报有同情心。孟子式的完美男子所拥有的同情、关心等，这些特质（如母性、同情心）如果重合在统治者身上，将引导一种新的政治体制形成，其对家庭的关系会为他的臣民树立起一个典范，例如，他保证人民有足够东西吃的需要，并让他们分享自己欢乐的需要。作为家庭式国家的元首，统治者的职位要求政府有仁爱的做法。孟子树立起一种包含女性特质的男性典范，并且认为对政府来说是一种更好的方法。[②]在这一点上，孟子思想似乎与女权主义关怀伦理有相似之处。

"仁"是儒家思想体系的核心，重点在于衡量道德规范。而《孟子》中的"仁"更多地体现为一种"关怀"。"人皆有所不忍，达之于其所忍，仁也。"孟子认为人性本善，富有同情心，会怜悯遭遇困难、危机的人，怜悯是人的一种本能或自然倾向。但"知皆扩而充之矣，若火之始然，泉之始达"（《孟子·公孙丑上》），政治上，孟子认为理想的政府应富有仁爱，做到关心人民，让人民生活安定，不违农时，衣食无忧。这与女性关怀伦理强调以关怀来代替权力和法律是一致的。

"天视自我民视，天听自我民听。"（《孟子·万章上》）由此可见，孟子

① Birdwhistell, Joanne D., *Mencius and Masculinities Dynamics of Power, Morality and Maternal Thinking* Albany : State University of New York Press, 2007, ix p.158.

② Birdwhistell, Joanne D., *Mencius and Masculinities Dynamics of Power, Morality and Maternal Thinking* Albany : State University of New York Press, 2007, ix p.158.

认为"民"是国家的基石与根本。儒学之所以在中国封建社会占据统治地位，是儒家看重道德的缘故，不同于法家，儒家坚信，道德才是治理国家、保障社会和谐发展的重要手段，道德先于刑罚。孟子认为"爱有等级"。虽然人人皆有仁爱之心，但是"仁"的实施始于父母兄弟姐妹，然后再推及他人。这就是说，帮助亲人是第一位的，帮助陌生人是第二位的。孟子认为这种有等级的爱是合理的。"既然等级差异似乎难以避免，那么惟一能被接受的可能性是承认个人之间素质差异意义上的等级制，其中身份和地位由非性别化的个人成就决定，而非由生物上的性或文化上的性别决定。"①

"我在1992年美国哲学学会的年会上曾发表一篇题为《儒家的仁与女性主义的关爱》的论文。我提出了儒家和女性关爱主义伦理学相容性的问题。作为道德最高理想，儒家的'仁'跟女性主义关爱伦理学的关爱有重要的相似之处。儒家的仁的理想里面有很重的关爱的成分和取向。这两家哲学都注重人际关系中柔性的、亲和的方面。与康德哲学和以权利为中心的哲学相比，儒家哲学和女性主义关爱伦理学都主张人在本质上是联系在一起的，而不是互不关心的分离的个人。这两种哲学都注重德性在道德中的作用，他们都强调具体情况在具体道德行为中的重要性，强调活动中的灵活性。最后，儒家主张'爱有差等'，女性主义关爱伦理学也有类似的概念。这是因为这两家哲学都主张人是在社会里构成的和界定的。儒家主张，亲亲乃人之大本。女性主义关爱伦理学主张，关爱有一个自内而外、自近至远的过程。两者都认为，忽视了这一点就是忽视了伦理道德中最重要的一环。"②

直到孟子去世后，儒家思想才作为一门哲学真正建立起来。毫无疑问，《孟子》中男性和女性的地位不平等，甚至可以说女性只是男性的附属身份特征。但是我们并没有确凿证据指明这种社会现象出现的时间。不管压制女

① ［美］安乐哲：《和而不同：比较哲学与中西会通》，温海明译，北京大学出版社2002年版，第183页。
② 李晨阳：《儒家与女性主义：克服儒家的"女性问题障碍"》，载［美］姜新艳主编：《英语世界中的中国哲学》，中国人民大学出版社2009年版，第560—561页。

性的思想是出现在儒家学说形成之前还是之后，但我们能确定的是男女不平等思想并不是《孟子》中独有的特点。

将孟子思想中的"仁"与女权主义的关怀理论相比较，二者的观点和主张都是类似的。他们都有同样的基本方法来看待道德。孟子与女性道德关爱都看到道德根植于他人的照顾、关怀和责任。[1] 只是说法不同但实质相同。

李晨阳认为，虽然 20 世纪 70 年代伴随女性主义运动兴起的关爱伦理学，与儒家的仁爱理论不同时空，但二者在核心内涵上却有所契合。主要体现在以下四方面：首先，两种哲学都强调人与人的"相互关爱"。儒家说"仁者，爱人"，可见"仁"的内核就是"爱"。[2] 在《孟子·公孙丑上》中，孟子对"仁爱"的表现进行了具体的解读："无恻隐之心，非人也；无羞恶之心，非人也；无辞让之心，非人也；无是非之心，非人也。"换言之，同情心、羞耻心、礼让心和是非心，犹如人之四体，是人与禽兽的本质区别，也是人的生物性与社会性和谐交融的产物。作为性善论者，孟子指出"亲亲而仁民，仁民而爱物。"(《孟子·尽心上》)他将爱由血缘之爱扩展到子民之亲，再惠泽宇宙万物，让儒家宣扬的"仁爱"在现世生活中更加亲和、丰满、鲜活。而女性关爱主义伦理学的核心理论也是同情心、关怀和爱人。这从代表人物卡罗尔·吉利根著作中的一句话可以窥见一斑："你必须爱别人，因为你与他们分不开。爱的方式就如同爱你的右手，它是你的一部分。"[3] 二者在理论内核上达成共识。其次，两种哲学都赞同人与人的"彼此关联"。诞生于农耕文明的儒家思想，非常重视人的社会性。除了推崇"德治""人治"，他们还讲求"礼治"，强调社会性和秩序性。儒家哲学认为人和人之间本质上并不是彼此割裂、相互独立的，而是以血缘宗亲为纽带，并自上而下形成了

---

① CeciliaWee, Mencius, the Feminine Perspective and Impartiality, *Asian Philosophy*, Vol.13, No.1, p.5.
② 参见李晨阳：《儒家与女性主义：克服儒家的"女性问题障碍"》，载 [美] 姜新艳主编：《英语世界中的中国哲学》，中国人民大学出版社 2009 年版，第 560—561 页。
③ [美] 卡罗尔·吉利根：《不同的声音》，肖巍译，中央编译出版社 1999 年版，第 59 页。

"父父，子子，君君，臣臣"等一整套结构严整的伦理道德体系。女性关爱主义伦理学认为，在女性的思想发展中，充满了对他人的关爱，这种关爱甚至是他们完成自身价值判断的前提。以卡罗尔·吉利根为代表的人们呼吁整个社会关注、关爱并尊重女性，这在当时的男权社会掀起了极大的思潮。再次，两种哲学都注重"道德适应"。儒家道德理论的核心价值，可以归纳为"仁、义、礼、智、信"。孔子认为"道之以德，齐之以礼"，强调道德的社会教化作用。具体地说，在治国安邦方面，儒家要求人们实行中庸之道——不偏不倚谓之中，平平常常谓之庸。倡导通过修身、齐家、治国、平天下，实现"天下为公"的政治理想。在待人接物方面，儒家仁者爱人、和为贵、忠恕之道等主张深入人心，提倡与人为善，己所不欲，勿施于人等。同样地，女性关爱主义伦理学的道德观，在不同情境中，也有不同的解读，充分显示了两种哲学德性的灵活性和适应性。最后，两种哲学都主张"亲疏有别"。儒家坚持"爱有差等"的原则，以仁爱为圆心，以人与自己、人与亲人、人与社会、人与自然的亲疏关系为半径，由内而外，呈同心圆扩展，呈现出层次分明的"爱的模型"，即仁爱之心、自爱、爱亲人、泛爱众、仁者与天地万物一体等五个层次。换言之，一个人首先要有自爱的能力，才能将这份爱外化于行，推己及人，爱自己周边的人，承担好自己的社会角色。这种爱的传递性既符合个人情感的发展规律，又契合了亲属有别的伦理关系。

由此可见，虽然中西方很多思想出现的时间和历史背景不同，主张不同，但是追本溯源，广而化之，中西方思想之间也存在着一定的相通之处。在进行学术文化研究时，应该进行多角度、多层次的考证分析，透过现象看本质。

第四节　生态观视域下的《孟子》研究

虽然孟子一生致力于阐扬其伦理道德、政治、哲学、教育思想，对自然万物并无专门的论述和解说，但正如赵岐所说："《孟子》一书，包罗天地，揆叙万类……粲然靡所不载。"孟子在讨论伦理道德、政治、哲学、教育思想时，也表达出他对自然万物的看法，继承并发展了儒家思想中关于人与自然关系的探索。天道人性是互感的，人心可以感知宇宙，因为"上下与天地同流。"(《孟子·尽心上》)"仁"帮助我们实现天地同德。用今天的话说，这种仁民爱物，也是人与他物的和谐相处。孟子主张客观自然与人之间、物与物之间是和谐共生，互为制约的有机体。所以说牧与刍者是相互联系的自然。"今有受人之牛羊而为之牧之者，则必为之求牧与刍矣。求牧与刍而不得，则反诸其人乎?"(《孟子·公孙丑下》)又不"反诸其人"，那就只有"立而视其死"(《孟子·公孙丑下》)。自然中的万物各自扮演自己的角色，只有它们各行其是的时候，才能真正意义上做到守恒。

一、西方自然观与孟子自然观的呼应

(一)卢梭与孟子：道与自然的辩证关系

卢梭和孟子一致认为，自然内部调和的过程是人类道德发展的重要方面。然而，孟子认为社会化过程是自然宇宙自身呈现的一部分，但卢梭却认为，人类不断地与自然相调和是必须的，因为人类天生并不是社会物种，他们天生对他人是冷漠的。一旦成为某社会的一部分，人性和自然就发生分裂，这种分裂需要时常注意，不然可能引发人类的自私心理，对社会结构造成潜在威胁。就卢梭而言，自私心理不仅仅是不平衡的象征，它是社会化动态的固有成分。一旦与自然精神支柱脱离开来，我们就总会持某种怀疑的态度看待社会秩序。我们无法避开自然，但必须将其融合进我们的道德观中。我们可以从以下三个方面论证卢梭与孟子关于道与自然辩证关系认识的异同。

第一，人与自然和谐的道德观。卢梭和孟子都支持一种过程性的道德观，即调和于自然。道德与自然之间的关系一直以来都是中西方哲学传统中探究的话题。孟子和卢梭两位思想家一致认为，道德的发展必须与自然进程相一致。卢梭认为，人类于文明进程起始就离开了自然的范畴，进而产生对道德的需求。卢梭将"自然人"看作是社会阶段以前的产物，独立的原始人，因此他认为人类试图重获已失衡的自然状态的做法终究会功亏一篑，而提高道德修养是一项永无止境的任务。孟子认为自然是一个动态的过程，他指出道德是自然韵律的延伸，需要人类有意识地参与其中。在孟子眼中，人工和自然像卢梭认为的那样，有明确的界限，因为道德是人类延伸和连接"气"来融入宇宙的独特方式。

第二，道德判断——对自然思考的过程与善意道德的建立。不仅如此，对自然的思考也是行使道德判断的一个重要组成部分。孟子和卢梭都认为每个人的道德都具有可完善性。他们力陈我们必须关注自己的智力、情感和意志，增强与自然调和的动力，在此基础上建立它们的道德大厦。卢梭在视理性为人性本质的时代里从事写作，与很多同时代的人不同，他对理性的批评是尖刻的，而这种批评一旦被忽视，可能导致人类脱离自然，造成道德没落。调和于自然是为了防止过度的理性。孟子坚信人性本善，他同样也担忧，一个腐烂的文明可能会导致人类偏离其善良本性。无论是卢梭还是孟子都不会宣称自然世界的本质是道德，也不会认为自然世界本来就是道德。尽管如此，如果我们想自如地运用道德基础，就必须孜孜不倦地学习和进行文化适应。

然而，在人类和自然的界定上，卢梭的区分比孟子更明显，因为在他看来，只有人类以赋予自然意义的方式创造性地为自然作出了贡献。在孟子看来，宇宙富有创造力，悄然间已经井然有序，人类道德的持续自我完善正是我们参与其中的证明。就孟子而言，世间万物自然规律中的连续性即是品行端正不可或缺的一部分。

第三，作为道德中立的自然。比较卢梭对原始人的描述和孟子学说对"气"的理解。这些概念乍眼一看似乎并不类同，但它们各自都为道德的动态过程性方法研究提供了线索，而这正是两位思想家所主张的。原始人是前人类动物，在卢梭看来，他变成了怀旧和渴望的集中点，为提高道德修养这一无止境的过程提供隐秘动力。孟子所谓的"气"近乎宇宙中循环往复的动态能量。正如孟子所述，他认为我们应当滋养浩然之气，正如滋养我们的能量，而德是人类参与"气"之流动的特殊方式。

1. 卢梭对道德与自然关系的理解

首先，是关于自然与道德发展问题。卢梭不认为自然是道德发展中的障碍，反而坚持我们应该从自然中得到启示。人类文明进程已经变得过于匆匆，并未注意到自然的原始状态，这种仍存在于我们心中的状态。如此失衡可导致严重后果——因为我们试图补偿自身损失时，便更异化于自然，而我们的斗争也因此而变得更加狂热。人类和自然之间就出现了一个不断扩大的裂口。因此，卢梭认为，自然和人类文明之间必须保持平衡，而我们应该不断努力来保持两者之间的和谐，道德的精髓就是这种不断发展的平衡状态。

卢梭在《论不平等的起源》一书开头就提出人性本善。然而，就卢梭的经历来看，这种本善并没有激励人们来帮助同伴，因而，用道德中立这一术语来描述这种状况似乎更加恰当。卢梭明确指出，人类在前社会环境中对他人很冷漠，因此，他们既没有伤害他人的意愿，也并不是天生就愿意与他人交往。与启蒙运动传统一致，卢梭以个人为基准，指出社会化其实就是加在自然上的一个文化过程。确实如此，卢梭认为我们所有的疾病都可以通过保持"自然规定的简单、有规律的独居生活方式"来避免。因为这一状态不是社会性的，人类还没有自我的概念。虽然卢梭并不是在恳求我们回归自然世界，他的意思是人们会带着浓浓的怀旧之情接受这种状态，尽管处于一种社会的状态，我们也应想办法重新使自己心满意足。

人类文明开始前，我们对自己与自然的关系感到满足。然而，卢梭认为，人类之于宇宙并不与其他生物一样，因为人类有自我完善的能力和自由的权利："自然统率着每一个动物，而且动物们服从自然的命令。人类感知到了同样的动力，但他明白，他可以自由选择服从或者拒绝，毕竟正是这种对自由的意识表明人类的灵魂是神圣的。"儒家思想却不同，它不会严格去区分人类主体和宇宙形态。

其次，是人的自然独立状态与道德形成的问题。儒家思想认为，宇宙本身就具有意义，而人类有责任去契合宇宙的韵律。而在卢梭看来，是人类赋予了宇宙意义。卢梭是第一批认为理性可能是由于自身的过溢而毁灭的西方思想家之一，他们认为自然有助于我们全面地看待理性。

在卢梭看来，道德是一种社会性和文化性的影响力，努力寻回失去的和谐。因为原始人还未拥有自我，还未与他人建立真实的交流，他与自然的关系还处于完全平衡的状态，还不需要道德。

卢梭所想的这种生物，除去自身所有的文化性和社会性的约束后，与我们通常所知的人类就鲜有相似之处了。卢梭目的论的有趣之处在于，其前提是对先于人类社会的和谐时期的有意识反应和"仿效"。卢梭所描绘的原始人形象代表了我们与环境之间未分化的关系，在这样的环境中，我们还没有独立的自我。原始人拥有满足感是由于他们还未经历个性化带来的痛苦折磨。人类必须对是否想要抓住最后一丝失去的满足感作出选择，卢梭坚信这一思想是必然的。卢梭反复谈及原始人的独立，因为他并不屈从于他人的奴役。因此，他清楚地将"独立"划为人类的自然状态。

2. 孟子对道德与自然关系的解释

首先，是有关"气"在道德中的中立性问题。要阐明孟子的道德观中自然与道德的关系，就必须先理解孟子的自然和宇宙论的基石——"气"的概念。"气"并不是在某种东西中与生俱来的，而更像是一种能量，穿梭在世间万物之中，根据世间万物之间的联系来不断变换其重心或者质量。江文思指出，"气""指的是一些重要的能量，它们通过布置和设置动态环境来进行沟通。"①"气"的形式根据我们所在的不同风土会有不同的变化，正如不同的动植物栖息地形成不同的植被群。因此，中国的宇宙观中不存在个人和群众的对立，因为"气"流动于世间万物，同时为了引出多种细节而不停变换形态。它具有无限的延展性。

---

① James Behuniak, Disoposition and Aspirationin the Menciusand Zhuangzi, *Journal of Chinese Philosophy*, Vol.29, No.1, 2002, p.70.

"气"本身是道德中立的，人应该以道德为目的正确连接"气"。孟子学说认为，"气"是可通的，因此就不存在完全独立的个体这一说，正如卢梭提出的原始人。"气"自身并无好坏，但是人类参与"气"的流动可以结出善果，然而试图控制"气"的流动终将导致恶果。

其次，是气与道德及人的关系问题。如果"气"本身不受道德价值观影响，那么为何孔子学说中认为人类参与"气"的流动会带来德？首先，"气"是可通的、流动的，而不是分裂性的、停滞的。因此，如果我们与其他的"气"相通，就带动了"气"的流动。当我们开始排他，我们就阻碍了"气"的流动。所以道德行为和扩大关心范围的行为即是人类参与宇宙变迁和宇宙运动的一种方式。

"自私"是一种类似于阻碍"气"之流动的行为。具有讽刺性的是，出于自私，我们可能会试图将宏大之"气"抑制于体内，而这种尝试必定以失败告终，因为"气"之广阔取决于相通的程度，而非抑制。自私的行为是试图自我完善的行为，是不吉利的。即便如此，他人的不幸常常会激励自私的人，甚至连他那种扭曲的自信也与他人的地位有关。自私本身就是矛盾的，因为自私要求从我们想要排除的人那里得到认可。自私的人很不知足，因为他/她在需要他人的同时还想操纵他人。卢梭认为我们痛苦的原因是自身的不完善，而孟子不这样认为。孟子认为，为这种不完善而错误地努力奋斗只会增加痛苦的程度。

人类的不道德行为通常是出于自私心理，所以不道德行为可以看作是一种阻碍"气"的不良行为。积聚和获取是两种阻碍"气"的最恶劣途径：

> 王何必曰利？亦有仁义而已矣。王曰"何以利吾国"？大夫曰"何以利吾家"？士庶人曰"何以利吾身"？上下交征利而国危矣。
>
> （《孟子·梁惠王上》）

为自己寻求有利条件或者谋"利"是尝试将"活染之气"据为己用。当人以这种方式凝聚"气"时，"气"就会紊乱，正如河水溢出河岸一般。儒家思想认为"气"的循环变化中存在一种固有的平衡状态，而人类在社会上和谐地生活即是为保持这种平衡状态所做出的贡献。"气"是一种具有创造力的能量，是宇宙的一部分。孟子学说中，人类的创造力与卢梭所描述的自然相对静止的状态之间并不存在对立。自由和创造并不是人类带到这个机械的宇宙中来的，而是人类参与到了宇宙极具创造性的韵律中。积聚利益为己之用会阻碍"气"的流动，这种做法就如"气"的停滞。

最后，是气与气之间的状态平衡说。孟子认为自然之"气"与教化之"气"之间一定存在一个平衡状态，其对"浩然之气"或者"活染之气"的描述证实了这点。"我知言，我善养吾浩然之气。"（《孟子·公孙丑上》）他指的是一种渗透于各种生物中的能量，但这种能量必须用仁心和公正去正确滋养，这样才能培养出有道德的人："其为气也，至大至刚，以直养而无害，则塞于天地之间。"（《孟子·公孙丑上》）"德"常常被描述为流动的、变化的，暗指其滋养过程永不停止。孟子曰："德之流行，速于置邮而传命。"（《孟子·公孙丑上》）

"气"使得孟子支持基于平衡状态说的过程性道德观。孟子认为道德过程确保了"气"的流通本性，因此道德之旅与宇宙的自然韵律间是协调的。卢梭的道德观同样是动态的，但一种不可能的可能性激励着作为道德人类的我们，即重拾丢失的"自爱"。因此，人类的道德之路永远存在某种挫折感，因为前人类的纯真已经永久丢失了。在卢梭看来，道德总是提醒着我们人类与自然之间的裂口。他呼唤原始人初始的相对静止状态，而这成为我们道德努力方向上无法达到的目标。正因如此，道德永远逃不出不满足感的魔掌。孟子学说鼓励道德界限的不断扩张，但因为"气"永远是流动的，它不可能使人类对丢失的纯真产生怀旧之情。

（二）卢梭与孟子：育人与自然的不同观点

无论是卢梭还是孟子的道德观，人工与社会习俗之间的关系都是核心内容。两位思想家认为，人类既有注意自然规律以及利用自然规律的能力，也会漠视自然规律，从而导致恶果。孟子认为，农业象征着人类参与连接"气"

这种能量，而卢梭却认为参与农业就标志着人类退出自然这一过程再不可逆转。

1.卢梭对育人与自然关系的见解

首先，是人的独立与重返自然的关系问题。卢梭认为，当人类失去了自然平衡，并根据失去的东西，试图重建一个新的社会平衡时，道德就成了必然。真正的平衡总是跟我们失之交臂，重回我们所渴望的自然是不可能的。道德永远会带着不完整感，威胁着要扰乱我们需要滋养的平衡。

卢梭界定的人造与自然比孟子更清晰，因此他将道德与人造联系在了一起。因为他在为资产阶级社会规定道德社会秩序，而在资产阶级社会中自私心理是根深蒂固的，他以恢复平衡为目的的规定使复兴一个快要死亡的社会成为必然。卢梭认为，文明化进程使我们远离自然，这是不可避免的，因此我们产生了一种对已逝世界的怀念之情。自私心理可能是被误导的，想要抓住那些没有面对内部分裂，那些完整的，深陷于自然世界之中的，没有自我的原始人。自私的人试图将所有东西都纳入自己的范围，这种特殊的尝试是为了确保没有任何东西在自我范围以外，错误地认为这样可以重拾"自爱"。这样的策略肯定会失败，因而自负的自我会感到痛苦和不幸。具有讽刺性的是，自我主义者可能真的追寻的是原始人的非自负的满足感。

卢梭用独立的前社会人类作为他的衡量标准，试图在现有社会秩序中重现当时的情况。他遇到的困难是，那时的社会人已经是自我分裂的，因为人类的攀比心理使我们的心灵核心处出现了裂痕。可行的道德必须满足对独立的渴望，卢梭认为独立性是我们从原始人祖先那里继承的传统。我们永远无法回到前社会状态了，认识到这一点后，卢梭试图建立某种在社会层面上类似于前社会状态的社会契约。他必须援用社会契约机制这一事实就像一个誓约，一个与资产阶级已经破碎的关系的契约，而这激起了普遍的不信任。另外，这暗示着，一旦我们成为独立的个体，想要"回到"自然中去就需要大量的人为因素。其次，是自然与社会习俗矛盾关系以及道德社会的产生。通过他的社会契约，卢梭想利用创造出一个强大的社会和独立的社会个体来建造最完美的世界。很明显，原始人的完全独立已经永远离我们而去，因此，最好的重现方式就是确保在整体上每个公民都是平等的，相互依赖的。每个人在整体上都是社会不可分割的一部分，同时社会也依赖于每个人。不言自明，这是一个非常惊人的悖论。每个人都同意将个人意愿放置一边，一起作为社会的成员认同这个社会。那么每个人就成为比自我意义更大的团体的一部分，同时也创造了使他能成为其中一员的条件。在弄清情况的过程中，每个人仅服从于他自己，在这种情况下他愿意成为社会的一部分。不仅每个人愿意成为巨大整体的一部分，而这个整体又包含了每个人。

卢梭的观点表明，达到自然与社会习俗之间，自我与社会之间的和谐一致是不可能的，这就需要我们时时带着警觉心和尊重来建立社会，"如果我们希望制定一个可持续的契约，那么就不要妄想制定了就不做改变"。因为，社会契约永远无法填补逝去的原始时期的和谐状态所留下的空虚感，我们必须不断给它们注入新的能量。自然与人类文明之间那股无法磨灭的紧张感激发了人类的创造性，也导致了一种永远无法根除的人类心理"躁动不安"。此外，卢梭坚称，个体可以"作为主权权威的参与者，就叫作公民"。为了确保社会的建立是理性的，慎重的，我必须使自己远离社会。卢梭的"目的论"是无止境的，因为它是一个永远追逐目标的过程。社会和谐必须不断更新，因为它永远无法令人满意。与孟子的观点相反，卢梭主张的道德平衡永远不能与自然世界建立起和谐关系。然而，自然与社会人之间产生的冲突需要社会的不断改革来缓和。①

2. 孟子对育人与自然关系的见解

孟子认为，我们必须有意识地培养我们的天性，不断地给予其关注以达到平衡状态，通过这些方式强化我们的天性。然而"气"并不拘泥于形态，孟子所持的道德观认为，有意识地强化我们的天性才能成为有道德的人。单

---

① Katrin Froese, OrganicVirtue, Reading Mencius with Rousseau, *Asian philosophy*, No.1, 2008, p.102.

凭浩然之气并不足以滋养善。因此，需要培养人的"心（xin）"或者"心灵"。孟子对"言""心""气"有过专论："不得于心，勿求于气，可；不得于言，勿求于心，不可。"

"心"这个哲学术语在英语中不能找到完全对等的词语，根据不同的语境，"心"可以阐释并翻译为"heart""mind""heart–mind"。"心"将感觉和深思交织在一起，这说明我们与环境有着深刻的联系，不是抽象的，仅凭言语就可以做论断的。"心"之存在的最有力证明就是我们对其他人，对自己和对世界的关心。"心"是与我们的联系签订的意义深远的契约，因为我们可以围裹住"心"，所以要完全消除它是不可能的。

首先，性善的形成与自然规律呼应。中国哲学中，孟子以主张"人性本善"著称，这一主张的极大原因在于孟子赋予"心"的重要性。当问及行为导致善与恶时，孟子回答："乃若其情，则可以为善矣，乃所谓善也。若夫为不善，非才之罪也。"（《孟子·告子上》）用来建造善之大厦的所有组件既已存在，是否使用取决于人类自己。很有趣的一点是，这篇文章中使用了"不善"，而没有用"恶"。因此，孟子认为，"恶"作为单独力量是不存在的，有的只是人类没能成功地滋养"善"，而善的可能性一直都存在。

善良天性需要习惯和教育来巩固。孟子认为，在丰收之年，少年子弟"多赖"，然而在灾荒之年"子弟多暴"。（《孟子·告子上》）这种翻译有些不准确〔译者注：原文用了"good（善）"和"evil（恶）"来译"赖"和"暴"〕，因为中文里用的是"赖（依赖）"和"暴（残暴）"，而非"善"与"恶"。

"今夫麰麦，播种而耰之，其地同，树之时又同，浡然而生，至于日至之时，皆熟矣。虽有不同，则地有肥硗，雨露之养，人事之不齐也。"（《孟子·告子上》）

这个比喻加深了一种观念：细心的培育是有必要的，以便确保种子苗壮成长。孟子用这种与农业相关的比喻并不是偶然，因为它们表明人工与自然的结合定义了人类道德的发展。对孟子来说，农业并不是人类脱离自然的象征，反而是人类以其特殊方式参与自然之中，与自然所订的契约。

其次，性情的形成与"气"的关系。孟子在一篇文章中描述到牛山上的树木因为放牧养牛而被砍伐。山上原本有"材"，但需要正确的滋养"材"才能生长。与之相似，人类的日常习惯会影响一个人的天性，或加强或损害：

> 其所以放其良心者，亦犹斧斤之于木也，旦旦而伐之，可以为美乎？其日夜之所息，平旦之气，其好恶与人相近也者几希，则其旦昼之所为，有梏亡之矣。梏之反覆，则其夜气不足以存；夜气不足以存，则其违禽兽不远矣。人见其禽兽也，而以为未尝有才焉者，是岂人之情也哉？（《孟子·告子上》）

孟子认为，日夜交替的时刻是我们调和情感的时候，这点很重要。白日的狂热往往会打破我们内心的平静。黎明时分，夜色还未散去，白日还未到来，世间便出现平衡状态的觉醒，事物之间都是相连的，包括光明与黑暗。这种平衡状态很微妙，因为它仅能维持一瞬间，当白日的光扑面而来，它便立即消失。此外，白日赋予我们习惯，黑夜为我们提供暂时的休息，因为黑夜致使我们与无形短暂接触。

"'生气'（vital force）一词来翻译中文的'气'，透过本质与存在的观念来了解气的观念有很大的帮助。普遍的生产过程或通过气而对理的实现，是一种从本质到存在的转变。理气双方是同时超越又内在对方的。但是，太极也是气，因为它内在与变化，透过阴阳来表现。"[①]

即使孟子坚持道德滋养和习惯养成的必要性，他也很注意不破坏"气"的自然产生。由严格的条件或教条的方法培养的道德会导致自然平衡的分裂，扰乱"气"的增长这一自然过程。卢梭也发出了类似的警告，不能把一系列道德教条硬加给孩子身上，并强迫其遵守，因为这样一来，孩子很快就掌握了欺骗的技巧。孟子对目的性训练持怀疑态度，因为它常常跃过自然，认识不到我们已经参与到自然地创造性过程中这一事实。为了很好地形成

---

① 秦家懿：《上帝与世界：朱熹与怀特海》，载［美］姜新艳主编：《英语世界中的中国哲学》，中国人民大学出版社 2009 年版，第 92 页。

"气"，一个人必须与自然相调和，而不是设立一个目标，然后简单地强迫环境服从人类的安排。

最后，志气合一：人与自然的联系。孟子常常借助与农业相关的比喻来阐明道德滋养之路。虽然农业确实将其形态借给了自然，但同时它也需要注意自己的韵律。因此，农业是自然与人类世界交集的原始案例。孟子举了一个例子，有一个人用拔高麦苗的方式来强迫其生长，因此扰乱了自然平衡。以目的为导向的做法或者教条性的方法会妨碍个体与瞬间动态的调和，并且可能破坏融合的活动。而协调状态是需要我们时刻追求的。在孟子与告子的一段对话中强调了教条方式的危险性：

> 子能顺杞柳之性而以为桮棬乎？将戕贼杞柳而后以为桮棬也？如将戕贼杞柳而以为桮棬，则亦将戕贼人以为仁义与？率天下之人而祸仁义者，必子之言夫！（《孟子·告子上》）

做成杯子和碗以后，柳树的本性就不完整了。用教条主义来强迫道德也是同样的道理：

> 天下之言性也，则故而已矣。故者以利为本。所恶于智者，为其凿也。如智者若禹之行水也，则无恶于智矣。禹之行水也，行其所无事也。如智者亦行其所无事，则智亦大矣。（《孟子·离娄下》）

同时，孟子肯定"志（will）"在"气"的形成过程中扮演的重要角色。过分依赖言语可能导致我们忽视与"心"的自然联系。"志"可以引导"气"，但不能离开"气"而独立存在。我们应该将"气"与"志"之间的关系看作是相辅相成的，因为"气"积累到一定量可以形成"志"："夫志至焉，气次焉。故曰：'持其志，无暴其气。'""是气也，而反动其心。"（《孟子·公孙丑上》）"志"是人类与"气"连接的特殊方式。正如风穿过山洞会发出声响，而风的运动本身对这些声响也会产生影响，利用"志"可以产生不同的"气"，但"志"不能消灭"气"，也不能忽视"气"。"志"必须被用于合适的地方："君子之志于道也，不成章不达也"（《孟子·尽心上》）。孟子主张"流水之为物也，不盈科不行"（《孟子·尽心上）。道德可以被看作是为"气"开启新的篇章的一种方式，以此强化"气"之流动。

在中国，对这样一个世界的基本特征最有描述性的词是"气"——至少自汉代的宇宙论者以来，这个词已用来指组成"万物"的变化着的流动场。"气"被翻译成"物质或能量"，或者"心理物理材料"。"'气'具有的意义十分接近于希腊的'精神'（pncuma）——即：'气息'或者是'有生命力的流动'。简而言之，西方的分类与宇宙论的解释联系到一起，而这些解释是建立在分离的各部分之上的。"①

孟子研究者认为，与卢梭认为的"自然永远离开我们"不同，孟子所持目的论方法与亚里士多德的类似，即人性趋向一个预先给定的方向②。孟子的目的论认为，我们的自然其实并没有永远消失，因为人类已经是自然的一部分了。自然宇宙是有意义的，使我们能够分辨出那些有助于道德生物的规律。理性对自然产生回应。如孟子主张："观水有术，必观其澜"（《孟子·尽心上》）。

尽管如此，在某种意义上，人类的概括和反思能力可能导致我们忽视自然平衡，孟子认为这种可能性永远存在。孟子提出的这种人类文明是一种与自然自身的和谐潜能相协调的文明。不需要深刻的缺失意识，因为平衡状态的可能性一直存在；我们必须学会倾听它的声音，这种声音不仅仅存在于我们自己身上，还存在于自然现象中，比如水波荡漾或星星运转："天之高也，星辰之远也，苟求其故，千岁之日至，可坐而致也。"（《孟子·离娄下》）道德要求我们将关心的范围延伸至熟悉圈之外，这需要巧妙处理情感和理智两者的位置，因为情感常常出现得更快。我们不能仅仅依赖即刻的感知，因为感觉可能将我们带向多个方向。为了有所得，我们必须同时利用理智和感情，将二者统一。

如果人类需要被反复灌输道德的概念，那么道德就不是强加于人的，而

---

① 郝大卫：《"分析"在中国古代的意义——一个实用主义的评估》，载［美］姜新艳主编：《英语世界中的中国哲学》，中国人民大学出版社 2009 年版，第 208—209 页。

② Schwartz. B, *The World of Thought in Ancient China*, Cambridge, MA: Harvard Univeristy Press, 1985, p.175.

是一种慢慢渗透并（或）逐渐强化的自然元素。像卢梭一样，孟子也关注抽象言语本身具有的危险性，因此也意识到了理性的危害："辞知其所蔽，淫辞知其所陷，邪辞知其所离，遁辞知其所穷。生于其心，害于其政；发于其政，害于其事。"（《孟子·公孙丑上》）

孟子认为，社会背景可能形成一种滋生自私行为的环境，但就孟子而言，这种情况就是当环境无法提供生长所需时，正如山被牛啃光了树。因此，他认为自然和人类文明之间必须是一种有机互助的关系。确实，有人也许会认为，就孟子而言自然并不是文明的基础，因为自然和文明一直是联系在一起的。卢梭则不如孟子乐观，因为卢梭认为社会环境会在人类和他们的前社会根源之间插入嫌隙。确保这一裂痕不会破坏社会秩序本身就是一项保持平衡的精细活，因为虽然自私可以控制，但却不可能完全抑制，因为自私本身就是社会化过程的一部分。

二、西方世界关于孟子生态思想的讨论

（一）关于孟子人性论之文化性与生物性的争论概述

西方世界关于孟子生态思想的讨论，主要集中在孟子人性论之文化性与生物性上，这场争论的主角是卜爱莲与安乐哲，二人的学术旨趣不一（安乐哲偏向文化相对主义立场，而卜爱莲则站在普遍主义立场，带有社会生物学倾向）或许是这场分歧的根本原因。

安乐哲认为，由于中西方语境差别，孟子中的人性与西方"nature"不可等同，二者有着不可兼容的内涵，不能强行归并。其后，安乐哲的学生江文思在《孟子论成人》系统地丰富了安乐哲的思想。而卜爱莲认为，孟子的人性是一种"共同人性"，他结合西方生物学理论，强调孟子的"性"是社会生物学意义上的普遍人性。

"英文也必须被看成有问题的。毕竟在译者的艺术中存在着两个端。'和

谐'（harmony）和'自然'（naturalness）的意思是什么？什么是自然的或天然的？什么又是'实体'（substance）或本性（nature）？使得这一讨论变得越发复杂的是：随着时间的推移，语言以回应周围文化环境改变的方式而不断变化。即使在相对来说很短的时间内，这种回应也会增长或者减少。'自然'（naturalness）和'成为自然'（being natural）在 20 世纪 60 年代所得到的回应，三十年以后就不会以同样的方式强烈地呈现出来。"①

（二）卜爱莲对孟子中人性的生态化讨论

在卜爱莲的解读中，孟子的代表性思想无论是直接表现出来的还是潜藏内心的人性都是全人类互通的。因为他的理解是：某些个体的道德高尚，或者某些个体的沉沦堕落，这些仍旧是全人类潜在和共同的性格——分享高尚道德，沉沦堕落使人毁灭，也是人类共同的规范和经验。这一互通的对人性的尊重，成为一个鲜明的思想遗产，对中国思想文化史有着深刻和复杂直至影响到整个中国后代的文化思想。

正是因为这种思想在后世地位如此崇高，才导致了对其解读的时候往往会容易忽略孟子对全人类的人性方面的解读，单纯说孟子所说的人性本善及道德典范的作用是一个极端限制人类行为的观点，是对孟子思想的不全面解读。这就需要我们把孟子的思想从当时同时代的其他统治阶级使用的思想剥离，来想想看，处于当今时代的我们可以从这些古代馈赠中学到什么有价值的概念。

1. 孟子的生态观与现代保护生物学

卜爱莲认为，孟子有关"性"的概念是一种基本的生物学上的观点，并且存在大量证据可以表明。孟子对于自然的最初反应的分析和理论，记录在《孟子·告子上》中，他以例子和典故的隐喻，将人类成长比喻为植物生长。

同样，在其后的论述中，孟子也以人嗜好美味，喜欢音乐的暗喻，阐明，道德之心的功能恰恰就像身体的动力一样在人的中间是自然的——所消

---

① 考普曼：《自然性重探：西方哲学家为什么应该学习孔子》，载［美］姜新艳主编：《英语世界中的中国哲学》，中国人民大学出版社 2009 年版，第 281 页。

解，消解了告子持有的"狭隘的生物主义"。

故曰："口之于味也，有同耆焉；……至于心，独无所同然乎？心之所同然者何也？谓理也，义也。圣人先得我心之所同然耳。故理义之悦我心，犹刍豢之悦我口。"（《孟子·告子上》）

卜爱莲认为，在天所赋予每一个人的才能方面存在着一种基本的相似性，孟子在竭力地为人的中间基本的相似性之主张进行辩护。在卜爱莲的论述中，我们可以看出，孟子对于生物学本性的人性问题的表述，体现了其生物学的立场，孟子不忘记自然的环境主义也隐约透露出其与现代保护生物学相近的思考，十分具有现代意义。

2. 卜爱莲与安乐哲关于孟子"性"的辩论

卜爱莲从"性"与天的关系中认为，孟子的"性"是生物学意义的。卜爱莲注意到，孟子谈"性"往往离不开天，强调"性"是天的一种禀赋。既然如此，"性"当然就是人生而具有的一种能力，而这种能力只能从生物学的意义上来理解。这就是说，孟子论"性"主要是从上天恩赐的角度展开的，"上天恩赐之生"与告子的"生之谓性"尚有不同。告子的"生之谓性"是一种狭义的生物学，是指人的一种自然性，而孟子之"性"则是指人的一种道德禀赋，这种道德禀赋的生物学意义，是就广义生物学意义而言的。这一思想还可以通过孟子关于"四端"的说法得到证实。

卜爱莲认为，犹如四肢是身体的一部分一样，"四端"则是心的部分，这样一种思想其实就是鼓励人们去承认，"四端"与四肢同是人的天赋的部分。"孟子似乎在说，赋予所有人之特征的那种东西是一种对于他人的反应，把某些人区别开来的东西是反映和发展这种反应的能力。这种能力属于每一个人：某些人选择让自身致力于它，而另一些人则抛弃它。"这就是说，"四端"犹如"四体"，"四体"是生而具有的，是人的自然禀赋，"四端"也是生而具有的，同样是人的自然禀赋。由此引申出"性"的普遍性问题。卜爱莲认为，人们无论如何应该关注《孟子·尽心上》中有关"万物皆备于我矣"的论述，在这一论述中，孟子特别突出的不是人与人之间的区别，而是人与人之间的相同。对于有人将孟子之"性"作文化上的相对主义的理解，卜爱莲感到十分担心。卜爱莲认为孟子早期的伦理观点，从理论和实践两个方面来说，都是强调道德的自我修养；他鼓励人们去提高自身素质，并且使人们相信只要有正确的行事态度并付出努力就能做成任何事情。和许多的儒家学者一样，相较于理论家而言，他更像是一个老师或者说是治疗师，比起提出紧凑仔细的有效的观点，他更倾向于感化人们向一个道德理想的方向去努力。这并不是说他没有提出有趣的甚至有时是引人注目的观点，而是说这并不是他的目的或者理想。读者应该更加注重他的偏实践的伦理观点，从而对孟子的哲学和生活有一个相投和的理解。以上述考虑为依据，卜爱莲得出了鲜明的结论：应当从生物学的角度来理解孟子之"性"，而这种意义的"性"与西方哲学的 Human nature 是较为吻合的。用她的话说就是："孟子的观点基本上是生物学的"。"人之生物学上的本性被充满了道德可能性，天命通过人的本性来表达。"①

（三）孟旦对孟子中儒家伦理的生物学探究

《〈孟子〉和新世纪的道德标准》中，孟旦认为在进化科学方面的近期理论中关于利他主义的生物学基础和未成年人的联系佐证了孟子的人性哲学。孟旦说，这样的理论支持孟子"人之初，性本善"的论点。这种自然主义的理论，也是建立在形而上学的。由此，孟旦提出"人性来源于天"的意见。孟旦认为，从《孟子》得出灵感的同时期的哲学家，可能考虑到过滤宗教性的主张是为了集中在孟子的哲学中更自然主义的可行的观点上。孟旦推测，这些观点会通过过滤成为新世纪《孟子》文本的精华而生存下来，与被无视的糟粕分开。

（四）西方学者对孟子"天"的解读

孟旦从《孟子》中过滤出"天堂"，卜爱莲却认为这种做法不值得也不

---

① Irene Bloom, *Mencius*, edited and with an inrodution by Fhilip J. Ivanhoe, New York: Columbia University Press, 2011, Introduction p.xi.

必要，提出不同的意见：当孟子讲什么是天赋予人类的，（当然，"天"字在《孟子》中在大多数情况下可能是更贴切地译为"自然"而不是"天堂"）艾文贺同意这一说法。然而，他说，在卜爱莲和孟旦（或在进化生物学说和农业学说）之间的分歧不会加深。根据艾文贺的观点，我们"过去的发展进化已经把我们难解难分地编织入自然中，和我们继续获得来自'自然'的最强大的灵感和最深厚的满足"的主意，与在《孟子》中关于某些自我和自然世界之间"互连"的观点引起共鸣，艾文贺认为，这些观点目前已经呈现在《孟子》中，并且是"值得保留和品味的"。

孟子的核心教义是否能够被理解和保留在一个更自然的"天"的框架中，以及这样揭示了宗教特征的概念是否像艾文贺要求的那样值得"保留和品味"，还有待观察。这里有人争论关于《孟子》的可行自然主义解读确实是有可能的，而且只有根据这样的解读才能充分揭示宗教的特征。在表达这些中，约翰杜威的哲学和其他思想家是既中肯切题又具有启蒙性的，而且将被用来作为在思考关于《孟子》"自然主义的自然化"的一种启发。《孟子》中自然化的效益是作为他的人性论中最重要的组成部分，这样一种解读更新了我们对孟子思想的评价。同时，从艾文贺的"天"转移注意力使我们体会到我们关于《孟子》作为自然世界的一个扩展的经验的规范性维度。同时，家庭和"自然"（天）规范在早期儒学中提供宗教体验，是一个出奇地能够与当代情感引起共鸣的概念，尤其是那些在过程和进化哲学中被表达的概念。

（五）哈奇森与孟子：西方学者与孟子对动物同情心的相互阐释

在《孟子》中，同样有对人的道德如何影响动物同情阐述，我们可以从以下几点来探究与解读。

1. 对动物广泛的同情心

在西方哲学中，"动物可能是道德的对象"是一个相对较新的阐释。而且，纵观历史，指出这种可能性的人只有普鲁塔克、蒙田和边沁少数几个人，一些人普遍认为这种观点直到进入 20 世纪才被认真对待。正是由于这个原因，哈奇森认为，关于动物的权力和它们应得的道德待遇值得重新研究。一个足够宽泛的情感范围不仅包括合理的情感，也包括道德领域中所有有情感的生物，所以这至少是一个令人惊奇的发现。早在两千年以前，在世界的另一面，这个思想早已被孟子提了出来。对孟子来说，同情心作为仁爱的"开始"，它不仅适用于其他人，而且也适用于每个有欢乐和痛苦情感的生物。齐宣王很疑惑他对统治下的臣民是否有足够的仁爱。

> 臣闻之胡龁曰，王坐于堂上，有牵牛而过堂下者，王见之，曰："牛何之？"对曰："将以衅钟。"王曰："舍之！吾不忍其觳觫，若无罪而就死地。"对曰："然则废衅钟与？"曰："何可废也？以羊易之！"(《孟子·梁惠王上》)

2. 以羊替牛与善意产生条件

如果国王决定的核心是真正的同情，为宽恕牛的生命而杀一只羊来代替有什么好处呢？孟子预见了这个反对意见，并接着说真正的事情是国王的内心不忍看到牛的不幸。

物理亲近性似乎是善意行为的一个先决条件，于是我们对动物有了同情心。据孟子认为，国王选择牺牲一只羊并不是因为他小气，而是因为他不把羊放在眼里，相反，他面对牛的目光时，它的样子就像是"一个走向刑场的无辜人"。

如何解释这个明显悖论呢？当孟子声称因为国王没有看见，所以，杀羊是允许的，而不是牛，他这种善意行事的观点不是我们所寻求的，而且在受苦人们的眼中，这种仁慈仅仅只是安抚我们自己的不安。相反，孟子暗示性地假设，当涉及动物的时候，我们直接面对它们的痛苦，道德上正确的态度表现出我们原始同情心的反应，而不是当这种情况发生的时候，让其远离我们的视线。埃里克·L.赫顿曾建议，这种特殊情况下，在两个相互矛盾的动机——即对其他有感情生物的同情心，和因礼节性原因而要求牺牲那些有感情的生物之间，道德高尚的人应给予后来者更多的关注。与此相反，通过社会化和教化，即使没有直接面对他们的遭遇，我们也学会找一个理由来表达对那些遭遇苦难的人的同情心。那就是为什么齐宣王应该帮助他的臣民，而没有必要同情羔羊的原因。

3.对动物的道德立场

在对待动物的道德立场上，哈奇森和孟子比较接近。二人都认为我们天生的同情心不仅限于人类。但二人在此道德立场上又有细微的不同。在哈奇森看来，即使不是我们自己物种成员的标准，我们也应该把动物纳入道德研究的解释之中，人类的道德中有一种天生的仁慈和同情感，甚至动物也有这种仁慈和同情感。因此，对哈奇森来说，所有针对动物的不必要的残酷行为是应该受到谴责的，也表现出了一种非人性的情感。而孟子，在事例中对动物的立场仅限于驯养的动物，这些动物和人类形成了一个种群之间的群落。同时，孟子认为，重点应该放在阻止不必要的痛苦而不是增加它们的幸福，同样的行为标准也适用于人类。

4.孟子模糊的动物权利观

关于儒家对动物权利的理解的问题，事实上是关于儒家是否支持一些类似于动物权利事实的问题，如动物的人道待遇。《孟子》中的一章对动物的人道待遇提供了一些可寻的依据。在《孟子》的第一卷第七章中，当齐宣王看到一头牛将要为一个仪式而被杀掉时，他对牵牛的人说，"舍之！吾不忍其觳觫，若无罪而就死地。"（《孟子·梁惠王上》）他同样认为放弃仪式是不可能的，并命令以一头羊来作为祭品的替代。因为羊比牛更便宜，作为祭品，它们被认为没有牛那么重要。齐宣王被人怀疑为吝啬财物，他也对此强烈否认。然而，孟子解释了为什么人们会有这样的怀疑："王无异于百姓之以王为爱也。以小易大，彼恶知之？王若隐其无罪而就死地，则牛羊何择焉？"（《孟子·梁惠王上》）随后，孟子对齐宣王这一举动的背后动机作了解释："见牛未见羊也。君子之于禽兽也"（《孟子·梁惠王上》），该引用的最后一句话来自儒家经典《礼记》（卷六，玉藻第三十），它是关于儒家君子的行为典范。在本部分的前面一个章节，孟子认为同情心是使一个君王成为真正君王的必备条件。

孟子和孔子对动物权利以及对一般权利的理解的鲜明特点，可能隐含在

《孟子》的第七章里，焦点主要在人类的（同情）道德义务和责任，而不是在动物权利上，但有人可能认为义务和权利是不同的范畴而反对这一点。

（1）有限的同情心与动物保护的矛盾

儒家对于动物的维护——更确切地讲，人类对动物的义务——是人的同情之心，而并非天赋的权利以及动物的内在特性。

相反，儒家的理由可以提供一条避免危险境地的道路。对儒家而言，人应该对动物怀有同情心，并不是因为动物能够思考和交谈，并不是因为它们能感觉痛苦，也并不是因为它们能人道地对待彼此，而是因为当人类看到它们的痛苦时，使我们能想到同类遭受同样痛苦的感受，作为人类，我们无法容忍看到承受这些痛苦。

（2）性善论的延伸与等级秩序之间的矛盾

儒学的一个主要观点是延伸我们的善良天性，并使其最终能接纳包括动物在内的宇宙万物，这种慈悲的延伸是人道对待动物和人对动物的强制义务的基础（儒家的"动物权利"）。然而，在儒家看来，无论是人或动物的各种权利之间，还是人的权利和动物的权利之间，都有一个词典式的分级。"道德起源问题上，孟子由性善论出发，持道德先验论，认为道德是人心中固有的意识。孟子认为，仁义礼智等道德属性是先验的，是人心中所固有的。他认为'心'表现为'恻隐'和'不忍'之心。其中的恻隐之心是感同身受别人痛苦的能力，不忍之心是看见别人受苦感到难过，这两种心理情感，最终升华为道德追求，是孟子道德哲学的基础。并由此推论，人人皆有'恻隐之心、羞恶之心、辞让之心、是非之心'。这'四心'又是仁、义、礼、智'四德'的萌芽、端倪。'四心'也就是孟子道德哲学的'四德'。道德由'四心'萌发，是为养心。由此可以认为，仁、义、礼、智'四德'的本质是人心中固有的道德意识。"[1]

许多人的需求，无论是身体上的还是精神上的，都在践踏其他动物的福利。

---

[1]　李亚彬:《道德哲学之维——孟子荀子人性论比较研究》，人民出版社 2007 年版，第 86—87 页。

儒家从未鼓励人们成为素食主义者，更不要说严格的素食主义者，儒家君子仅需要远离厨房和屠宰场。他们甚至不愿意放弃用动物做祭品的仪式。"儒家以一些对我们来讲很自然的东西出发，倾向于以自我为中心，以人类为中心，但却用它来争取一个对世界万物更慈悲的、更包容的甚至更普遍的关怀。"①

三、孟子生态思想的普世价值

"生态批评"，作为一种文艺思潮，形成于20世纪90年代的欧美，学界普遍认同美国学者彻丽尔·格罗特费尔蒂的定义，"生态批评是探讨文学与自然环境之关系的批评"。"生态批评家吸收的主要并非自然科学的具体研究成果，而是生态学的基本思想，或者更准确地说，是生态哲学思想。"对于阅读传统文化经典，我们亦可以通过生态批评的方式从生态文化角度重新阐释它，而它被遮蔽的生态文化意义和生态美学意义将被解读出来。从生命的本质和地球的双重视野中考察人类过去与未来存在状态是生态批评的内容要求。

孟子认为自然万物都是有规律可循的，从自然透露的细微线索中，人类可以得出理性的判断，自然对人类产生的重要启示，直接影响着人们的生产生活。中国自古以来就是以农耕经济为主的国家，农业就是自然与人类科学结合的体现，也是人类参与到自然的特殊方式。农事活动离不开对自然的顺应，同样的，道德的发展也应该与自然相适应。孟子认为道德是自然韵律的延伸，而且人类的道德具有可完善性，这种持续的自我完善同样作为一种重要的人类参与自然的方式而存在。自然和文明的关系，是有机互助的，自然使得文明的孕育得以实现，文明使得自然的惠泽得以延续。人性本善，儒学以"仁"为核心，同情心则作为仁爱的开始，却不是人所独有的，而应该是一切有灵有性的生物所共有的。

---

① Bai Tongdong, The Price of Serving Meat–Confucius's and Mencius's Views of Humanand Animal Rights, *Asian Philosophy*, No.1, 2009, p.95.

第五章
历史与未来:《孟子》跨文化阐释与传播

第一节　跨文化传播研究概述

一、"跨文化传播"的定义与内涵

跨文化传播是一门既古老又年轻的学科,自从人类社会活动产生以来,跨文化交流与人类生活的方方面面交织在一起,只要是各个不同文化、国家之间的文化互动都是人类传播的重要组成部分。在科技信息技术发展以前,人们对跨文化传播以及文化交流的手段及其效果的认识非常有限。随着中国改革开放进一步发展,跨文化传播的各个要素不断扩散与迁移、跨文化传播参与及影响的人数急剧上升,超过以往任何时代。因此,有必要对跨文化传播的不同文化实践以及本学科的理论基础和实践进行重新认识和评估,以适应日益发展的跨文化传播实践以及时代发展的需要。

跨文化传播的第一要素是"跨",也就是不同文化语符之间的交流和转换,第二个要素是传播,传播产生交流和认同,传播产生力量和影响。作为一门全新的学科分支,在国际政治、经济、文化联系日益密切的今天,跨文化传播融汇多种学科资源的优势,越来越受到学界的重视。

时至今日,跨文化传播学仍然是一个发展中的新兴学科,尚待完善和发展。人类的跨文化传播梦想和实践与人类社会生活实践息息相关，在当代社会的重要性今非昔比。在竞争日益剧烈的全球化进程中，我们必须做好跨文化传播的工作，提升跨文化传播的效益。

具体来说，做好《孟子》的跨文化阐释和传播研究，需要不断重新认识和评价，包括《孟子》在内的儒家经典和传统文化，以及不断探索适合的研究方法和研究内容。当今中国无论是在经济上还是文化上都在不断地发展，给世界带来了新的影响，因而在研究像《孟子》这样的中国经典著作时，不应该再亦步亦趋地套用西方的思维模式和哲学术语以及意义生成方式，而要走出自己的中国范式。日本作家沟口雄三先生在 1990 年出版的《作为方法的中国》一书中提出要从"欧洲是特例，而不是普遍性"这种立场来重新理解东方，借用他的思路，葛兆光先生指出，首先，我们不能只把中国当作文本上（"资料"）的东西来研究；其次，也不能厚古薄今，把中国的研究"博物馆化"；再次，不能研究"不在场"的中国，西方想象中的中国，"抛开中国读中国"；最后，研究和复兴中国文化的关键是把中国作为方法本身。让中国这个本体和主体回归到研究的主流和中心。[①]"方法并不是外在的形式，而是内容的灵魂和概念。"[②]

20 世纪 50 年代的美国儒家思想研究由于采用"外在研究理路"[③]。其优势在于能从史学的角度，彰显儒家人物及其思想的时代意义，儒家思想的外在研究或者外部研究，容易导致欧美学者简单比附中国儒家思想，通过比较哲学的视角，把儒家思想套用到西方哲学体系中，认为儒家思想是一种简单而保守的思想。中国文化只是儒家传统的一部分，并且将所有中国历史事件、思想学说、制度机构等归于儒家学说。当然，外部研究也并非没有建树，20 世纪 50 年代的美国新儒家研究增进了学术界对儒家思想的时代意义

---

① 参阅葛兆光：《思想史研究课堂讲录续编》，三联书店 2012 年版，第 132—141 页。
② ［德］黑格尔著：《小逻辑》，商务印书馆 1980 年版，第 427 页。
③ 吴原元：《隔绝对峙时期的美国中国学（1949—1972）》，上海辞书出版社 2008 年版，第 61—62 页。

的了解，并与当时的社会发展结合起来。外部研究坚信，人不是空洞的主体和定义，而是复杂的生活经济生活的综合体。

中国文明是世界上少数延续几千年未曾中断的文明之一，西方学界研究中国文化的动机始于猎奇，此种兴趣导致了将中国成为资料的中国，参照的中国和想象的中国。此类研究俨然成了西方世界研究中国文化的正统。

二、跨文化传播的特点

跨文化传播的特点，第一是范围广，难以穷尽。"在概括交流的一些基本原则之前，有几点需要注意。第一，交流的特点远远超出我们下面的概括。正如我们要形容森林，却只用树木和花草来概括，而省去了湖泊和野生动物，并没有真正描述出森林的全貌，因为我们的概括无法穷尽一切，我们不得不省略一些图景。第二，由于语言的线性特征只允许我们在一个时间讨论一个原则，所以你们必须记住，实际上，交流的各种因素一直在持续地互相影响着。"① 另外文化之间还有高度语境的差异。中国文化、汉语是高语境文化。这要从"语境"这一概念讲起。1885 年，语境这个概念由德国语言学家威格纳（Wegener）提出。美国文化人类学家爱德华·霍尔也指出了语境在人类交际中的重要作用："倘若没有语境，符号就会残缺不全，因为它只包含讯息的一部分。"② 高低语境文化由霍尔在《超越文化》中提出，其中高语境是指事物具有大量预先编排的信息和文化背景，只有小部分存储于传递的信息中。而低语境是指事物大部分信息处于传递信息中，以达到交流的目的和效果。

根据以上的分析，霍尔对比了中国和美国的文化，并得出结论："尽管文化不会独立地存于天平的一方，但天平确有高低之分。美国文化并非处于

① ［美］拉里·A. 萨默瓦、理查德·E. 伯特：《跨文化传播》，闵惠泉、王纬、徐培喜等译，中国人民大学出版社 2004 年版，第 9 页。

② ［美］爱德华·霍尔：《超越文化》，居延安等译，上海文化出版社 1988 年版，第 82 页。

低层，它只是偏向天平较低的一方。在日常生活所需的语境数量方面，我们依然高于德裔瑞士人、德国人以及斯堪的纳维亚人。"① 中国文化属于高语境文化。

霍尔关于高低语境文化的理论为跨文化传播研究提供了一种全新的研究路径，因而在霍尔之后又有诸多理论家在他这一理论的基础上进行跨文化交际与传播。如美国传播学者威廉·古狄昆斯特（William Gudykunst）、路斯迪格（M. W. Lustig）、科斯特（J. Koester）。以上观点为我们讨论《孟子》及孟子思想作为跨文化传播的客体时提供了种种思路，霍尔的高低语境文化不仅为文化研究理论提供了新的思路，同时也提供了文化实践的更多可能性。不同文化之间的差异性增强了人们的跨文化传播的意识，跨文化传播的意识有利于不同文化背景的人们之间的相互沟通交流。

跨文化传播属于传播学下的一个分支学科，因而理解跨文化传播的特点，首先要将其置于传播学这一宏观的背景之下来看。跨文化传播就可以看作是研究在不同文化背景之间的语言符号如何进行编码及解码的过程。

三、跨文化传播的路径与方式

跨文化传播的实质是在不同文化之间的交流和沟通，传播的路径就成为其中的一个决定性因素，因而也成为学界所重点关注的问题之一。布雷多克（Braddock，1958）提出了跨文化传播的 7W 模式（见下图）。

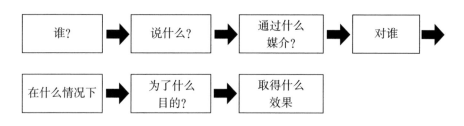

---

① ［美］爱德华·霍尔：《超越文化》，居延安等译，上海文化出版社 1988 年版，第 86 页。

第二节 《孟子》跨文化研究和儒家文化的传播与传承

一、儒家文化的跨文化交流与传承

中国传统文化的传播往往是经由一定的媒介传播，从典籍翻译到日新月异的网络新媒体等现代化模式，再到世界各地的孔子学院，传播的内容和手段丰富，传播的效率大大提高。"近年以来，由于受到西方文化的冲击，中国人已经很难从自身的民族属性中寻找精神归属感，精神空虚也已成为当代中国人普遍存在的问题。通过对孟子思想的研究，尤其是对存在于孟子思想背后民族属性的探讨，这对于当代中国人已经'拔了根，挂了空'的时代精神现状，当不无积极的补益作用。"①

随着各种科技手段的发展、各国商业贸易活动的增强，以及跨文化交流的日益密切，中国传统文化的跨文化传播已经不再仅仅局限于传统的典籍运输与翻译，而是有了越来越多的途径。目前，我国传统文化的跨文化传播的途径主要有以下几种：

第一，典籍翻译与传播。典籍翻译是一种较为传统的跨文化传播方式，这是因为典籍本身就是作为中华文化的最主要载体。对典籍的译介实际上就是对中华传统文化的译介与传播。另一方面，翻译本身就是一种语际转换和跨文化传播，文本在他文化的时空旅行中寻找认同，面对挑战和变异。例如，《孟子》在西方世界的传播为了适应目的语国的文化和读者的审美，常常作出的种种妥协和变通，实际上正是中西方文化交流与碰撞的结果，同时也能够使得中西方人民在文化的交流中更加了解彼此的文化。在过去，儒家思想的传播因为中西文化差异而产生了很多问题，中西方不同的思维方式和价值观导致西方世界对中国儒学理解和价值判断出现偏差。在儒学的翻译传

---

① 张和平、陈光田：《试论孟子思想的民族属性》，载臧克和、［德］顾彬、舒忠主编：《孟子研究新视野》，华龄出版社 2013 年版，第 305 页。

播中，由于中西文化与历史发展中各有自己独特的文化观念和事物，有些字表面上看似相同或相似，但内涵却相差很远，与英文词无法形成对应。例如，《孟子》中"君子创业垂统，为可继也"，"君子"被译为 gentleman 或 man，词义都有所扩大。其次，原文中某些词与意义已经引申，但译文只停留在其原始意义上。再次，由于古汉语自身的某些特点，造成了译者理解和表达上的失误。儒学翻译中的跨文化传播问题没有引起译者的高度重视，专门概念被当成了一般字词处理。依靠这样的翻译文本，正宗的儒家思想文化永远都不会被世界其他民族所彻底认识。"中国的传统翻译学可能导致四个问题：（1）不能全面、准确地认识中国的翻译现象；（2）导致翻译工作者忽视语言以外的因素，以致制造出来的译文起不到预期的或应有的作用；（3）阻碍翻译技巧的传授，使翻译的社会功能打了折扣；（4）今天的读者以为所有的翻译都是以'忠实'为目标的，因此译文是能够代替原文的。"[①]

第二，商业活动中的跨文化传播。国际贸易这种经济活动从本质上来说，也是文化之间的交流与沟通。原因在于，商业贸易活动直接交换的是商品，而商品从另一个角度来讲，又可以看作是一个民族国家文化的物质表现形式，是文化的集合体，凝聚与承载着不同民族国家的文化，因而对商品的交换本质上可以视为是对文化的交换，换言之，不同民族国家之间的商业贸易活动也就成为跨文化传播的一部分。而在当代社会中，跨国公司也为各国传统文化的跨文化传播提供了载体。

第三，教学与科研交流中的跨文化传播。自古以来，各民族之间的访问和使节派遣、民间文化交流等，促进了世界对中国的了解，也帮助中国传统文化走向世界。20 世纪 70 年代改革开放以来，中国学生外出留学，以及随着"汉语热"在全球的风靡，来华留学生人数的骤增，中国文化元素成为世界文化的热词，在广阔的世界舞台绽放着风采。另外，2014 年以来，孔子学院作为中国文化传播的一张最成功的名片，为世界人民了解博大精深的中

---

① 张南峰：《中西译学批评》，清华大学出版社 2004 年版，第 30 页。

国文化，了解现当代中国的新兴发展起到了举足轻重的作用。

第四，国际性文化活动。国际性文化活动为各国文化的展现与传播提供了一个广阔的舞台。如奥运会、世博会、双年展等文化活动，往往每年制定不同的主题，在不同的国家与城市举办，并且参与的国家与民族众多，每个民族与国家都能够为自己的传统文化在其中找到一席之地，使得诸多文化能够在一个更集中的场所与活动中得以展现出来。除此之外，还有以官方为主要推动力、在个人切实的实践的基础上的文化交流活动，"孟氏之儒从始于学术流脉到终于思想大宗的转变过程其实就是中国文化精神自体的内在预演过程，或者换句话说，是中国文化精神造就了中国人固有的思想生成模式与接受模式，而孟氏之儒正是应和了这些模式才得以发生并发扬光大的。从这一角度来审视孟子思想在中国历史上的风云际会，不仅能让我们更准确地领会孟子思想的精神实质，甚至还能帮助我们对中国人思想世界诸多问题的发生给出合理的说法"①。

第五，信息技术和各种新媒体的发展。科技的日新月异催生了各种新媒体的诞生，网络、广播、电视、电影、各种自媒体的发展，逐渐代替传统的纸媒，成为现代人获取信息、分享信息和传播文化扩大影响力的重要渠道。在另一个层面上，新型传播媒介也为传统文化打破了此时此地的限制，提供了更多种传播方式的可能性，使他们不再受制于时间、地点。微电影、网络等新媒体的发展也成为中国传统文化传播的新兴方式。

电影作为一种喜闻乐见的大众传媒，承载着优秀的中国传统文化价值观和独特的中国式审美，中国功夫、水墨山水、传统服饰、和合文化等都能通过镜头和影像的叙事讲述中华文明的前世今生，助力中华文明的伟大复兴。

现代大众传播学有助于解释人们日常行为，一些研究学者认为个体在信息接收的选择上有特定的倾向，主要选择获得认同的信息，尤其是同自己价值观或宗教信仰一致的信息。另外，个体在接收信息时也存在选择性接受、

---

① 张和平、陈光田：《试论孟子思想的民族属性》，载臧克和、[德] 顾彬、舒忠主编：《孟子研究新视野》，华龄出版社 2013 年版，第 305 页。

选择性理解和选择性记忆。

在以上五种跨文化传播的途径的基础上，中国传统文化在进行跨文化传播的过程中往往还会带有一些特定的中国元素。原因在于，文化本身作为一种潜移默化的无形遗产，必须借助一定的形式才能将其展现出来，中国元素往往就承担着这样的功能。另一方面，文化往往是一种隐形的表现，无法很直接地将传统文化用明显的方式显现出来，在这种情况下，中国元素就能够作为凝聚中国传统文化的物质性符号将原本无形的文化直接传达出来。随着跨文化传播的不断深入和扩大，中国元素不断向世界传播。各类全球性的会议和活动为中国文化的传播提供了良好的平台，2008 年的北京奥运会处处体现出中国文化的特色，让全世界人民深刻地了解中国文化。此外，政治往来、经济合作、文化互通使得中国文化元素逐渐融入国外事物的方方面面。尤其体现在语言、建筑和服饰等方面。

文化交流不是做减法，而是加法和乘法，文化资源的交流越多，增值的空间就越大，所以杜维明说："文化交流不必采取你争我抢的方式。"儒家文化是东方文化重要的组成部分，随着文化的广泛传播和交流，人们对中国文化的关注越来越紧密。儒家文化两千多年以来不仅在中国影响深远，其影响也越来越多地在世界范围内也能够找寻到它的踪迹。孟子生活的战国时代与今天相隔遥遥两千余载，中经上古、中古、近古、近代和现代。今时和彼时属于中国社会发展的两个历史范畴。

因此，今天任何想简单地、一成不变地复兴孟子及其儒家思想的行为都是不合时宜的，任何将孟子及其儒家思想整体吸取、直接应用的举动都是不明智的。[1] 在当前全球化不断深入的形式下，文化早已经同政治、经济等一样成为国家综合国力的重要内容，许多国家已经制定出各自的文化战略。由此可见，文化的繁荣和传播对国家富强和民族复兴具有深远影响。儒家文化中的人文关怀和现实意义为中国文化的形成和发展注入了源源不竭的动力。

---

① 张奇伟：《孟子思想的现代价值》，载臧克和、[德] 顾彬、舒忠主编：《孟子研究新视野》，华龄出版社 2013 年版，第 124 页。

因此，在文化交流频繁的今天，将儒家文化传播到西方世界具有深刻的意义。习近平总书记提出"一带一路"的发展倡议。它既包括政治上相互信任、经济上相互融合，也包括文化上相互包容。实现文化的相互包容就需要我们将中国文化，特别是儒家文化传播到其他国家。让中国文化走出去，提升本民族的文化自信，践行文化强国战略。

《孟子》对中国文化能够产生如此巨大的影响的另一个原因，是它显著的文学性。它是中国最简练和最易理解的古典名著之一，包含大量的广为流传的和有趣的故事、大量活泼的甚至令人难忘的形象以及精彩的短语。它是一种汉语的特有形式——成语的源泉。通常是四个字，仍然在现代汉语口语和书面语中大量使用，用简短的形式表达复杂的含义，能高度引起共鸣且经常使用有趣的方式。举个例子，在卷一的"缘木求鱼"这个成语，字面意思是爬到树上去找鱼，用来描写那种没有希望的、判断错误的行为；在卷二中"拔苗助长"这个成语，字面意思是拉拔那些幼苗去帮助它们成长，是用来描写那些愚蠢的行为，这些行为企图跳过自然的过程，结果却与希望进步的动机相反。简单地借用这些成语，说话者或者说作者能够联想到且延续部分丰富的孟子遗产。[①]

"在扩大中华文化的国际影响力的时候，要特别注意中华文化中精英文化和大众文化两个层面。相对来说，大众文化比较直观，比较容易与日常生活和文化产业相结合，因此容易在对外宣传中占据明显的地位。但在人文社会科学学者那里，精英文化又因为比大众文化更加精致、更加系统，而容易被当作中华文化的主要代表。其实，精英文化和大众文化之间一直是存在着有机联系的。比方说，儒家思想的真正生命力，很大程度上在于它通过戏剧、工艺、民俗和礼仪而渗透在中国普通民众的日常生活中。"[②]儒家思想的影响范围广，程度深。就儒家思想在亚洲的传播来看，分为纵向与横向。从

---

① Irene Bloom, *Mencius*, edited and with an inrodution by Fhilip J. Ivanhoe. New York: Columbia University Press, 2011, Introduction p.xvii.

② 童世骏：《文化软实力》，重庆出版社 2008 年版，第 98 页。

纵向上看，中外思想交流可追溯到很早以前。早在唐代就有日本官派遣唐使学习以儒家为代表的中华文化，阿倍仲麻吕、吉备真备等人都为儒家文化向日本的传播作出了巨大贡献。此外，莫高窟壁画中尽管大多以佛教造像和佛经故事为主，但也依然能够看到儒家文化的身影。从文化扩散的角度来看，儒家思想对东亚以及东南亚邻国的语言、经济、社会等方面产生了深远的影响。"汉字文化圈"也被称为"儒教文化圈"，指的是接受儒家文化的周边国家，这些国家引入中国古代国家制度和政治思想，并在儒家思想的影响下发展出相应的文化和价值观。主要包括日本、韩国、越南、新加坡等国。在日本，儒家思想推动日本社会历史的变革，促进国家以及文化不断发展进步。在新加坡，儒家思想的体现更为明显，对儒家文化的践行已经上升到国家层面，成为国际交流的软实力。

儒家思想在世界范围内的传播可以追溯到16世纪，意大利传教士利玛窦等人首次将儒家经典《四书》翻译到欧洲。作为中西方文化交流的使者，利玛窦对儒家思想给出极高的肯定和评价。他本人也为儒家文化在西方的传播贡献了自己的力量。当时，中国同法国交流频繁，两国通过互派使节开展了广泛的文化交流。许多儒家传统经典被引入法国，引发了西方对儒学的关注，并对当时西方的文化和思想产生了影响。西方的儒学研究也逐渐成形，许多研究者将儒家思想同基督教思想置于同等地位。

美国在19世纪到20世纪之际，取代欧洲成为中国文化的研究中心，甚至在那里，儒家思想被列为专研学科，成为"显学"。与此同时，儒家思想和西方文化交流碰撞，见证了人类文明史不断发展进步的历程。

从以上的分析中可以看出，儒家文化作为中国传统文化的最主要代表，在世界范围内的传播不但历史悠久，而且影响广泛，在世界现代化进程中扮演着不可或缺的角色。但同时我们也应该注意到，儒家文化在跨文化传播的过程中也面临着诸多挑战与问题。原因有二，其一，当前是一个全球文化空前繁荣的时代，各种文化纷纷蜂拥而上，力图在世界文化舞台中争夺一席之地。在这种形势下，各种文化不断交融和碰撞。关于儒家文化的未来，人们看法不一。一部分人担心在交融的过程中，儒家文化会被西方文化吞噬。一部分人持乐观态度，认为儒家文化在全球化的浪潮中会吸收新的成果，不断发展繁荣。当然，也有一部分处于其他文化中的人们对儒家文化持贬低和敌对态度。其二，当今也是一个世界全面迈向现代化的时代，传统思想与现代的诸多观念难免产生碰撞和矛盾。因此，对于"传统"的认识，我们必须打开思维，在新的时代下进行解读。弘扬传统并非是指对传统文化的全盘接受，也不是对传统规范的完全遵循。传统既是旧的，也是新的，优秀的传统文化能够与时俱进，能够顺应时代的发展。因此，我们需要在新的历史条件下不断解读传统文化，"去其糟粕，取其精华"，使我们的民族文化获得长久的发展，才能在全球化的浪潮中永远仁立。

基于对以上两点原因的分析得出，在跨文化传播过程中主要存在以下问题：

第一，民族中心主义。顾名思义，以自己的文化为中心。中西方国家的相关学者对民族中心主义都有着深入地研究。中国学者孙英春认为："民族中心主义的根源，就是种群中心主义（ethnocentrism），就是以自身文化为标准来衡量其他族群行为。"[①] 德国学者约恩·吕森还指出，民族中心主义是一种人们通过使自己的人区别于他人而实现群体认同（collective identity）的文化战略，是以给自己的群体以积极评价、给其他群体以消极评价为代价实现的，在很多时候民族中心主义甚至是人们对自我评价合法化的手段。[②] 从这两个具有代表性的观点来看，民族中心主义两个关键词：一个是民族，一个是文化，概括起来就是认为自身民族具有与生俱来的优越性，高度认可本民族文化，以自身文化价值为中心来衡量其他民族。而事实上，我们不能无视不同民族的文化独特性和特殊价值，过度的民族中心主义不利于文化的交流与传播，各个文化在地位上应该是平等的，在价值上应该是等值的。

---

① 孙英春：《跨文化传播学导论》，北京大学出版社 2008 年版，第 124—125 页。

② ［德］约恩·吕森：《如何在文化交流史中进行文化比较》，郭健译，载《史学理论研究》2003 年第 1 期，第 23—24 页。

在跨文化传播的过程中，民族中心主义思想是一个很难避免的话题。正如孙英春所说，作为不同民族文化中不易察觉却无时不在的一部分，民族中心主义有积极的一面，也有攻击性和歧视性的一面。历史经验表明，民族中心主义往往成为大国沙文主义的温床，许多文化冲突乃至灾难都是民族中心主义造成的。[①] 因此，过度的民族中心主义亦是不可推崇的。过分认可本民族文化，一味贬低他民族，会导致两个极端结果：一是文化霸权，二是闭关锁国。文化霸权主义在当今世界表现得尤为突出，这种思想文化层面的"居高临下"，往往造成文化的强势入侵，最终结果就是战争；而清朝的闭关锁国则是民族中心主义的另一个极端的例证，拒绝接受外来优秀文化，只会导致自身的愚昧无知。但也不能否认，民族中心主义的存在有其自身意义，适度的民族中心主义在一定程度上可以维护本民族国家的政治安全和领土完整，保护本民族文化的独特性，提升民族自信心。

民族中心主义在跨文化交际中所表现的文化霸权主义，是当今世界各国面临的事实。意大利共产党创始人葛兰西最早提出了"文化霸权"理论，他认为统治阶级不是简单地"统治"国家，更多的是扮演道德和知识的领导者积极地引导社会。涉及的是价值观和普遍信仰，最终目的是赢得价值共识。第二次世界大战以后，资本主义国家继续繁荣，西方国家开始寻找对世界文化的领导权，试图在意识文化形态领域对其他民族国家实现同化，这就是文化霸权主义，也即文化帝国主义。概括来说"文化帝国主义"（cultural imperialism）话语和"文化霸权"（cultural hegemony）在当今世界主要表现为西方文化与东方文化的权利关系（power relations）或说是支配关系与霸权关系。文化霸权主义可以从内外两个方面来理解：从外部也即试图寻求文化霸权主义的西方大国，例如美国：第二次世界大战后，随着美国政治经济地位的崛起，美国价值观逐渐成为主导世界文化的核心，试图从意识形态领域实现对世界的领导，这主要体现在文化软实力的扩张，例如西方的自由民

---

① 参见孙英春：《跨文化传播学导论》，北京大学出版社 2008 年版，第 126 页。

主。从内部来看，主要表现在被文化霸权主义"侵略"的国家，这也是跨文化传播过程中，发展中国家所面临的巨大挑战，中国就是一个特殊的代表。一方面有来自西方的强势入侵，例如西方传统文化节日——圣诞节、复活节等，美国电影——好莱坞大片；另一方面中国对自身文化认识不足，盲目接受西方文化，过度崇洋媚外，导致自身的迷失。在跨文化交际过程中，中国作为最大的发展中国家，更应该以积极的态度反对西方文化霸权主义，反对全盘接受的态度，倡导借鉴他民族优秀文化，发展和弘扬本民族优秀传统文化，在媒介内在结构、社会政治制度、文化传统以及经济方面下功夫，为自己赢得更多的国际话语权。中国应该消除西方的刻板中国印象，加大开放和国际交流合作，更加理性地认识自我和他者，寻求平等互利的文化传播和交流机制。

第二，中西方思维方式的差异，思维方式的差异表明中西方在看待和理解世界的方式上存在差异。宏观上讲，西方注重逻辑，是一种理性思维。中国侧重形象思维，是一种感性思维。思维方式的差异从根本上影响到了文化的传播。中国强调集体主义，西方主张个人主义。语言是思维的物质外壳，汉语是中华民族文化的载体，在跨文化交流与传播中处于不可替代的位置。由于中国文字与语言的复杂和艰深，学习起来十分不易。在这个意义上可以说汉语言文字具有不可忽视的双重性：一方面，这本身就是中国传统文化的特征；另一方面，作为传统文化载体的汉语的这种复杂性又一定程度制约了中国文化的传播。

第三，经济、文化交流逆差。这种逆差，一时难以改变，清末以降，国力式微，西学渐盛。师夷长技以制夷的有识之士，主张引入西方先进的思想和政体。长期以来，中西方政治经济力量的差异，导致中国文化面临被遮蔽被边缘的危机。如何从边缘走向中心，如何参与到主流文化的对话中，不断扩大中国文化的影响力，是我们应该积极思考的问题。在艺术和审美方面，表现为对西方生活方式和价值观不假思索的追随与热捧，导致这种已经内化于心的西方思维与价值观成为跨文化传播的新障碍。以孔子、孟子为代表的儒家思想在西方接受度和影响力也差强人意。根据李玉良的调查，"有31.1%的受访者表示了解孔子及其学说，但仅有1.9%的受访者了解孟子，有17.9%的受访者读过有关孔子或孟子的事迹和思想。令人遗憾的是，认为儒家思想在其本国具有知名度的受访者仅占6.6%，93.4%的受访者都认为儒家学说在其国内并不为人所知。但令人欣慰的是，分别有38.4%和42.5%的受访者表示了对儒家思想的兴趣，并相信儒家思想的信条及其重要意义。"[①]

从以上问题中可以看出，儒家思想的跨文化传播障碍重重，我们应该努力面对这些挑战。

二、《孟子》跨文化传播研究现状

《孟子》的英译本品种丰富、数量繁多，形式多样。近年以来，有学者如季红琴、韩振华、杨颖育、包通法、刘单平等人都对《孟子》文本及孟子思想在英语世界的传播与接受有所研究，其中季红琴在对比几种较为经典的《孟子》英译本的基础上，通过调查统计却发现，目的语读者对《孟子》英译本的接受不容乐观，海外传播效果十分有限。自《孟子》拉丁文译本诞生以来，《孟子》先后被译成拉丁文、法语、俄语、德语、英语、日语、韩语等东、西方语言。其中，《孟子》英语全译本、节译本现有14种。这14种译本在海外的传播效果不一，其中最受汉学家推崇的英译范本是理雅各、刘殿爵和赵甄陶翻译的《孟子》。但是，这些是译本的传播对象仅局限于汉学家、《孟子》研究者等，在普通读者中间的传播状况并不理想。

在《基于读者接受的〈孟子〉英译与传播研究》中，季红琴从接受理论的角度对英译《孟子》的读者进行了调查。并将调查对象进行分类，从美国读者、来华外国读者和网络读者三种不同角度做了数据调查。受到条件约束

---

① 李玉良、罗公利：《儒家思想在西方的翻译与传播》，中国社会科学出版社2009年版，第331页。

其样本数量较小，并且忽略了潜在读者，在分类上样本或有重合，都使其调查结果的权威性受到了影响。但该调查在一定程度上反映了英译《孟子》读者的情况，对未来《孟子》等传统儒学文化著作在世界范围更广泛的传播有着极为重要的现实意义。关于美国读者（主要为海外孔子学院大学学生）对《孟子》的接触与阅读情况调查结果为：有72.5%的读者知道中国文化典籍，而知道孟子其人及《孟子》该著作的人数比就下降到了58%，阅读过《孟子》相关书籍的只占49%，最终阅读过《孟子》译本的不到三成。那些阅读过其他《孟子》相关书籍的，其阅读频数最高的书籍主要集中在"孟子思想与中国政治经济"和"孟子思想与中国现代社会"这两类。由此可以看出美国读者阅读《孟子》相关作品的现实原因，即希望了解当代中国"政治、经济发展背后的深层原因"[①]。读者阅读《孟子》相关著作的功利性目的，反映了中国经济社会的快速发展，对于中国文化走出去也有极为重要的借鉴意义。而该调查中所展示的《孟子》译本读者对译本质量评价的结果却显露出译著的一些问题。译本内容混乱与逻辑的不严谨，说明要将更多《孟子》译作的潜在读者转换为实际读者，提高翻译质量的二度翻译也急需开始，尤其是高质量的翻译研究。在对来华外国读者的调查中，调查对象主要是具有较高学历的外籍教师及留学生。将"四大名著"及《论语》加入选择项后，结果只有13.8%的来华外国读者知道《孟子》。该结果说明读者了解《孟子》的信息渠道并不够畅通，而知道《孟子》的来华外国读者了解的主要渠道42%来自于网络，另20%来自于图书馆。因此，需要扩展传播渠道，大力利用互联网平台推广《孟子》等中国传统文化典籍的传播。事实上，这些阅读动因主要是"了解中国文化／思想／价值"和"工作需要的"的在华海外读者，超过一半并不能深刻理解《孟子》所包含的文化内涵，再次暴露出译本的可读性问题。对《孟子》译作网络读者的调查方式主要是参考中国亚马逊网站《孟子》英译本及相关英文著作的销售情况，因此从该接触渠道进行的

---

① 季红琴：《基于读者接受的〈孟子〉英译与传播研究》，湖南师范大学2016年博士学位论文，第42页。

调查，样本数据或与前两种调查中美国读者，尤其是在华海外读者的样本产生重合。根据英译本销售情况，理雅各的英译本最受欢迎，译本占比 39%，销量也最大。由于这一调查渠道单一，范围较小，也仅作参考。

经过上文的分析，可以看出儒家文化尤其是孟子思想在世界范围内的跨文化传播，无论是在程度上还是在广度上都取得了较为明显的成效，然而依然存在一些问题，主要表现在以下几个方面：

（一）传播主体功能实现的不足

1. 政府层面存在的问题

我国《孟子》英译与传播的主要主体力量是哲学、文学以及教育领域的专家和学者，在《孟子》的英译与跨文化传播方面，政府应充分发挥其主体地位与引领作用。在党的十九大报告中，习近平总书记已经提出了新时代文化发展的要求，强调要坚定文化自信，推动社会主义文化繁荣兴盛。其中，中国传统文化的跨文化传播正是文化自信的体现之一，并且在对传统文化的跨文化传播过程中也应加强政府职能部门在文化实践活动中的主导作用。换言之，党的十九大报告中关于文化的论述要求政府在包括跨文化传播在内的文化事业和产业发展中进一步建立健全现代文化产业体系，创新生产经营机制，完善各项经济文化政策培育新型跨文化传播的文化业态，并且给予民间文化组织一定的扶持。

目前我国文化走向世界战略尚处于发展中阶段。根本原因在于我国特殊的文化机制和体制。例如，同属于文化职能机构，却分成了新闻广电出版总署和文化部。另外，以政府为主体组织关于儒家传统文化尤其是《孟子》及孟子思想的跨文化传播项目，目前为止依然数量有限，所涉及领域也大多局限于国内对《孟子》及孟子思想的翻译、研究。据查证，英语世界出版的《孟子》英语全译本、节译本共有十几种（已找到 14 种）。在这众多的英译本中，绝大多数都是学者自发开展的翻译与研究活动，仅有赵甄陶与张文庭、周定之合译的《孟子》是国家"九五"期间重点出版项目，是"大中华文库系列"

丛书之一，是政府作为主体组织的《孟子》英译研究。针对这一现状，可以说政府层面关于《孟子》及孟子思想的跨文化传播学术研究及交流，在数量上有待进一步增加，广度和涉及领域上还有待进一步扩展和深化。

2. 非政府组织及文化企业层面存在的问题

我国承担《孟子》英译与传播的大多是高校学者，尽管他们自身的专业水平和研究能力不容置疑，但传播作为一门独立的学科乃至文化产业，同样也需要具有扎实的传播学知识、掌握有效传播途径的专门人才来操作。比起高校教授，非政府性质的民间文化类组织或社团经过长期的对外文化交流实践，文化传播能力较强。但其存在的问题在于，他们与研究翻译《孟子》的专家学者交流合作不够。非官方的文化组织不仅包括民间文化组织和社团，同样也包括了诸多涉外文化企业。在这种情况下，民间文化组织和涉外文化企业也应努力完善其管理规范、制度体制以及信息的透明化，使其成为具有生命活力、能够起到中国传统文化的跨文化传播作用，并与官方文化组织一起在中国传统文化的对外传播与交流中扮演重要角色。

3. 典籍译介方面存在的问题

典籍是中华文化的一个重要载体，因而在中国传统文化的跨文化传播中，典籍的译介是其中一个重要的环节，在一定程度上直接影响到接受者对中国传统文化尤其是《孟子》文本以及孟子思想的理解与接纳程度。通过对《孟子》文本的译介情况进行考察与调研，总体来看，目前对《孟子》的跨文化传播和阐释的研究成果极为有限，主要有刘单平（2011）、杨颖育（2012）、张娇（2015）、季红琴（2016）三位博士的学位论文，研究领域涵盖：刘单平的博士论文关于《孟子三种译本比较研究》，具体对照孟子十四卷的英译做了全面的对比分析。并对其中的翻译错误进行了指正。采用的译本是理雅各、赖发洛（本书译作兰雅）、刘殿爵三人的译本比较研究，杨颖育的学术专著《英语世界的孟子研究》（2014）主要从译介学、文化翻译学、文学翻译、比较哲学等角度对理雅各、刘殿爵、赵甄陶的译本进行了全面的分析，其中侧重分析了孟子儒家术语如"性善论""仁政""知言养气"以及大量文化负载词的英译进行了分析，还从文学翻译的角度，即辩辞、比喻、风格三方面探讨了孟子的文学翻译，最后还对瑞恰兹、安乐哲、杜维明等西方学者的孟子研究进行了深入的研究。季红琴的博士论文从读者接受的角度对《孟子》英译和传播进行了研究，采用了读者问卷调查和网络销售评价的方式。指出增强译本可读性和实用性是当下《孟子》传播的有效范式。张娇的博士论文《话语基调视角下的孟子英译本研究》，主要从系统功能学语境中的话语基调视角，采用了理雅各和亨顿（本书译作辛顿）两个英译本，主要是在语言学层面和翻译研究方面指出了两个译本在语气、情态和其他评价性资源方面的人际意义体现。

20 世纪以来，我国学者对儒家经典著作的译介已经取得了可喜的成就，对儒家典籍如《孟子》的英译已经在海内外学界有了较为广泛的影响。特别是近 20 年以来，中国学者的汉英对照版《孟子》如雨后春笋般涌现，其中包括 1999 年蔡希勤今译、何祚康英译的《孟子》。尽管如此，国内在对儒家传统文化典籍的译介方面仍然存在诸多问题，目前已有刘单平、杨颖育、季红琴、张娇 4 位博士对孟子在西方世界的传播进行了研究，又有韩振华、包通法、杨颖育、季红琴、刘单平等发表了多篇论文对孟子英译及传播当中有关文化交流、英译历史、重要译本、哲学伦理观点专论等进行了探讨；但总体而言，将《孟子》的跨文化阐释与传播进行系统全面研究得还不够，关注语言层面的转换，关注个别译者、译本的较多，从深度和广度来看，都还不足。这些问题不仅影响到西方学界对《孟子》文本及孟子思想的研究，同时也涉及西方世界对孟子思想的理解与接受，更影响到将孟子思想融入世界思想舞台的进程。

（二）传播内容的文化创新性不足

虽然《孟子》是一部千古佳作，蕴含丰富的哲学、政治、经济思想，但是如果不对其内涵加以深入挖掘和创新，结合当今中国和世界的发展状况和发展理念，就无法与当代社会相适应，其传播效能自然就会大打折扣。目前，在对《孟子》文本及孟子思想的解读与传播中也存在诸多创新性的问题，如缺乏赢得普遍认同、适应不同文化群体、充满现代气息的《孟子》译本或传播内容，时常出现"吃老本"现象。

在对传统文化的传播中，翻译既起到了向不同文化背景下的人们的介绍作用，同时也能够体现出译者在翻译过程中对典籍本身的解读与理解。如果文化创新不足，译介也将会止步不前，无法得到长久且有活力的发展。理雅各的《中国经典》译本自问世以来，迄今被中外汉学家们所推崇，被视为了解和研读中国古代思想的经典之作，后世的诸多《孟子》译者也多有参考理雅各的译本。尊重原文，参考他人译本自然是英译《孟子》过程中必不可少的一步。但是，"从译本正文看，译本的学术性突出体现在译者不迷信权威，敢于提出自己的创新性见解"①。理雅各之后，对《孟子》译本较之前代多有创见的译者当属刘殿爵，杨颖育也指出，从语言上来看，刘殿爵中英文根基扎实，不仅深受国学的浸染，具有深厚的中西语言文学功底，对中国传统儒家学说和古汉语文字学也研究颇深。从专业上来说，刘殿爵在英国专攻西方语言学与哲学研究，学贯中西，儒林深重，是兼具中西比较哲学专业背景的研究型译者。刘殿爵的译本更适合普通大众阅读，语言精练，道理深入浅出，同时，也很容易地被外国读者接受。自刘殿爵之后的多个《孟子》英译本都未能结合社会现实对《孟子》提出创新性的解读。这是在中国传统文化尤其是孟子思想的跨文化传播中值得我们注意的一个问题，只有保持创新性以及将孟子思想融入不断发展着的世界文化现状中去，才能使其保持生命与活力，能够真正做到为我所用、古为今用。

（三）传播载体存在的问题与不足

传播过程离不开传播载体与媒介，同样，在中国传统文化的跨文化传播中，媒介与载体也是影响到传播效果的不容忽视的一个重要因素。我国国内

---

① 刘单平：《〈孟子〉三种英译本比较研究》，山东大学 2011 年博士学位论文，第 229 页。

传播媒体就数量而言已经取得长足的进步。由于政策和经济等的引导，近年来传播媒体行业的发展如同雨后春笋，但它们在发展过程中的传播效能仍然有待提高，传播手段也有待进一步向多元化发展。这里所说的传播手段主要包括两个方面：一是传播媒介的形式还有待进一步多元化。目前，《孟子》的跨文化传播多以书籍形式出现，这些书籍既可以在大型图书馆、实体书店找到，也可以在电商平台上（如亚马逊网站）买到。但是除此之外，其他形式的《孟子》传播基本上是一片空白。二是在传播内容的引导形式上有待进一步突出中国元素与符号，坚持对中国传统文化的弘扬以及自主创新。

三、《孟子》的跨文化传播途径

作为一个传播学概念，"跨文化传播"一词的来龙去脉，在第一节中已经有所提及，这里不再赘述。自 20 世纪 50 年代爱德华·霍尔提出"跨文化传播"一词之后，诸多理论家都对此有所阐述。关于跨文化传播，以前的学术关注其实在"文化"上，在我看来，跨文化传播的核心应突出一个"跨"字。"跨文化传播"概念在中英文上的不同表达更进一步验证了我们的观点，而作为一个传播学概念的"跨文化传播"一词中的"跨"字具有如下意义：

逐本溯源，首先从词源学上对"跨"字加以分析。东汉学者许慎在《说文解字》中，对"跨"的解释是"渡也，从足，夸聲切苦化"①。清代学者段玉裁在《说文解字注》中进一步解释"跨"的含意，即"（跨）渡也。谓大其两股闲以有所越也。因之两股闲谓之跨下。史记淮阴矦传作胯下。夊部曰：跨步也。苦瓦切。从足。夸声。苦化切。按古音在五部。音转入于十七部耳。五经文字云。夊部之释曰。跨步也。跨步当为夸步。夸步者、大步也。大张其两股曰。必云夸步不云大步者、夸双声也。后人改作跨。玉篇云。与跨同。其明证也。又专言两股闲则作胯。字之训则改之曰跨步。皆出

---

① （汉）许慎：《说文解字》注音版，岳麓书社 2007 年版，第 45 页。

后人增窜。此所以张参本与今本参差乖异而皆不必是欤。"① 由此可观，"跨"文化传播，需要你来我往，交流分享互动。

相对于硬实力而言，软实力既不威胁，也不诱导。它的作用是吸引和说服，它来自"一个国家的文化政策、政治理念以及政策的吸引力。"（约瑟夫·奈）因此，软实力不像硬实力，不仅让人们做想让他们做的事情；而且，它使人们喜欢做想让他们做的事情。"当你可以让别人欣赏你的理想和希望，你不需要花大棒和胡萝卜去移动它们使人与你同路"（约瑟夫·奈）。因此掌握软实力的关键是让别人知道你正在为他们做的事情。软实力，换句话说，是"塑造别人喜好的能力"，是"个人和国家之间的共同的价值观和责任感由此派生的地方"。所以，简而言之，软实力是源自价值观和偏好。国家的文化形象，既具体又抽象，最终体现为价值观和思维方式，这种软实力的较量威力也并不亚于政治、经济甚至军事。

首先，近年来，随着国家"文化走出去"战略的实施和孔子学院在海外的建立，外国人对中国以及中国文化的了解有所增加，但这并未从根本上改变我国仍处于文化"逆差"的现实。反过来思考，文化和经济、政治、军事一样是非常重要的一种决定性力量，当今世界不少冲突和危机，其背后的原因就是深刻的文化冲突与不可逾越的文化分歧。"当把中国的哲学和文化置于国际化、语境化的世界文明脉络中时，中国文化就会获得新的定位。"②

其次，有利于我国文化软实力的提升。习近平指出，我们要靠中华文化的强大感召力和吸引力弘扬中国文化，"以德服人、以文化人是其中一个很重要的一个方面"③。这是因为一个积极正面良好的国家形象离不开跨文化传播，国家形象的树立也主要是通过文化为内容进行建构。其中的文化信息蕴含着国家的意识形态以及其倡导的价值观。这其实也是国家软实力的核心所

---

① 　http://www.zdic.net/z/25/sw/8DE8.htm.

② 　[美] 狄百瑞：《儒家的困境》，黄水婴译，北京大学出版社 2009 年版，总序第 1—2 页。

③ 　中共中央文献研究室：《习近平关于社会主义文化建设论述摘编》，中央文献出版社 2017 年版，第 6 页。

在。约瑟夫·奈认为，国家软实力是由各种因素构成，其核心是文化实力，是一种国家文化力量。国家软实力有别于政治或军事力量，它不具有强制性。文化的力量在于对他国产生一种文化上的吸引力和感召力，对他国产生潜移默化的影响。

最后，有助于多元文化的共存。在西方文化意识中，中国并非指地理版图上的现实的政治国家，而是强调通过文化想象而形成的文化空间。在跨文化研究过程中，我们需要分析两种文化的特点，把握住两种文化的差异，做到结合本国实际情况，坚持以我为主、为我所用，积极吸收西方文化中的优秀成果，不断推动本国文化的发展壮大，不断与时俱进，改革创新。儒学作为中国的主流思想体系，在中华文明几千年的历史中历久弥新，不但与道教、佛教共存共生，而且在中国文化思想的演变中共同发展，这是西方人难以想象和理解的，也不是简单地用西方意义的哲学和社会学理论可以简单比附和理解的，这就是中国儒释道合一的哲学思想传统。以上分析可见，《孟子》和儒家典籍的跨文化传播及其过程中的平等交流和对话，不仅能拓展《孟子》英译研究的视野，挖掘孟子思想的当代价值，还能够减少我国长期处于文化"逆差"的窘境，增进中国与其他国家的了解，增强中国的文化软实力和中国文化在世界的影响力，使不同的文化之间达到互识、互阐与互通，成为文化命运共同体，最终达到多元文化共存，和实现文化普世价值共享的目的。在儒家思想的传播中，我们要从中西文化不同的特点出发，独立地研究比较，审慎地吸收和对话，坚持为我所用，注重甄别，善于挖掘，积极吸收国外儒学研究的有益成果，不断创新，善于借鉴和综合中西文化交流碰撞的成果。

文化作为一种最具价值和影响力的软实力，必须通过传播才能体现其价值，才能让人感知，才能塑造积极正面美好的国家文化形象。在此过程中，我们应该多从儒家文化中去寻找资源，汲取营养，找到突破。既然"跨"的意义重大，那么"如何跨"就更成为重中之重。以下将分别从《孟子》跨文化传播的基本原则、战略目标和具体方式这三个方面分别展开论述。

（一）《孟子》跨文化传播的基本原则

在《孟子》的跨文化传播过程中，应在当前取得成就的基础上进一步加强其传播的广度、深度以及持续度，使《孟子》文本和孟子思想在跨文化传播的过程中不断焕发生机与活力，不断向世界更多的文化领域迈进。

1. 广度

在《孟子》跨文化传播的过程中对广度的强调主要含义有二：其一在于阐释角度的多元化，其二在于传播范围的广度。就阐释的广度而言，要求在翻译或解读《孟子》时，要从不同角度、不同层面对《孟子》原文的内涵进行挖掘，如从语言学、文学、生态学、女性批评学等不同视域来解读《孟子》。就传播范围的广度而言，要求《孟子》文本和孟子思想向更广泛的地域、人群进行传播，传播媒介和手段也要进一步扩大。换言之，作为《孟子》跨文化研究者希望看到的状况是，《孟子》不仅仅是专家学者的案头书籍，同时也成为普通民众手中的日常读物；不仅仅同欧美大陆进行传播和文化交流，同时也应积极建立与亚非拉国家与地区的《孟子》文化交流；不仅仅在传统纸媒如书籍杂志上传播《孟子》及孟子文化，同时也应充分利用现代网络平台和多媒体技术进行传播。

2. 深度

如果说阐释角度的多元化以及传播范围与手段的广泛化是属于在《孟子》的跨文化传播过程中需要注意的横向问题，那么对《孟子》文本及孟子思想的纵深挖掘则就成为在《孟子》跨文化传播过程中的纵向问题。对孟子思想的深度挖掘不仅要关注《孟子》文本中直接涉及的政治思想、经济思想、人伦思想等，还要关注其中侧面涉及但较少正面论述的问题，如生态、性别、教育问题等。从根本上来讲，对这些问题的论述最终都可以指向人如何在世界中存在这一问题，因而对孟子思想的纵深挖掘实际上是将孟子及其思想放在世界哲学舞台上进行阐释，承认其在人类发展过程中的重要指导地位。对孟子思想的纵深挖掘不仅能够使儒家文化得以传承，同时还能够为全世界人类的生存与发展提供一种有益的补充。

3. 持续度

一部译著能成为经典，自然有我们值得借鉴的地方，但是世界是在变化发展的，由于历史性的局限，某个时代的经典放在今天不一定也能成为经典。在这种情况下就需要对历史典籍进行当代解读，并且世界时时在变，对传统典籍的解读也应顺应时代变化，在不同的时代背景中对之进行不同角度的阐释。如果不对《孟子》进行反复解读，也许经典就会"死"在它产生的那个年代了。恰恰相反，正是因为两千多年来不断有官方或个人对包括《孟子》在内的儒家经典进行跨时空解读和翻译，才使得儒家经典及思想具有如此顽强的生命力与活力。比如，18 和 19 世纪的《孟子》英译本带有的浓厚的基督教色彩，放在今天，如不进行重新解读，就会影响中国正统儒家文化在海外的传播。只有对《孟子》进行不同角度、不同层面的反复解读，才能不断激活孟子思想中的精髓，使《孟子》获得"新生"。

（二）《孟子》跨文化传播的具体方式／策略

1. 以"知己知彼"为跨文化传播的前提

《孙子兵法》的战争策略中强调"知己知彼，百战百胜"，事实上在跨文化传播中也应做到"知己知彼"。原因在于，跨文化传播的本质是以文化本身作为传播内容，从一种文化社会向另一种文化社会中的传播，因此就要做到不仅了解自身文化的特征，还要针对对方文化的特征来制定传播的策略、方式和内容。这种对不同文化的"知己知彼"，对使文化成为一种"软实力"起着不容小觑的作用。

我们必须警惕中西文化交流中由于语言差异导致的一直存在的不平等现象，由于思维方式的差异，以及语言表达的差异，更因过去中国经济落后带来的不利影响，导致西方学者在传播和研究中国文化时，始终带着一种文化强国的姿态俯视中国文化。不少有中国特殊地域性和文化独特性的观念在翻译和传播中被误读，并因归化而陷于无形、无声。

2. 以"平等、多元"为原则的对话与交流

文化全球化在事实上所呈现的趋势也在逐渐向多元化、平等共生发展。随着文化的交流和碰撞，人类在未来将会处在一个包容各种文化的世界。在跨文化传播中也应以平等交流、各文化多元共存作为互利互惠的前提，使世界文化共同繁荣，促进世界和平。

在以《孟子》文本和孟子思想作为跨文化传播内容的活动中，首先要明确的是《孟子》跨文化传播的实施主体。我国实施文化走向世界战略，尤其是包括孟子思想在内的儒家思想的跨文化传播，是一个综合性的系统工程，涉及各类社会主体。但综合来讲，《孟子》译介与传播研究是一个非常严肃的课题，是中国传统文化的核心与精髓，若采用所谓的"企业主体"形式，会让中国的儒家文化遭受过度商业化的危险。因此，《孟子》的跨文化传播必须坚持政府主导、文化界和学界知识分子挑大梁、非政府组织和文化企业共同参与的实施主体构架，形成合理的联动机制和合作关系。

由于在《孟子》文本以及孟子思想的跨文化传播过程中，主体参与不仅包括个人力量还包括集体力量，不仅存在官方活动还包括民间组织，加上组织方式以及传播对象越来越广泛的趋势，我们针对不同主体、传播对象及方式提出不同的策略。

政府在《孟子》跨文化传播中发挥着主导作用。原因在于，政府主导的文化传播，一般具有强大的文化影响力即体现"规模效应"。基于此，政府应加强对孟子全球文化推广的资金和政策扶持，加强各个实施主体之间的规划统筹。具体而言，政府部门能够从建立人才培养机制方面发挥跨文化传播的主导作用。

进行《孟子》文本及孟子思想跨文化传播的主体是人，尤其是从事文化传播与跨文化译介的专家学者，因而对相关方面人才的培养就成为跨文化传播的基础工作之一。"这是因为长期以来，历史上典籍翻译的译者大多是传教士之类的身份，具有母语者先天的语言优势，往往关注的是语言的转换，但在理解、阐释、表达中国典籍博大精深的思想性、哲理性以及中国文化的

特殊性方面难免顾此失彼，误读误解时有发生。"在这方面，政府应组织哲学、史学或文学以及其他相关领域研究的专业人士与学者参与《孟子》翻译，特别是像刘殿爵那样深受国学浸染、具有深厚中西语言文学功底的汉学家。同时，还应抓紧培养复合型人才，扩大文化产业与孟学家之间的交流合作。

成立翻译工作坊，通过翻译与研究结合，有计划有组织地通过团队合作的方式确保翻译的质量和效率。"未来儒家思想对西方的翻译中，不仅要解决翻译文本的问题，重要的是不能仅仅停留在语言层面上，而要集中在儒学的阐释研究上，上升到文化哲学以及人类思想遗产的传播和传承高度，使其能为文化哲学界所重视。在学习总结过去三百多年来国内外译者翻译儒家典籍经验的基础上，将《论语》《孟子》《大学》《中庸》等儒学主要著作进行全面系统的翻译，尤其对儒学思想的研究和阐释。"[1]现在的中华传统文化外译项目就是很好的尝试。

尽管在本章第三节中已经指出非官方民间组织在中华传统文化的跨文化传播过程中存在诸多问题，但其体现出的灵活性与专业性也不容小觑。基于以上考量，我们实现《孟子》跨文化传播的形式主要有：一是面向海外打造与《孟子》有关的文化商品，二是为海外市场提供相关的文化服务。各级各类文化管理部门和企业可以通过打造特色文化产品传播经典元素、传递中国声音。

总体而言，可以说非官方形态的民间组织亦在传统文化的跨文化传播中对官方形态的跨文化活动起到补充和强化的作用，成为我国提升文化软实力的一个重要组成部分。而对于儒家经典文本的《孟子》的跨文化传播，文化的传播机制与文化本身的影响关系非常密切，产业化的传播机制有利于提升文化本身的影响力。典籍的翻译与传播离不开跨学科、跨行业的共同努力。主要的学科人才应该包括：精通英汉双语的学者、西方的汉学家、史学家、

---

[1] 胡治洪：《全球语境中的儒家论说：杜维明新儒学思想研究》，三联书店 2004 年版，第5页。

哲学家等，同时中文出版社、各种媒体、孔子学院等都可以助力典籍的跨文化阐释与传播。

3.尊重差异、支持创新、与时俱进，实现"文化共荣"

在以《孟子》文本及孟子思想为内容的跨文化传播过程中，我国作为这一传播活动中的主体，不仅应当积极发挥主观能动性，探索更多进行跨文化传播的渠道与方式，同时还应注重对异质文化的尊重、加强跨文化传播过程中的创新，随着时代背景的发展而与时俱进，最终实现世界的诸多文化的共同繁荣。在此基础上，我们也可以将支持创新、与时俱进，把实现"文化共荣"看作中国传统文化跨文化传播的几个重要步骤。

在创新方面，主要是从更多角度挖掘出《孟子》文本及孟子思想中的当代价值。《孟子》跨文化传播是一个综合性的传播工程。 与西方逻辑严明的言说方式不同，中国思想的言说方式决定了儒家核心哲学概念具有多义模糊的特征，使得不同时代不同学派的学者根据自己的文化积累以及当时的时代背景和社会需要可以有不同的解释。译者在翻译中国典籍时如果只是简单运用西方的概念反向格义就必然会出现中国传统文化的缺失以及英文读者在阅读时下意识运用西方文化去理解所造成的一些概念增生现象。

在与时俱进方面，我们也应当注意到对《孟子》及孟子思想的理解在不同的时代背景之下会产生不同的效果，在封建社会中、在当代，在以社会主义建设为目标的中国、在以基督教为社会普遍信仰的西方，对《孟子》的理解和解读都有所不同。因而，理解《孟子》应该始终与时俱进，将其放在历史中、社会背景中去理解和解读。更何况，由于历史原因，被奉为不朽译作且对后世《孟子》翻译与研究具有重要影响的理雅各译本带有浓重的基督教色彩。儒家思想强调的是道德修养、社会的秩序、人与自然的和谐。儒家的哲学是入世的实用哲学，儒家思想虽然有宗教成分，但完全不同于西方那种二元对立的抽象思辨哲学。因此，严格地说并不是宗教。孔子的宗教观虽然有敬天、畏天的成分，但与基督教的原罪、救赎和来世的基本教义有本质区别。儒家思想中没有西方基督教中主宰万事万物的人格神的概念。在传播中还应树立正确的认识论和方法论。

正是在坚持创新以及与时俱进的基础上，才能实现多文化交流与传播中的"文化共荣"。事实上存在一个跨文化传播的环节，能够同时体现出尊重差异、坚持创新以及与时俱进，那就是对传统文化典籍的译介。就坚持创新而言，在译介过程中体现为对译介在跨文化传播过程中的作用的不断探索。

4. 以体验式为实现方式

所谓"体验"，实际上是指通过多种现代媒体手段将中国传统文化呈现出来，使接受者能够在切身体验的过程中感受到中国传统文化的亲和力、感染力和感召力，并让他们能够在切身体验和实践中接纳包括《孟子》在内的中国传统文化。因此我们需要认识到，必须转变观念，充分利用现有技术，采用更加喜闻乐见的方式体验中国文化。

结　论

　　明清以降，西方传教士罗明坚等人陆续将包括《孟子》在内的儒家典籍引入西方。然而，当今世界各地的学者，迫切需要把儒家经典作为文明思想的一个"活"资源来对待。即："作为世界性哲学的儒家"（南乐山语）。在中国传统文化域外研究的过程中，应坚持"文献整理"与"文献研究"同步进行，综合应用对比语言学、比较哲学、比较文学等学科的研究成果与方法，以实现传统学术的当代突破。孟学的跨文化研究要通过跨学科的合作，才能全面客观地优化研究范式，组合研究人员，得出令人满意的成果，通过挖掘中华传统文化在时空的跨文化旅行中的异文化因子，以比较研究的中国气象，实现中国文化的伟大复兴。

　　通过对《孟子》的成书及其历代译本注本的梳理，我们勾勒出四个主要注本在英语世界的影响，其中东汉末年赵岐《孟子章句》是发端，南宋朱熹《孟子集注》实现了理学的超越，清代戴震的《孟子字义疏证》则被称为正人心的哲学著作，清乾嘉学者焦循《孟子正义》体现了义理与考据的结合，代表了清中后期儒学研究的又一高峰。我们是第一次对最具代表性的 12 个《孟子》英译本做详细的底本分析。译本的底本主要可以分为三类，即注本、他人译本与其他古代典籍。在这三类底本中，又以注本为底本的人数较多，尤以朱熹《孟子集注》为译本底本的译者最多，共计 7 人，其次是赵岐的《孟子章句》、焦循的《孟子正义》以及戴震的《孟子字义疏证》，分别有 5 人、

3 人和 1 人；值得一提的是，有 3 位译者（W.A.C.H. Bobson，David Collie，James Legge）同时参考了焦循、朱熹以及赵岐的《孟子》注本，有 1 位译者（Irene Bloom）同时参考了朱熹与赵岐的注本，另有 1 位译者（赵甄陶）参考了杨伯峻的《孟子译注》，此译本是以朱熹的集注和焦循的正义为主要依据，因此可以说赵甄陶英译本参考了朱熹和焦循的注本。除此以外，还有 2 位译者（Leonard A. Lyall，Lionel Giles）是以他人译本为底本。

从译本的时间上来看，赵岐的《孟子章句》成书于东汉，距今最远，戴震的《孟子字义疏证》和焦循的《孟子正义》都成书于清代，距今时间更近，然而，南宋朱熹《孟子集注》为译本底本的西方译者却为最多。原因大致如下：首先，从《孟子集注》本身的特点来说，在注释体例上朱熹采用了古籍整理体式中的集解体。内容全面丰富，包括了对历史知识、古代制度等的详细介绍。释义通俗明白，用最简洁的语言阐释了各章的重点和难点。思想上，朱熹注重义理的阐发，兼重词义的解释。这些特点，特别是通俗明白的表达和词义的解释有助于西方译者加深对《孟子》的理解。其次，从作者及其影响力来说，宋代是中国思想文化发展的一个高峰时期。朱熹作为"程朱学派"代表人物，理学造诣颇深，对后世中国哲学思想影响力很大。也是儒学集大成者，其功绩为后世所称道，其思想被尊奉为官学，而其本身则与孔子圣人并提，称为"朱子"。可见，朱熹本人以及他的思想对中国儒学传统的影响之深远，《孟子集注》是朱熹极具代表性的著作。相比而言，其他三位作者的知名度及影响力较小。戴震的《孟子字义疏证》更是饱受争议。从这个角度而言，西方译者在选取注本时也会选取影响更大更具代表性的注本。再次，从时代背景来说，宋朝具有较高的开放性，使得《孟子集注》在西方世界的接受度更高和传播面更广。关于译本研究，尤其是以严肃著称的学术研究，我们并不赞同完全以他人译本为参考依据，所谓"一百个读者，有一百个哈姆雷特"，作为一部哲学思想巨著的《孟子》更是如此，不同的译者对其的理解和阐释都有所不同，如果参考他人译本，译文与《孟子》原文出现更大的偏差的可能性增加。为避免"一家之言"或"多家之论"，最好的方式是以某家注本为主，但又不拘泥于其注释特点，同时综合参考他人注本，19世纪著名英国汉学家理雅各译本便以赵岐注本为主要参考依据，同时结合焦循和朱熹的译注。最后，底本选择研究对于深入研究孟子意义重大，非常值得更多的关注和探讨。从国内的注本来看，"依经立义"是中国传统学术生成的奥秘。从中国文化的传承来看，无数的学者把自己的见解融入对古籍的阐发，来生成新的理解和意义。例如，朱熹的《孟子集注》是阐释新儒家思想的经典作品，他对赵岐的《孟子章句》吸收较多，他所引书目品种繁多有《诗经》《史记》《庄子》《尔雅》等。通过这样的方式，文本与文本交互，就产生了诠释的互文性关系。传统文化就可以得以传承和创新。国外的多种译本，仅从英语世界来看，自柯大卫1828年最早出版的《孟子》英译本后，西方无数的学者对《孟子》进行复译。译者要不断适应和选择文本的交替循环，他们使用不同的语言，受时间和年代背景的影响，对文本的理解也就带有各自不同的特色。译者对意义的阐释也具有不同的语言风格和特点。同时，不同的译本面对不同的读者和受众群体，受到不同的意识形态影响，以及中国文化在世界的影响力等原因，人们对中国文化的重视度也在不断增加。通过对《孟子》各种译本的分析，我们发现《孟子》在西方世界的传播既有理雅各的英译版《孟子》，也有卫礼贤的德文版《孟子》，还有顾赛芬的法文版《孟子》，多种语言之间的译本各有不同，也深受其语言特点的影响，多语种译本研究在当下仍然是一种较新的视野，值得进一步深入探讨。我们正值中国文化伟大复兴的时代，文化传播的重要性不言而喻。如果回归原点，弘扬传统文化，我们遵循的原则应该是研究问题的世界性，通过不断批判性地汲取域外学者的研究成果，推动中国传统学术创新与转型。努力建立一种呼应时代主题的中国视角模式。在对《孟子》的研究过程中，注本和原文，原文和译文，复译和译本以及原文之间存在着多种对话机制。这样的多重对话之间能够构建出意义场，产生出新的意义，获得意义的不断发展。这有助于文化自信的提升以及传统文化在国外的传播。

　　自19世纪以来，西方世界陆续出现了很多研究儒家思想以及《孟子》

学说的学者，如狄百瑞、华霭仁、倪德卫、安乐哲等人。他们都对儒家思想的研究颇有建树，对儒学特别是《孟子》都有独到见解。通过集中对狄百瑞、列文森、倪德卫、卜爱莲、贝淡宁和李耶理 6 位学者的儒学（也包括及《孟子》的研究）——评述，我们聆听了来自文明的回响：狄百瑞对儒学的研究中对孟子的内容鲜有涉及，但仍有两点重要启示：第一，狄百瑞研究儒学及新儒学；第二，孟子是儒学的代表人物。在理解这两点的基础上，我们不难发现，狄百瑞的研究不可避免地与孟子的观点产生必要联系，无论是正确的解读，还是个别偏差，都形成了极为有趣的视角。在关于"君父"的观点上，狄百瑞的理解都与《孟子》本意有差距；在对"礼"的理解上，又恰好与《孟子》相一致。然而中国文化兼收并蓄的包容特质，能最大化地兼容异文化的优秀因子，最终形成和合的中华文明传统。在儒教研究的过程中，列文森大胆创新地将问题意识运用到史学研究中。指出儒学中研究问题具有世界的普遍性价值，儒学研究就具有了世界意义。倪德卫讨论了关于孟子的动机和道德行为。他认为"儒家哲学是在漫长的时间里发展的一连串的问题和主题，因为一些儒家思想家比另一些更为强调一些关键概念，并且吸收外来的影响"。在《儒家之道：中国哲学之探讨》中，倪德卫阐明了他对中国哲学的思考，其中他对《孟子》道德观的探讨引人深思，对《孟子》在西方的翻译也具有独到的见解，这对于我们研究《孟子》在西方世界的传播具有重要的意义，也为后人探讨儒家思想和中国哲学提供了新的思路和参考。这本书被陈光连、董群认为是"一块叩击道德心灵的金石"，具有非常重大的意义和学术价值。贝淡宁对中国社会政治模式的理解是以人为中心的家庭伦理观。他认为儒家传统中的精英统治与民主政治并无矛盾。孟子思想中的"人性善"是人道化政治的体现。儒家的"士"就是精英阶层的代表，代表着知识和能力的重要性。这其实也可以联系到前文讨论的"贤能政治"。李耶理将美德划分为两大类：倾向性或动机上的美德（virtues of inclination or motivation）和保护性或抵御性的美德（preservative or neutralizing virtues）。对于这种分类，玛莎·努斯鲍姆（Martha C. Nussbaum）认为这两种类型的优点是任何美德都可以归入其中的。李耶理在哲学历史范畴内，采用对比或者想象类推法，选择了孟子和阿奎那的美德论进行探讨。对于这部分的探讨，李耶理描述得非常具体而细致。孟子和阿奎那都对美德有较多的阐释。对美德的讨论，能帮助我们更深刻地理解他们的思想，他们关于美德的假象和美德扩充的思想之间，对于实践理性、情感和意向的特性及其相互作用的论述之中都出现了相似之处。李耶理不仅专注于分析孟子和阿奎那的美德，还认为应对文化多样性的现代挑战，就要求新的美德和旧品德的结合。他关注美德，因为它们与"生活方式"相连接，一方面是特定文化的精神，另一方面是普遍的禁令，勇敢也应该归属于美德的范畴之内，虽然李耶理提出了勇敢和美德的区别性标志，但他更倾向于对勇敢本身概念的阐释，而对区别的阐释并不十分清晰。李耶理从《孟子》中提出勇敢的观点，其理解与孟子本人想要表达的观点是否相符，有待考证。关于宗教性的问题，李耶理把孟子的儒学规定为"定位型（locative）"，而阿奎那是"开放型（open）"的宗教。罗哲海在为《孟子与阿奎那》写的一篇书评中质疑了这一观点。韩振华认为，孟子在《孟子·告子上》第16节将神圣性的"天爵"（根本的道德规范）与社会等级秩序中的"人爵"区别开来，因此离普遍性伦理更近，离强调得体合宜、将德行与角色关联起来的"定位型视角"更远。由此看来，对于孟子的宗教性定位是有争议的。确立孟子思想的宗教性成分十分困难。因此，我们对李耶理关于孟子的宗教性研究还可继续深入。卜爱莲旗帜鲜明地指出应当从生物学的角度来理解孟子之"性"，而这种意义的"性"与西方哲学的 Human nature 是较为吻合的。用她的话说就是："孟子的观点基本上是生物学的。"孟子的"人性"到底是普遍的还是特殊的？成为了安乐哲与卜爱莲争论的一大焦点：安乐哲从特殊性的角度解读孟子的"人性"，卜爱莲则从普遍性的角度解读孟子的"人性"。在这场争论中又不断地汇集了更多的学者，并且有了更加深入系统的论证。争论的问题也不仅仅涉及孟子"性"的问题，还有诸如"性"是固有的形态还是能动的过程等，但争论都始终围绕着一个中心，即孟子"性"的概念究竟是生物学意义还是文化学意义的。从《孟子》

的上下文语境可以推知，其"性"实际上有广狭义之分，狭义上是指"人性"的特殊性，广义上则指"人性"的普遍性和共同性，安乐哲认为"人性"不仅是个自然范畴更是文化的范畴，他着力于凸显中西文化中人性概念的不同，强调"人性"的中国解读；卜爱莲侧重于中西文化中人性概念的相同之处，强调"人性"的普遍意义。换言之，她认为我们应该从生物学和遗传学角度理解孟子的"人性"。其实无论从哪个角度研究孟子之"人性"都不应该忽略孟子所处时代的大环境，孟子"性本善"的观点足以说明，后天的修养和成长对"性"的塑造至关重要，没有经过社会"塑造"的人还不是真正的"人"，更不具备"人性"，因此，"人"加上具有文化修养的"性"的概念，才可称为真正的"人"，也即"性"是对人与人之间进行质的区分的重要范畴。对"性"的认识能够加深我们对"人"的培养的认识。此外，还要以发展的观点来看待人性，将"人"放在社会背景之下，不仅要认识"人性"的特殊性，也要认识到"人性"的普遍性。由此，从域外学者的儒学及《孟子》研究可以看出，加强中外文化之间的交流，不断促进传统文化与当代现实的互动意义重大。孟子的魅力在于：他能从多角度出发，将儒家思想、人性道德伦理通过生动日常的比喻和气势磅礴的修辞，将性善的四端和仁政思想构建完善，《孟子》作为中国文化史上的哲学经典和文学瑰宝，研究域外学者对其著作的阐发对于获得儒家学说的当代价值具有重要意义，对于研究我国古代社会思想继承和发展的一般性规律也具有重要意义。随着《孟子》文本在跨文化中旅行，各国学者将它介绍给世界各国读者。因此，传承中国博大精深的文化不但有助于中国软实力的提高，也为西方国家了解中国儒家文化提供了交流平台。国内《孟子》研究与西方世界《孟子》研究在材料取舍、术语解读、价值取向等问题意识上所呈现出来的异同也具有与时俱进的学术价值，但学界对此的基础研究不多，从译本的细读中可以实现他文明中的《孟子》阐释的互识、互证、互补。通过描述、分析、挖掘并最终利用西方学者在《孟子》研究上所表现的不同视角和方法，可以为目前国内《孟子》研究提供参照和回应。

　　孟子一生在中国思想史上的开拓性集中在以"性善论"为基础的伦理思想体系。通过英语世界学者对《孟子》的思想的专题研究（主要包括伦理、人性、政治、其他四个方面），还原孟子思想在西方的阐释与回响。孟子的伦理思想萌芽是中华民族道德思想的根基，不论是"心"论、"性善"、"仁政"，还是"良知"都对中国伦理思想史，特别是宋明理学的发展起到关键作用。简而言之，对道德来说，人性是其本质，也是其归宿。事实上，我们也可以发现，孟子伦理学思想中的人性论亦蕴含了诸多关于道德与美德的内容。《孟子》人性思想也是最早伦理思想的萌芽，《孟子》学是儒家思想对孔子思想的发扬，宋以后更升格为主流学术。由是，历代注本、传教士译本、汉学家译本和专论等《孟子》学文献便成为我们研究《孟子》跨文化传播的真实语料，对域外学者的《孟子》研究、跨文化视域下的《孟子》阐释与传播、近年来新儒家对《孟子》的解读、阐释、研究等，形成中西哲学思想的交流和碰撞，为更好地认识自我和他者提供镜像参考，为中华文明的交流和传播开辟新径。如果将孟子伦理思想中的道德美德与苏格兰感伤主义理论家弗朗西斯·哈奇森的道德理论相比，可以看出一些共性。他们不仅都将"仁爱"作为最重要而基本的美德，同时还认为人性在根本上都是善良的，因而道德建立在人的这种与生俱来的"善"的情感之上，并且是一种开发这种"善"的情感的正确方式。贝淡宁（Daniel A. Bel）吸收了较多儒家精英治国的思想，提出了具有中国"儒家特色"的民主思想——儒家代议制民主制。该制度的最大特点是高层官员不是选举出来的，而是由德才兼备的精英组成。如提倡各个学派的道德修养，培养人性和美德（而非基本人权和权利）。孟子的"义利"之辨、"王道霸道"之争，是历代君子现实政治的价值规范。《孟子》"浩然之气"的"人格理想"是君子的最高道德追求。东汉以来，历代注家和学者对《孟子》文本及其核心思想不断的诠释，既重视训诂经典，又推陈出新做哲理新解，有助于《孟子》为代表的儒家经典思想和道德价值的传承和发扬，西方世界近年来对孟学的解读和阐释，也有不少的新解和增值，可资借鉴。

　　《孟子》的跨学科研究，首先，从"君子""心"的释义说起，"君子"一词在英语世界的对应词并不唯一，经常被翻译为 Gentleman、Ruler 或 a man of virtue 三种，分别对应了《孟子》中"君子"一词的三层内涵。在翻译时，需要采取不同的翻译策略，再现"君子"的语义和文化价值。典籍翻译与研究是西方汉学传统的研究重点，孟子的跨文化传播是世界各国了解中国社会、历史和文化的重要资源。孟子英译是在中外交锋冲突中产生和发展的，是中外交流和对话的产物，是中外文明关系史的一个线索，体现了中国文明如何与其他文明对话和融合的时代课题。孟子的跨文化阐释与传播研究是文明对话的产物、是多元化和开放性重构自身文化产物。不跳出"西方中心主义"，就无法全面了解中国文化，也就不可能全面理解世界文明和人类经验。甲骨文中已有"心"字的记载，如果从词源上对"心"这一词进行逐本溯源，"心"在中国语境中，不仅仅指"心脏"这一生理器官，更重要的是中国古代哲学对"心"的认识早已上升到思维和精神的层面。在孟子心学中，作为一个核心概念，"心"实际上是人们认识世界，表达情感的重要工具。另外，在长达五千年的中华文明史中，女性的地位在儒家文化中应该做何等认识，也是我们讨论的话题。其实在《孟子》中并没有直接关于"女性"的思辨，"女性主义"是西方文艺批评中的重要视角。我们这里讨论女性主义视域下的《孟子》，是站在西方女性主义的角度，从孟子关于人伦关系、君子与政府、灵肉观、"仁"的理解，解读《孟子》中的女性及女性地位。最后，孟子思想中的自然观，孟子思想中人与自然的关系，孟子思想中的天人合一等思想体现了西方自然观与孟子自然观的呼应。例如，通过卢梭与孟子来看道与自然的辩证关系、孟子对道德与自然关系的解释，等等。《孟子》作为古老的中国儒家典籍，储存了最为原始的中华民族文化基因，既纯粹又真实，既简约又丰富。对《孟子》跨文化的阐释与传播旨在激发经典传统文化的思想活力，为本土研究带来新思路新力量，了解西方、批判西方、吸取西方的过程中，把中国文化融入世界对话平台的过程。促进西方了解中国文化与中国思想的世界性来为人类未来命运共同体提供解决共同危机的中国方案。我们只有走出翻译的藩篱，通过跨文化的相互了解和对话来挖掘人类古老的智慧遗产，为人类今天面临的问题和危机寻找资源和答案。这样的研究成果对世界范围的文化交流和融合具有现实意义，既是一个开放的过程也是人类文明成果不断增值的过程。不但为人类发展提供普遍提示，也能消解西方中心主义，为恢复中国哲学的独立地位创造有利条件。

跨文化传播离不开语言和符号，跨文化传播具有目的性和互动性。例如，理雅各、刘殿爵、赵甄陶对于《孟子》的翻译早已成为经典，不仅可以成为我们今天研究《孟子》的重要文献参考，也能反映《孟子》在跨文化、跨时代、跨文明的交流中激荡而生的不同价值观与学术思潮，便于全面勾勒儒家文化经典思想发展的历史脉络和学科谱系。辑录大卫·科利以来英语世界的《孟子》学资料意义重大，进入 21 世纪以来，又有各类《孟子》研究文献发表于英语世界，这些资料大多可与中国传统学者《孟子》研究相互参证，搭建中西哲学对话、价值互增的平台。华夏文明曾经辉煌一时，从明朝开始，《孟子》已走出国门，影响近至东亚，远达欧洲、北美。人类几千年的文明对人性和伦理的思考可谓汗牛充栋，但域外学者对儒家典籍的研究却因为语言的原因以及研究范式的转换受到普遍的忽略。人类已经意识到跨文化的交流在学术研究和人文交流中扮演着重要的角色，人文社科的转向已经刻不容缓。对孟子的跨文化阐释和研究跨越了哲学、文学、译介学等学科。然而普通读者的缺失、儒家典籍阐释与传承方式的单一，阻碍了包括孟子在内儒家思想的发展。事实上，儒家传统思想不仅体现在社会生活各个方面，而且还来自日常生活实践经验的"活的"思想资源和财富。《孟子》不仅仅是一种精英思想主流思想的代表。然而传播主体功能实现的不足、传播内容的文化创新性不足、传播载体存在的问题与不足，影响了《孟子》的跨文化阐释与传播。经济全球化冲击并影响着各国文化发展与传承以及文化的话语权和影响力。国家的发展与强大不仅仅依靠经济实力，文化软实力也起到举足轻重的作用。软实力影响着人们的精神世界和行为方式。典籍翻译作为文化和文明的最佳载体之一，其译本的选择，翻译过程中各种翻译策略的应用、源语国、目的语国文化对译作的操控与改写、译本在他国旅行中发生的文化过滤、文化接受及变异等命题具有重要的研究价值，不论是考察《孟子》作为中国文化史上的哲学经典和文学瑰宝，在西方世界的流变和影响，还是以其旅行的轨迹反观自身传统文化的价值以及反思典籍英译的得与失，都具有重要的现实意义和学术价值，不但有助于中国软实力的提高，也为国内孟子研究提供了多元化交流平台。《孟子》是儒家学说的重要经典著作代表，在宋代升格为"经"学，贯穿整个封建社会奉为大道之学，是系统阐释和建构儒家思想的基础。《孟子》对孔子的思想发扬光大，是儒家思想与政治伦理鲜活具体的历史记录。

总之，中国传统儒家思想要发展，就不能不随着时代的要求做出新的应对。跨学科的开阔视野、关怀现实的品格，都有助于儒家文化的传承和创新走出自己的传播和发展之路。对于西方世界那种过分的外部研究，我们认为是不足取的。对于《孟子》的跨文化阐释与传播，我们的基本原则是：历史优先、对话原则，通过建立古今中西对话、学科对话、平等对话，来实现《孟子》跨文化研究的客观可靠性以及可持续性，中西方学者的不断对话与交流将成为孟子精神家园的守望者。

参考文献

一、英文资料

（一）英语国家《孟子》英译本（全译本、节译本）

1. Bloom, Irene, *Mencius*, edited and with an inrodution by Fhilip J. Ivanhoe.New York：Columbia University Press, 2011.

2. Bloom, Irene, *Mencius*, New York：Columbia University Press, 2011.

3. Ch'u Chai, *The Sacred Books of Confucius and Other Confucian Classics,* Ed. Trans. Ch'u Chai , Winberg Chai, New York：Bantam Books, Inc., 1965.

4. Collie, David, *Si Shu. The Chinese Classical Work Commonly Called the Four Books*, Gainesville：Scholars's Facsimiles & Reprints, 1828.

5. Dobson, W.A.C.H., *Mencius*: *A New Translation Arranged and Annotated for the General Reader*, Toronto：University of Toronto Press, 1963.

6. Giles, Lionel, *The Books of Mencius*（*abridged*）, London：J. Murray, 1942.

7. Hinton, David, *Mencius,* Berkeley：Counterpoint, 1998.

8. Lau. D. C., *Mencius*, London：Penguin Group, 1970.

9. Legge, James, *The Works of Mencius*, New York：Dover Publications, Inc, 1970.

10. Lyall, Leonard A., *Mencius*, Preface, London：Longmans, 1932.

11. Van Norden, Bryan W., *Mengzi: With Selections from Traditional Commentaries,* Indianapolis：Hackett Publishing. Company, Inc., 2008.

12. Wagner, Donald B., *A Mencius Reader: for Beginning and Advanced Students of Classical Chinese,* Copenhagen：Nordic Institute of Asian Studies Press, 2004.

13. Ware, James R., *The Sayings of Mencius*, New York：The New American Library of World, Literature,Inc., 1960.

（二）关于《孟子》的英文著作及期刊

1. Allan, George, Mencius and Aquinas：Theories of Virtue and Conceptions of Courage, *Philosophy East and West*, Vol.44, No.1, 1994.

2. Allen, Tucker John, Two Mencius Political Notions in Tokugawa Japan, *Philosophy East and West,* Vol. 47, No. 2, 1997.

3. Ames, Roger T., The Mencian Conception of Ren Xing, *Philosophy East and West*, Vol.44, 1994.

4. Angle, Stephen C., Translating（and Interpreting）The Mengzi：Virtue, Obligation, and Discretion, *Journal of Chinese Philosophy,* Vol. 37, No. 4, 2010.

5. Arjo, Dennis, Ren Xing and What It Is to Be Truly Human, *Journal of Chinese Philosophy,* Vol. 38, No. 3, 2011.

6. Bai Tongdong, A Mencian Version of Limited Democracy, *Res Publica,* Vol. 14, 2008.

7. Bai Tongdong, The Price of Serving Meat—On Confucius's and Mencius's Views of Human and Animal Right, *Asian Philosophy*, Vol. 19, No. 1, 2009.

8. Behuniak, James, Jr., Disposition and Aspiration in the Mencius and Zhuangzi, *Journal of Chinese Philosophy,* Vol. 29, No. 1, 2002.

9. Behuniak, James, Jr., Naturalizing Mencius, *Philosophy East & West*, Vol. 61, No. 3, 2011.

10. Bell, Daniel A., War, Peace, and China's Soft Power A Confucian Approach, *Diogenes,* Vol. 221, 2009.

11. Benjamin, Schwartz, *In Search of Wealth and Power: Yen Fu and the West,* Cam-

bridge：Harvard University Press, 1964.

12. Berger, Douglas L., Relational and Intrinsic Moral Roots：A Brief Contrast of Confucian and Hindu Concepts of Duty, *Dao*, Vol. 7, 2008.

13. Berkson, Mark A., Conceptions of Self/No-self and Modes of Connection—Comparative Soteriological Structures in Classical Chinese Thought, *Journal of Religious Ethics*, Vol. 33, No. 2, 2005.

14. Berthoff, Ann E., From Mencius on the Mind to Cloeridge on Imagination, *Rhetoric Society Quarterly*, Vol. 18, No. 2, 1988.

15. Berthrong, John H., The Hard Saying：The Confucian Case of Xiao in Kongzi and Mengzi, *Dao*, Vol. 7, 2008.

16. Birdwhistell, Joanne D., *Mencius and Masculinities Dynamics of Power, Morality and Maternal Thinking,* Albany：State University of New York Press, 2007.

17. Blake, Susan, Mengzi and Its Philosophical Commitments Comments On Van Norden's Mengzi, *Journal of Chinese Philosophy,* Vol. 37, No. 4, 2010.

18. Bloom, Irene, Human Nature and Biological Nature in Mencius, *Philosophy East & West*, Vol. 47, 1997.

19. Brook, Timothy, Weber, Mencius, and the History of Chinese Capitalism, *Asian Perspective*, Vol. 19, No. 1, 1995.

20. Chan, Shirley, Human Nature and Moral Cultivation in the Guodian Text of the Xing Zi Ming Chu, *Dao* Vol. 8, 2009.

21. Chan, Sin Yee, Gender and Relationship Roles in the Analects and the Mencius, *Asian Philosophy*, Vol. 10, No. 2, 2000.

22. Chandler, Marthe, Meno and Mencius：Two Philosophical Dreams, *Philosophy East & West*, Vol. 53, No. 3, 2003.

23. Chaturvedi, Amit, Mencius and Dewey on Moral Perception, Deliberation, *Dao,* Vol. 11, 2012.

24. Chen Lai, The Basic Character of the Virtue Theory of Mencius' Philosophy and Its

Significance in Classical Confucianism, *Front. Philos. China*, Vol. 8, 2013.

25. Chin—Hsieh, Lu, The Chinese Way of Goodness, *Education as Cultivation in Chinese Culture*, Vol. 26, 2015.

26. Chong, Kim—Chong, Behuniak Jr., James Mencius on Becoming Human, *Dao,* Vol. 8, 2009.

27. Chong, Kim—Chong, "Xunzi's Systematic Critique of Mencius", *Philosophy East & West*, Vol. 53, No. 2, 2003.

28. Chun, Shan, *Major Aspects of Chinese Religion and Philosophy: Dao of Inner Saint and Outer King*, Springer London, Limited, 2012.

29. Chung—ying, Cheng, Xunzi as a Systematic Philosopher Toward Organic Unity of Nature, Mind, and Reason, *Journal of Chinese Philosophy*, Vol. 35, No. 1.

30. Cua, A. S, Xin and Moral Failure : Reflections on Mencius' Moral Psychology, *Dao: A Journal of Comparative Philosophy*, Vol. I, No. 1, 2001.

31. Curze, Howard J., An Aristotelian Doctrine of the Mean in the Mencius, *Dao,* Vol. 11, 2012.

32. Dubs, Homer H., Mencius and Sün—dz on Human Nature, *Philosophy East & West*, Vol. 6, No. 3, 1956.

33. Eva Kit Wah Man, Contemporary Feminist Body Theories and Mencius's Ideas of Body and Mind, *Journal of Chinese Philosophy,* Vol. 27, No. 2, 2000.

34. Flueckiger, Peter, Human Nature and the Way in the Philosophy of Dazai Shundai, *Dao Companion to Japanese Confucian Philosophy,* Vol. 5, 2014.

35. Froese, Katrin, Organic Virtue : Reading Mencius with Rousseau, *Asian Philosophy*, Vol. 18, No. 1, 2008.

36. Geaney, Jane, Mencius Hermeneutics, *Journal of Chinese Philosophy,* Vol. 27, 2000.

37. Geisz, Steven F., Mengzi, Strategic Language, and the Shaping of Behavior, *Philosophy East & West*, Vol. 58, No. 2, 2008.

38. George, Allan, Mencius and Aquinas Theories of Virtue and Conceptions of Courage,

Philosophy East & West, Vol. 44, No. 1, 1994.

39. Glanville, Luke, Retaining the Mandate of Heaven：Sovereign Accountability in Ancient China, *Journal of International Studies*, Vol. 39, No. 2, 2010.

40. Goldin, Paul R, Mencius Translated by Irene Bloom Edited by Philip J. Ivanhoe, *Journal of Chinese Studies*, Vol.51, 2010.

41. Gurgel, Seth, Mencius Plato with a Country on His Side: Looking To China for Help with Jurisprudential Problems, *New Series*, Vol. 11, 2010.

42. Hansen, Chad, Mencius and Early Chinese Thought. By Kwong–loi Shun, *Philosophy East & West*, Vol. 49, No. 2, 1999.

43. Harris, Thorian R., Aristotle and Confucius on the Socioeconomics of Shame, *Dao*, Vol. 13, 2014.

44. Hsu, Cho–yun, Applying Confucian Ethics to International Relations, *Ethics and International Affairs,* Vol.5, 1991.

45. Hu Jiaxiang, Mencius' Aesthetics and Its Position, *Front. Philos. China,* Vol. 6. No. 1, 2011.

46. Huang Chun–chieh, Contemporary Chinese Study of Mencius in Taiwan, *Dao: A Journal of Comparative Philosophy*, Vol. IV, No. 1, 2004.

47. Hughes, J. Donald, Mencius' Prescriptions for Ancient Chinese Environmental Problems, *Environmental Review: ER*, Vol. 13, No. 3/4, 1989 Conference Papers, Part One（Autumn–Winter, 1989）.

48. Hung–Chung, Yen, Human Nature and Learning in Ancient China, *Education as Cultivation in Chinese Culture*, Vol. 26, 2015.

49. Hunter, Michael, Did Mencius Know the Analects, *T'OUNG PAO,* Vol. 100, 2014.

50. Hwang, K.–K., The Deep Structure of Confucianism, *Asian Philosophy*, Vol. 11, No. 3, 2001.

51. Im, Manyul, Action, Emotion, And Inference in Mencius, *Journal of Chinese Philosophy*, Vol. 29, No. 2, 2002.

52. Im, Manyul, Emotional Control and Virtue in the Mencius, *Philosophy East & West*, Vol. 49, No. 1, 1999.

53. Irvine, Andrew B., Confucian Tradition and Global Education by William Theodore de Bary with contributions by Cheung Chan Fai and Kwan Tze-wan, *Teaching Theology and Religion*, Vol.12, No.1, 2009.

54. Ivanhoe, Philip J., Interpreting the Mengzi, *Philosophy East & West*, Vol. 54, No. 2, 2004.

55. Jenkins, John, Yearley, Aquinas, and comparative method, *Journal of Religious Ethics*, Vol. 21, No. 2, 2001.

56. Joseph, Chan, Moral Autonomy, Civil Liberties, and Confucianism, *Philosophy East & West,* Vol.52, No.3, 2002.

57. Julia, Ching, Knowledge Painfully Acquired : The K'un-chih chi of Lo Ch'in-shun, by Irene Bloom, *The Journal of Asian Studies*, Vol.47, No.2, 1988.

58. Kim, Sungmoon, Before and after Ritual-Two Accounts of Li as Virtue in Early Confucianism, *Sophia*, Vol. 51, 2012.

59. Kim, Sungmoon, Between Good and Evil Xunzi's Reinterpretation of the Hegemonic Rule as Decent Governance, *Dao,* Vol. 12, 2013.

60. Kim, Sungmoon, Confucian Constitutionalism Mencius and Xunzi on Virtue, Ritual, and Royal Transmission, *The Review of Politics,* Vol. 73, 2011.

61. Kim, Sungmoon, The Secret of Confucian Wuwei Statecraft : Mencius's Political Theory of Responsibility, *Asian Philosophy*, Vol. 20, No. 1, 2010.

62. Kim, Sungmoon, "Trouble with Korean Confucianism : Scholar-Official Between Ideal and Reality", *Dao,* Vol. 8, 2009, p.p. 29-48.

63. Kline Ill, T. C., Mengzi and Recent Scholarship, *Religious Studies Review*, Vol. 30, No. 2-3, 2004.

64. Lai, Whalen, Of One Mind or Two? Query on the Innate Good in Mencius, *Religious Studies*, Vol. 26, No. 2, 1990.

65. Lai, Whalen, On "Trust and Being True": Toward a Genealogy of Morals, *Dao,* Vol. 5, 2010.

66. Lee, Jung H., Mengzi with Selections from Traditional Commentaries, Van Norden, Bryan W. (tr.), *Dao,* Vol. 11, 2012.

67. Li Chenyang, Does Confucian Ethics Integrate Care Ethics and Justice Ethics The Case of Mencius, *Asian Philosophy,* Vol. 18, No. 1, 2008.

68. Li Jinglin, Mencius' Refutation of Yang Zhu and Mozi and the Theoretical Implication of Confucian Benevolence and Love, *Front. Philos. China,* Vol. 5, No. 2, 2010.

69. Lin Yuantang, *My Country and My People*, New York : The John Day Company, 1939.

70. Liu Qingping, Confucianism and Corruption : An Analysis of Shun's Two Actions Described by Mencius, *Dao,* Vol. 6, 2007.

71. Liu Qingping, Is Mencius Doctrine of Extending Affection Tenable, *Asian Philosophy*, Vol. 14, No. 1, 2004.

72. Liu Xiusheng, Mencius, Hume, and Sensibility Theory, *Philosophy East & West*, Vol. 52, No. 1, 2002.

73. Locke, John, *Two Treatises of Government,* Edited by Peter Laslett, London : Mentor, 1960.

74. Lodén, Torbjörn, Reason, Feeling, and Ethics in Mencius and Xunzi, *Journal of Chinese Philosophy*, Vol. 36, No. 4, 2009.

75. Longman Dictionary of Contemporary English (New Edition), World Publishing Coroporation, 1987.

76. Mancilla, Alejandra, The Bridge of Benevolence : Hutcheson and Mencius, *Dao,* Vol. 12, 2013.

77. Marchal, Kai, A Commented Edition for Mencius (Meng Zi Zhu Shu) by Li Xueqin, *Philosophy East & West*, Vol. 63, No. 4, 2013.

78. Masao, Maruyama, and Barry D. Steben, "Orthodoxy" and "Legitimacy" in the

Yamazaki Ansai School, *Dao Companion to Japanese Confucian Philosophy,* Vol. 5, 2014.

79. Michael, Lafargue, More "Mencius–on–Human–Nature" Discussions：What Are They About,*China Review International*, Vol. 10, No. 1, 2003.

80. Michael, Walzer, *Just and Unjust War*, New York：Basic Books, 1992.

81. Morrow, David, Moral Psychology and the "Mencian Creature"，*Philosophical Psychology,* Vol. 22, No. 3, 2009.

82. Mullis, Eric C., Confucius and Aristotle on the Goods of Friendship,*Dao,* Vol. 9, 2010.

83. Ni Lexiong, The Implications of Ancient Chinese Military Culture for World Peace, in Bell, D.A.（ed.），*Confucian Political Ethics*, Princeston：Princeston University Press, 2001.

84. Ni Peimin, Seek and You Will Find It；Let Go and you Will Lose It：Exploring a Confucian Approach to Human Dignity, *Dao,* Vol. 13, 2014.

85. Norden, Bryan Van, Fraser, Chris, Dan Robins, and Timothy O'Leary, eds., Ethics in Early China, *Dao,* Vol. 12, 2013.

86. Norden, Bryan Van, Sim, May, Remastering Morals with Aristotle and Confucius, *Dao,* Vol. 8, 2009.

87. Norden, Bryan Van, Gardner, Daniel K.(trans.), The Four Books：The Basic Teachings of the Later Confucian Tradition, *Dao,* Vol. 7, 2008.

88. Norden, Bryan Van, Mencius：Contexts and Interpretations Edited by Alan K. L. Chan, *Journal of Chinese philosophy*, 2003.

89. Norden, Bryan Van, Mengzi and Virtue Ethics, *Journal of Ecumenical Studies,* Vol. 15, No. 1–2, 2003.

90. Norden, Bryan Van, On Humane Love and Kinship Love, *Dao,* Vol. 7, 2008.

91. Norden, Bryan Van, The Emotion of Shame and the Virtue of Righteousness in Mencius, *Dao: A Journal of Comparative Philosophy,* Vol. II, No. 1, 2002.

92. Van Norden, Bryan W., Yearly on Mencius, *Journal of Religious Ethics*, Vol. 21, No. 2, 1993.

93. Nussbaum, Martha C., Mencius and Aquinas by Lee H Yearley Comparing Virtues,

Journal of Religious Ethics, Vol.21, No.2, 1993.

94. Nuyen, A. T., Moral Obligation and Moral Motivation in Confucian Role–Based Ethics, *Dao,* Vol. 8, 2009.

95. Nuyen, A. T., The "Mandate of Heaven"：Mencius and the Divine Command Theory of Political Legitimacy, *Philosophy East & West,* Vol. 63, No. 2, 2013.

96. Nuyen, A. T., Can Morality Be Taught? Aquinas and Mencius on Moral Education, *Aquinas, Education and the East,* Vol. 4, 2013.

97. O'Dwyer, Shaun, Epistemic Elitism, Paternalism, and Confucian Democracy, *Dao,* Vol. 14, 2015.

98. Perkins, Franklin, Mencius, Emotion and Autonomy, *Journal of Chinese Philosophy,* Vol. 29. No. 2, 2002.

99. Perkins, Franklin, Mencius on Becoming Human by Behuniak Jr.James, *Philosophy East & West*, Vol.57, No.4, 2007.

100. Perry, Elizabeth J., Chinese Conceptions of "Rights"：From Mencius to Mao–and Now, *Perspectives on Politics*, Vol. 6, No. 1, 2008.

101. Peterson, Willard J., The Grounds of Mencius' Argument, *Philosophy East & West*, Vol. 29, No. 3, 1979.

102. Pinker, Steven, Why Nature and Nurture Won't Go Away, *Dædalus,* Fall, 2004.

103. Radice, Thomas, Manufacturing Mohism in the Mencius, *Asian Philosophy*, Vol. 21, No. 2, 2011.

104. Rarick, Charles A., Mencius on Management Managerial Implications of the Writings of China's Second Sage, *Journal of Comparative International Management*, Vol. 11, No. 2, 2008.

105. Rawls, John, *A Theory of Justice*. Cambridge, MA：Harvard University Press, 1996.

106. Robins, Dan, The Warring States Concept of Xing, *Dao*, Vol. 10, 2011.

107. Roetz, Heiner, Mencius and Aquinas：theories of virtue and conceptions of courage, *Bulletin of the School of Oriental and African Studies*, Vol.56, No.1, 1993.

108. Rorty, Richard, Philosophy–envy, *Dædalus,* Fall, 2004.

109. Rosemont, Henry, *Chinese Texts and Philosophical Contexts: Essays Dedicated to Angus C. Graham*, La Salle : Open Court, 1991.

110. Rothblatt, Sheldon, Book Reviews of "The English Gentleman, the Rise and Fall of an Ideal" by Philip Mason. *Victorian Studies*, Vol.27, No.3, 1984.

111. Ryan, James A., Moral Philosophy and Moral Psychology in Mencius, *Asian Philosophy*, Vol. 8, No. 1, 1998.

112. Sample, Joseph C., Mencius on the Mind Experiments in Multiple Definition By I. A. Richards, *Rhetoric Review*, Vol. 23, No. 1, 2004.

113. Schwartz. B, *The World of Thought in Ancient China*, Cambridge, MA : Harvard Univeristy Press, 1985.

114. Seok, Bongrae, Mencius's Vertical Faculties and Moral Nativism, *Asian Philosophy,* Vol. 18, No. 1, 2008.

115. Shih, Vincent Y. C., Metaphysical Tendencies in Mencius, *Philosophy East & West*, Vol. 12, No. 4, 1963.

116. Shu–Hsien, Liu, On Huang Tsung His's Understanding of the Mencius, *Journal of Chinese Philosophy*, Vol. 27, No. 3, 2000.

117. Shun, Kwong–loi, Contextualizing Early Confucian Discourse : Comments on David B. Wong, *Dao,* Vol. 14, 2015.

118. Shun, Kwong–loi, Nivison and the Philosophical Study of Confucian Thought : In Memory of David S. Nivison (1923–2014) , *Early China*, Vol. 38, 2015.

119. Slingerland, Edward, Crafting Bowls, Cultivating Sprouts–Unavoidable Tensions in Early Chinese Confucianism, *Dao,* Vol. 14, 2015.

120. Slingerland, Edward, Metaphor and Meaning in Early China, *Dao,* Vol. 10, 2011.

121. Slingerland, E. (trans.), *Confucius: Analects with Selections from Traditional Commentaries,* Indianapolis : Hackett, 2003.

122. Smith, Kidder, Mencius Action Sublating Fate, *Journal of Chinese Philosophy*, Vol.

33, No. 4, 2006.

123. Soles, David E., The Nature and Grounds of Xunzi's Disagreement with Mencius, *Asian Philosophy*, Vol. 9, No. 2, 1999.

124. Stalnaker, Aaron, Confucianism, Democracy, and the Virtue of Deference, *Dao*, Vol. 12, 2013.

125. Tan, Sor–hoon, The Concept of Yi in the Mencius and Problems of Distributive Justice, *Australasian Journal of Philosophy*, Vol. 92, No. 3, 2014.

126. Tillman, Hoyt Cleveland, and Christian Soffel, Zhang Shi's Philosophical Perspectives on Human Nature, Heart/Mind, Humaneness, and the Supreme Ultimate, *Dao Companion to Neo–Confucian Philosophy*, Vol.1, 2010.

127. Tiwald, Justin, A Right of Rebellion in the Mengzi, *Dao,* Vol. 7, 2008.

128. Tu Weiming, The Global Significance of Local Knowledge : A New Perspective on Confucian Humanism, *Sungkyun Journal of East Asian Studies*, Vol. 1, No. 1, 2001.

129. Twiss, Sumner B., and Jonathan Chan, Classical Confucianism, Punitive Expeditions, and Humanitarian Intervention, *Journal of Military Ethics*, Vol. 11, No. 2, 2012.

130. Virág, Curie, Early Confucian Perspectives on Emotions, *Dao Companion to Classical Confucian Philosophy*, Vol. 3, 2014.

131. Waley, Athur, *Three Ways of Thought in Ancient China*, London : George Allen & Unwin, 1939.

132. Wee, Cecilia, Descartes and Mencius on Self and Community, *Journal of Chinese Philosophy,* Vol. 29, No. 2, 2002.

133. Wee, Cecilia, Joanne D. Birdwhistell, Mencius and Masculinities : Dynamics of Power, Morality and Maternal Thinking, *Dao,* Vol. 8, 2009.

134. Wee, Cecilia, Mencius, the Feminine Perspective and Impartiality, *Asian Philosophy*, Vol. 13, No. 1, 2003.

135. Wen Haiming, Mencius : Governing the State with Humane Love, *China Today*, No.4, 2011.

136. Wing-cheuk, Chan, Philosophical Thought of Mencius, *Dao Companion to Classical Confucian Philosophy*, Vol. 3, 2014.

137. Wong, David B., Early Confucian Philosophy and the Development of Compassion, *Dao,* Vol. 14, 2015.

138. Wrangham, Richard, Killer Species, *Daedalus,* Fall, 2004.

139. Yanming, An, Family Love in Confucius and Mencius, *Dao,* Vol. 7, 2008.

140. Yang Xiao, When Political Philosophy Meets Moral：Expressivism in the Mencius, *Dao: A Journal of Comparative Philosophy,* Vol. V, No. 2, 2006.

141. Yearley, Lee H., Mencius on Human Nature The Forms of His Religious Thought, *Journal of the American Academy of Religion*,Vol. 43, No.2, 1975.

142. Yeungy, Anthony, and Carole Hoyan Hang Fung, The Soft Power in the Confucian "Kingly Way"，*The Renaissance of Confucianism in Contemporary China*, Vol. 20, 2011.

143. Yong Huang, Confucius and Mencius on the Motivation to be Moral, *Philosophy East & West,* Vol. 60, No. 1, 2010.

144. Yu, Anthony C., Enduring Change-Confucianism and the Prospect of Human Rights, *Human Rights Review*, Vol. 3, No. 3, 2002.

145. Yu Jiyuan, The Mean, the Right and Archery, *Procedia Social and Behavioral Sciences,* Vol. 2, 2010.

146. Yu Jiyuan, The Moral Self and the Perfect Self in Aristotle and Mencius, Journal of Chinese Philosophy, Vol. 28, No. 3, 2001.

147. Yu Jiyuan, The Practicality of Ancient Virtue Ethics-Greece and China, *Dao,* Vol. 9, 2010.

148. Yung, Betty, Can Confucianism Add Value to Democracy Education, *Procedia Social and Behavioral Sciences,* Vol. 2, 2010.

149. Zhang Pengwei, Guo Qiyong, New Insight into Mencius' Theory of the Original Goodness in Human Nature, *Front. Philos. China,* Vol. 3, No. 1, 2008.

150. Zhao Wenqing, Is Contemporary Chinese Society Inhumane? What Mencius and

Empirical Psychology Have to Say, *Dao*, Vol. 13, 2014.

151. http://www.zdic.net/z/25/sw/8DE8.htm.

二、中文文献

（一）中国《孟子》英译本

1. 蔡希勤编：《孟子的故事（英汉对照）》，郁苓译，华语教学出版社 2002 年版。

2. 蔡希勤编注：《孟子（英汉对照）》（精华版），何祚康译，华语教学出版社 2006 年版。

3. 金沛霖：《孟子语录汉英对照》，中国文联出版社 2006 年版。

4. 赵甄陶等译：《大中华文库：孟子》（汉英对照），杨伯峻今译，湖南人民出版社 1999 年版。

（二）有关《孟子》的博士学位论文

1. 刘单平：《〈孟子〉三种英译本比较研究》，山东大学 2011 年，博士学位论文。

2. 杨静：《美国二十世纪的中国儒学典籍英译史论》，河南大学 2014 年，博士学位论文。

3. 季红琴：《基于读者接受的〈孟子〉英译与传播研究》，湖南师范大学 2016 年，博士学位论文。

（三）中文期刊论文

1. ［澳］约翰·奥茨林：《培养德性：在孟子与阿奎那之间》，吴广成译，《哲学分析》2015 年第 4 期。

2. ［美］陈倩仪（Chan Sin-yee）：《儒家与民族主义能否相容？》，徐志跃译，《文化纵横》，2011 年第 6 期。

3. [美] 琳达·布朗·霍尔特：《中国智慧文献对 H.D. 梭罗的影响》，《南阳师范学院学报》2010 年第 5 期。

4. 白诗朗：《儒家宗教性研究的趋向》，《求是学刊》2002 年第 6 期。

5. 贝淡宁：《儒家学说与社会主义的和解?》，吴万伟译，《开放时代》2010 年第 11 期。

6. 蔡世昌：《比较哲学视域中的孟子人性概念——以安乐哲与卜爱莲的争论为中心》，《中国社会科学院院报》2008 年 8 月 12 日。

7. 程林辉：《儒学在越南的传播与影响》，《南昌大学学报》（人文社会科学版）2005 年版。

8. 程志华、许敬辉：《儒家哲学的"移植"、意义阐发及未来扩展——南乐山的儒家哲学思想》，《河南师范大学学报》（哲学社会科学版）2017 年第 1 期。

9. 丁士松：《论人治》，《武汉大学学报》（哲学社会科学版）2008 年第 4 期。

10. 董芳：《孟子与梭罗"天人合一"思想之比较》，《东方教育》2015 年第 9 期。

11. 冯智强：《林语堂中国文化观的建构与超越——从传统文化的批判到中国智慧的跨文化传播》，《湖北社会科学》2008 年第 11 期。

12. 傅晓华：《略论先秦"人治"与"法治"思想的争论实质》，《云梦学刊》2004 年第 2 期。

13. 郜积意：《赵岐〈孟子注〉：章句学的运用与突破》，《孔子研究》2001 年第 1 期。

14. 韩振华：《"批判理论"如何穿越孟子伦理学——罗哲海儒家伦理重构》，《国学学刊》2014 年第 3 期。

15. 韩振华：《"他乡有夫子"——西方〈孟子〉研究述略》，《文史知识》2014 年第 8 期。

16. 韩振华：《20 世纪 90 年代以来西方汉学界关于孟学的三次争论》，《中南大学学报》（社会科学版）2014 年第 2 期。

17. 李传印：《孟子在唐宋时期社会和文化地位的变化》，《中国文化研究》2001 年第 33 期。

18. 李泽厚：《关于〈有关伦理学的答问〉的补充说明》，《哲学动态》2009 年第 8 期。

19. 梁宗华：《从〈儒教中国及其现代命运〉看列文森的儒学观》，《哲学研究》2004年第7期。

20. 刘嘉红：《从〈孟子〉不同注本窥见孟学发展演变》，《南昌教育学院学报》2012年第4期。

21. 刘书正：《儒家"天人合一"的生态伦理观及其现代意义》，《淄博师专学报》2008年第1期。

22. 陆振慧、崔卉：《从理雅各〈尚书〉译本看经典复译问题》，《昆明理工大学学报》（社会科学版）2012年第12期。

23. 毛永波：《儒家环境保护思想发微》，《唐都学刊》2009年第4期。

24. 明廷强、林存光：《人治主义，抑或人本主义?》，《政治学研究》2007年第1期。

25. 任俊华、李朝辉：《儒家"天人合一"三才论的自然整体观》，《理论学刊》2006年第5期。

26. 鄙爱红、王志捷：《简论儒家的环境伦理思想及其现实意义》，《理论学刊》2000年第3期。

27. 宋惠昌：《论儒家的人治主义》，《齐鲁学刊》2002年第6期。

28. 苏正道：《〈孟子字义疏证〉对〈孟子〉的阐释和创新》，《理论界》2014年第5期。

29. 王棣棠：《孟子自然哲学思想初探》，《兰州大学学报》（社会科学版）1985年第2期。

30. 王向峰：《间性理论的原生态——从孟子的"以意逆志"说起》，《辽宁大学学报》（哲学社会科学版）2004年第4期。

31. 韦志成：《中国阅读理论的祖碑——"以意逆志"辨》，《武汉教育学院学报》1995年第5期。

32. 魏望东：《跨世纪〈论语〉三译本的多视角研究：从理雅各、庞德到斯林哲兰德——兼议典籍复译的必要性》，《中国翻译》2005年第5期。

33. 吴秋雅：《赵岐〈孟子章句〉和朱熹〈孟子集注〉注释特点比较》，文学教育2013年第1期。

34. 杨颖育：《〈孟子〉文学风格翻译研究》，《四川师范大学学报》2014年第3期。

35. 杨颖育：《百年〈孟子〉英译研究综述Ⅱ》，《西华师范大学学报》2010 年第 5 期。

36. 杨颖育：《百年〈孟子〉英译研究综述 I》，《西昌学院学报》2010 年第 3 期。

37. 杨颖育：《从奥巴马引用孟子看〈孟子〉英译》，《西南科技大学学报》2010 年第 6 期。

38. 杨颖育：《互文性与中国诗学的"互识、互证、互补"》，《当代文坛》2010 年第 6 期。

39. 杨颖育：《儒家典籍英译及阐释的转换与失落——以英语世界〈孟子〉为例》，《西南民族大学学报》2011 年第 3 期。

40. 杨泽波：《儒家天人合一思想的道德底蕴——以孟子为中心》，《天津社会科学》2006 年第 2 期。

41. 余国藩：《先知·君父·缠足——狄百瑞〈儒家的问题〉商榷》，《读书杂志》1993 年第 10 期。

42. 张莉：《现代汉语一词多义成因论析》，《河北大学学报》（哲学社会科学版）2008 年第 5 期。

43. 张平：《论孟子德治思想及其现代价值》，《求索》2007 年第 8 期。

44. 张子侠：《〈三国志〉裴注研究三题》，《史学史研究》2000 年第 2 期。

45. 郑家栋：《列文森与〈儒教中国及其现代命运〉》，《开放时代》2000 年第 5 期。

46. 周才庶：《孟子"以意逆志"论的阐释》，《孔子研究》2009 年第 6 期。

47. 周辉：《从〈孟子正义〉看焦循对"疏不破注"成法的突破》，《古籍整理研究学刊》1999 年第 5 期。

48. 周淑萍：《论孟子自然观及其现代价值》，《兰州大学学报》（社会科学版）2001 年第 6 期。

49. 朱宝信：《孟子"天人合一"思想的意蕴及缺陷》，《长白学刊》1994 年第 3 期。

（四）其他相关文献

1. [德] 海德格尔：《存在与时间》，陈嘉映、王庆节合译，熊伟校，三联书店 1987

年版。

2.［德］汉斯·格奥尔格·伽达默尔：《真理与方法——哲学诠释学的基本特征（1）》，洪汉鼎译，商务印书馆2007年版。

3.［德］黑格尔：《小逻辑》，贺麟译，商务印书馆1980年版。

4.［德］沃尔夫冈·顾彬：《他最爱的孟子：彼得·肯和〈孟子〉的恻隐之心》，臧克和、顾彬、舒忠主编，华龄出版社2013年版。

5.［德］约恩·吕森：《如何在文化交流史中进行文化比较》，郭健译，载《史学理论研究》2003年第1期。

6.（汉）许慎：《说文解字》注音版，岳麓书社2007年版。

7.［加］贝淡宁：《超越自由民主》，李万全译，上海三联书店2008年版。

8.［美］爱德华·霍尔：《超越文化》，居延安等译，上海文化出版社1988年版。

9.［美］安乐哲、郝大维：《切中伦常：〈中庸〉的新诠与新译》，彭国翔译，中国社会科学出版社2009年版。

10.［美］安乐哲：《通假：一条儒家的意义生成之路》，载［美］姜新艳主编：《英语世界中的中国哲学》，中国人民大学出版社2009年版。

11.［美］安乐哲：《自我的圆成：中西互镜下的古典儒学与道家》，彭国翔编译，河北人民出版社2006年版。

12.［美］安乐哲著，温海明编：《和而不同：比较哲学与中西会通》，北京大学出版社2002年版。

13.［美］狄百瑞：《儒家的困境》，黄水婴译，北京大学出版社2009年版。

14.［美］杜维明：《道学政——论儒家知识分子》，钱文忠、盛勤译，上海人民出版社2000年版。

15.［美］杜维明：《东亚价值与多元现代性》，中国社会科学出版社2001年版。

16.［美］杜维明：《儒家思想新论——创造性转换的自我》，曹幼华、单丁译，江苏人民出版社1996年版。

17.［美］郝大维（本书译作郝大卫）、［美］安乐哲：《期望中国——中西哲学文化比较》，施忠连、何锡蓉译，学林出版社2005年版。

18. [美] 郝大卫:《"分析"在中国的意义》,载 [美] 姜新艳主编:《英语世界中的中国哲学》,中国人民大学出版社 2009 年版。

19. [美] 姜新艳主编:《英语世界中的中国哲学》,中国人民大学出版社 2009 年版。

20. [美] 卡罗尔·吉利根:《不同的声音》,肖巍译,中央编译出版社 1999 年版。

21. [美] 考普曼:《自然性重探:西方哲学家为什么应该学习孔子》,载 [美] 姜新艳主编:《英语世界中的中国哲学》,中国人民大学出版社 2009 年版。

22. [美] 柯文:《在中国发现历史——中国中心观在美国的兴起》,林同奇译,中华书局 1989 年版。

23. [美] 拉里·A.萨默瓦、理查德·E.伯特:《跨文化传播》,闵惠泉、王纬、徐培喜等译,中国人民大学出版社 2004 年版。

24. [美] 列文森:《儒教中国及其现代命运》,郑大华、任菁译,中国社会科学出版社 2000 年版。

25. [美] 迈克尔·L.弗雷泽:《同情的启蒙:18 世纪与当代的正义和道德情感》,胡靖译,译林出版社 2016 年版。

26. [英] 詹姆斯·默雷:《新牛津英语辞典》,牛津大学出版社 1928 年版。

27. 参阅李晨阳:《儒家与女性主义:克服儒家的"女性问题障碍"》,载 [美] 姜新艳主编:《英语世界中的中国哲学》,中国人民大学出版社 2009 年版。

28. 曾祥芹:《古代阅读论》,河南教育出版社 1992 年版。

29. 陈光磊:《中国古代名句辞典》,上海辞书出版社 1986 年版。

30. 陈汉生:《道家》,载 [美] 姜新艳主编:《英语世界中的中国哲学》,中国人民大学出版社 2009 年版。

31. 陈素芬:《儒家民主:杜威式重建》,吴万伟译,中国人民大学出版社 2014 年版。

32. 陈望衡:《中国古典美学史》,湖南教育出版社 1998 年版。

33. 成中英:《论"正义"的古典模式与现代模式之整合》,载姜新艳编:《英语世界中的中国哲学》,中国人民大学出版社 2009 年版。

34. 程相占:《文心三角文艺美学——中国古代文心论的现代转化》,山东大学出版社 2002 年版。

35. 杜维明：《仁与修身：儒家思想论集》，三联书店 2013 年版。

36. 段玉裁：《说文解字注》，上海古籍出版社 2012 年版。

37. 冯友兰：《中国哲学简史》，北京大学出版社 2012 年版。

38. 葛兆光：《思想史研究课堂讲录续编》，生活·读书·新知三联书店 2012 年版。

39. 辜鸿铭：《英译〈论语〉序》，辜鸿铭文集（下），海南出版社 1996 年版。

40. 顾易生、蒋凡：《先秦两汉文学批评史》，上海古籍出版社 1990 年版。

41. 郭绍虞：《中国历代文论选（第一卷）》，上海古籍出版社 2001 年版。

42. 郭英德：《中国古典文学研究史》，中华书局 1995 年版。

43. 洪汉鼎：《理解与解释：诠释学经典文选》，东方出版社 2001 年版。

44. 胡治洪：《全球语境中的儒家论说：杜维明新儒学思想研究》，三联书店 2004 年版。

45. 华霭仁：《孟子的人性论》，载［美］安乐哲、江文思编辑：《孟子心性之学》，梁溪译，社会科学文献出版社 2005 年版。

46. 华霭仁：《在〈孟子〉中人的本性与生物学的本性》，载［美］安乐哲、江文思编辑：《孟子心性之学》，梁溪译，社会科学文献出版社 2005 年版。

47. 黄峻杰：《孟子》，三联书店 2013 年版。

48. 黄宗羲：《宋元学案》，中华书局 1986 年版。

49. 嵇敏：《美国黑人女权主义视域下的女性书写》，科学出版社 2011 年版。

50.（清）焦循：《孟子正义上》，中华书局 1987 年版。

51.（清）焦循：《新编诸子集成：孟子正义下》，沈文倬点校，中华书局 1987 年版。

52. 黎靖德：《朱子语类》第十九卷，中华书局 1986 年版。

53. 李畅然：《清代〈孟子〉学史大纲》，北京大学出版社 2011 年版。

54. 李峻岫：《汉唐孟子学述论》，齐鲁书社 2010 年版。

55. 李学勤：《国际汉学著作提要》，江西教育出版社 1996 年版。

56. 李亚彬：《道德哲学之维——孟子荀子人性论比较研究》，人民出版社 2007 年版。

57. 李耶理：《孟子与阿奎那：勇气的理论与概念》，中国社会科学出版社 2011 年版。

58. 李玉良、罗公利：《儒家思想在西方的翻译与传播》，中国社会科学出版社 2009 年版。

59. 李泽厚、刘纲纪：《中国美学史》（第一卷），中国社会科学出版社 1984 年版。

60. 李致忠、周少川、张木早：《中国典籍史》，上海人民出版社 2004 年版。

61. 梁启超：《中国近三百年学术史》，朱维铮校注本，复旦大学出版社 2016 年版。

62. 刘瑾辉：《清代〈孟子〉学研究》，社会科学文献出版社 2007 年版。

63. 刘俊田：《四书全译》，贵州人民出版社 1990 年版。

64. 刘若愚：《中国文学理论》，江苏教育出版社 2006 年版。

65. 刘师培：《经学教科书》，吉林出版社 2013 年版。

66. 罗哲海著：《轴心时期的儒家伦理》（中译本），陈咏明、瞿德瑜译，大象出版社 2009 年版。

67. 蒙培元：《蒙培元讲孟子》，北京大学出版社 2006 年版。

68. 牟复礼：《中国思想之渊源》，王立刚译，北京大学出版社 2009 年版。

69. 南怀瑾：《孟子与尽心篇》，东方出版社 2014 年版。

70. 倪德卫：《儒家之道：中国哲学之探讨》，江苏人民出版社 2006 年版。

71. 欧阳博：《论孟子仁政说的君主观念》，《孟子研究新视野》，臧克和、[德] 顾彬、舒忠主编，华龄出版社 2013 年版。

72. 潘德荣：《阐释学导论》，台北五南图书出版公司 1999 年版。

73. 秦家懿：《上帝与世界：朱熹与怀特海》，载 [美] 姜新艳主编：《英语世界中的中国哲学》，中国人民大学出版社 2009 年版。

74. (西汉) 司马迁：《史记》，中华书局 1959 年版。

75. 孙英春：《跨文化传播学导论》，北京大学出版社 2008 年版。

76. 唐文明：《隐秘的颠覆——牟宗三、康德与原始儒家》，三联书店 2012 年版。

77. 童世骏：《文化软实力》，重庆出版社 2008 年版。

78. 王国维：《玉谿生诗年谱会笺序》，《王观堂先生全集》，文化出版公司 1968

年版。

79. 王金地：《〈史记〉的越译和评论》，河内文学出版社 1988 年版。

80. 王诺：《生态批评：发展与渊源》，载党圣元、刘瑞弘主编：《生态批评与生态美学》，中国社会科学出版社 2011 年版。

81. 王树人、喻柏林：《传统智慧再发现》，作家出版社 1996 年版。

82. 王怡：《宪政主义：观念与制度的转捩》，山东人民出版社 2006 年版。

83. 王岳川：《现象学与解释学文论》，山东教育出版社 1999 年版。

84. 文洁华：《美学与性别冲突》，北京大学出版社 2005 年版。

85. 吴淇：《中国历代文论选·六朝选诗定论》，上海古籍出版社 1980 年版。

86. 吴原元：《隔绝对峙时期的美国中国学（1949—1972)》，上海辞书出版社 2008 年版。

87. 夏光：《东亚现代性与西方现代性：从文化的角度看》，三联书店 2005 年版。

88. 肖欣义：《美国研究儒家文化的几个主流》，载《淡江讲座丛书》，台北淡江大学出版部 1980 年版。

89. 萧公权：《中国政治思想史》，辽宁教育出版社 1998 年版。

90. 许钧：《翻译论》，湖北教育出版社 2003 年版。

91. （汉）许慎：《说文解字》，中华书局 2009 年版。

92. 许苏民：《戴震与中国文化》，贵州人民出版社 2001 年版。

93. [古希腊] 亚里士多德：《工具论》，李匡武译，广东人民出版社 1984 年版。

94. 杨伯峻：《孟子译注》，中华书局 1960 年版。

95. 杨国荣：《孟子的哲学思想》，华东师范大学出版社 2009 年版。

96. 杨颖育：《英语世界的孟子研究》，人民出版社 2014 年版。

97. 杨泽波：《"性"的困惑：以西方哲学研究儒学所遇困难的一个例证——〈孟子心性之学〉读后》，《儒学全球论坛孟子思想的当代价值国际学术研讨会论文集》2006 年。

98. 叶圣陶：《叶圣陶语文教育论集》，教育科学出版社 1980 年版。

99. 詹瑜：《周秦伦理文化及其现代启示》，陕西人民出版社 2007 年版。

100. 张和平、陈光田：《试论孟子思想的民族属性》，载《孟子研究新野》，臧克和、

[德] 顾彬、舒忠主编，华龄出版社 2013 年版。

101. 张后尘：《写在本书付梓前夕》，汪榕培、李正栓：《典籍英译研究：第一辑》，河北大学出版社 2005 年版。

102. 张奇伟：《孟子思想的现代价值》，臧克和、[德] 顾彬、舒忠主编，华龄出版社 2013 年版。

103. 张汝伦：《意义的探究——当代西方释义学》，辽宁人民出版社 1986 年版。

104. 张栻：《孟子说》卷六。

105. 张祥龙：《先秦儒家哲学九讲·从〈春秋〉到荀子》，广西师范大学出版社 2010 年版。

106. 赵昌平：《孟子：人性的光辉》，上海古籍出版社 2008 年版。

107. （东汉）赵岐注，（宋）孙奭疏：《孟子·万章上》，上海古籍出版社 1997 年版。

108. （东汉）郑玄注，（唐）贾公彦疏，彭林整理：《周礼注疏》卷十一，上海古籍出版社 2010 年版。

109. 中共中央文献研究室：《习近平关于社会主义文化建设论述摘编》，中央文献出版社 2017 年版。

110. 周发祥：《西方文论与中国文学》，江苏教育出版社 2000 年版。

111. 周淑萍：《两宋孟学研究》，人民出版社 2007 年版。

112. （宋）朱熹：《四书章句集注》，中华书局 1983 年版。

人名索引